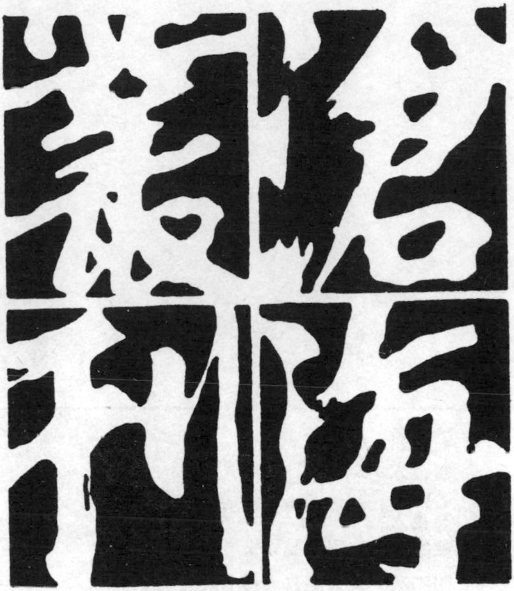

女兵自傳

謝冰瑩 著

東大圖書公司 印行

© 女　兵　自　傳

著　者　謝冰瑩
發行人　劉仲文
著作財產權人　東大圖書股份有限公司
總經銷　三民書局股份有限公司
印刷所　東大圖書股份有限公司
地址／臺北市重慶南路一段
六十一號二樓
郵撥／〇一〇七一七五──〇號
初　版　中華民國六十九年十月
三　版　中華民國八十一年九月
編　號　E 78019
基本定價　肆元肆角肆分
行政院新聞局登記證局版臺業字第〇一九七號
著作權執照臺內著字第一五五〇一號

ISBN 957-19-0761-8（平裝）

女兵自傳新序

自從中華民國四十五年，本書由台北力行書局出版以來，有二十四年了，感謝讀者諸君的愛護，一直到今天，女兵自傳不論在國內或海外，它的銷路，都是有增無減。

美國的白鴿小姐 Magrate 和法國的馬可琳小姐 Mlle Corinne Marcel 以研究本書，獲得碩士學位。馬女士現在台北進修中文，我們常有信來往。法國的侯芷明女士 Marie Holzman 已將本書，譯為法文；傅熳德先生 Manfred W. Früehanf 譯為德文，都將陸續出版，他們四位都是熱愛中華文化的朋友，曾在台灣深造。在台北，住過兩年的傅先生，非但講得一口標準的北平話，寫起信來，更是純粹的中文稱謂和遣詞用語。

至於本書在韓國，更獲得廣大讀者的謬愛，除了宋志英先生的譯本外，還有金光洲先生的譯本，列為世界名著十九種，李益成先生的譯本，列為世界名著二十三種；日譯本也有四種版本，譯者為德川坂子女士、中山樵夫先生、室伏クラ先生，和諸星アキエ等。

這些意外的僥倖收穫，是我在四十四年前初次出版女兵自傳時，所夢想不到的。

此次由力行書局改由東大圖書公司出版，內容稍有更動，增加了三部份資料：一、我的青年時代；二、女兵生活；三、大學生活。這些曾經在「我的回憶」，和「故鄉」中發表過的，有一小部份，也許在女兵自傳中寫過，未免有重複之嫌，只有請求讀友們原諒了。

近兩年來，為了眼疾，視力大減，趁此有限的餘年，擬着手將五十餘年來，所有發行各書，重新整理分類出版，以留紀念。希望朋友們多多賜教，多多協助，我將永遠銘感感情。

最後，只要我一息尚存，仍然要抱病寫作，為發揚我偉大的中華文化而努力！

謝冰瑩 中華民國六十九年（一九八〇）九一八
序於舊金山潛齋

女兵自傳台版序

民國二十五年的春天，本書上卷第一次和讀者見面，那時我心裏充滿了恐懼，害怕沒有人看她；後來友益、紅藍、北新、晨光，和林如斯，林無双女士的英譯本；德川坂子女士的日譯本先後出版，（宋志英先生的韓文譯本，不久也將問世。）這些意外的收穫，使我感到又高興，又慚愧！

此外，還有幾位不相識的出版商，先後在港、滬各地，印了些中文或中英對照的版本；也有把它改換書名，改換作者姓名，在港無條件地代印出來的。在文字方面，難免有許多錯誤，大體上都採取本書的中英版本，版權雖被侵害，却意外地獲得了更多的讀者。

近年來，許多朋友——尤其是青年朋友，希望我將本書在臺出版，我因顧到許多困難，老沒有勇氣重印；等到讀了幾册「代印本」，內容錯誤百出，這才下決心整理這部書，願意以她的本來面目與讀者相見。

我選擇了三月廿九，這個富有歷史價值的日子，開始修改，整整化了三星期。其中一部份描寫風景的文字，已經選在「冰瑩遊記」裏面了；還刪去了一些略帶遊戲性的文字，也增加了一些新的材料，在文字方面，比較過去似乎要精練一點；也許這一次不再使讀者諸君過分地失望吧？

半世紀來，是我國社會變遷最劇烈的一個時期，由維新變法到民主政治，這中間，蘊藏了不少愛國青年可歌可泣的史實。從本書所敘述的故事中，如果青年朋友，能夠得到一點這種變遷的印象，這便是我最大的願望了！

謝冰瑩

民國四十五年四月廿一日
序於南中國海

女兵自傳 目次

女兵自傳

祖母告訴我的故事

新秋的氣候，似乎比夏天還炎熱，晚間雖有微微風從破紙窗裏吹來；但被抱在祖母懷中的我滿身都是汗，白天被母親用棍條打過的皮膚上，現着一條條的血痕，在銀白色的月光下面，照出我的臉是慘白的，憂鬱的。

忽然間，我由抽噎而放聲大哭了。

『小鳳，我的寶貝，你再不要哭了；哭醒了你娘，她又會來打你的。』

祖母說着恐嚇的話，輕輕地拍着我入睡。

『我……我不怕打，她爲什麼不打死我呢？』

我的話說得很大，好像故意要使母親知道似的；然而睡在隔壁的母親，終於忍着氣沒有做聲。

『寶寶，你以後不要淘氣了，你娘為你不知受過多少苦！記一記吧：你把銅錢呑在喉管，不能吐出，又不能嚥下，整整地一天，你像斷了氣的孩子眼睛翻白，口沫滾流；你母親急得爬過二十里的高山去請醫生，她在別人面前像瘋了似的磕着頭說：「只要有人救出我的孩子，他要我的命，都可犧牲。」後來銅錢呑下肚裏了，她又怕銅吸出了血，於你的生命有妨礙，又特地着人到寶慶去買了幾十斤茨菇給你吃；而且每次檢查你的大便，看銅錢有否出來。又有一次，你為了去弄屋樑上的燕子窩，從樓梯上掉下來，臉摔破了，氣也斷了，全身冰冷，完全失掉了知覺，你母親急得眼淚雙流，趕快一面請醫生，一面跪在觀音菩薩面前求靈水：「神啊，我的鳳寶寶如果有災難，就降給我吧，一切我來替代她，祇要保佑她康健，活潑，以我的生命去換取她一切的災難吧！」這幾件事，你總還記得吧？』

我停止了哭，靜靜地聽着祖母說着關於我的故事。

『唉！我的心肝！』祖母長嘆了一聲，又繼續着說：『你的確太淘氣了，不知是什麼變的。你娘自從懷了你的第一個月起，無論吃了什麼東西，都要嘔吐，即使喝一口水，吃一顆豆子也要吐出來。每天頭昏腹痛，到了最後的兩三個月，她幾乎苦痛得要自殺；可是一想到還有三個兒子、一個女兒要她撫養時，又祇得轉了生的念頭。

『這是她的生死關頭，你要出世了！她告訴我肚子特別痛，簡直不能起床；不要說吃飯，就連水也不能進口。她在床上痛得打了兩天滾，你的頭忽然出現了。我以爲你這個孩子立刻就會下來，懷着滿腔的希望，眼睜睜地等着接生；不料候了一天一夜，長滿了黑髮的頭還在原地方。你娘的精神，早已不能支持了；你父親又不在家，我一個人守着她，一步也不敢離開；後來好容易託六祖母請了接生婆來。唉！提起接生婆真氣死人，以前你娘生了四個孩子，都沒有請過接生婆，每次至多不過半個時辰（一小時）就下來了；誰知道這次生你，經過三天三夜，還是生不下，接生婆來看了只是搖頭：「沒有希望了，你們還是早點預備後事吧。」這樣的話，她居然也說出來了。六祖母堅決要接生婆將孩子弄出來，她說：「無論如何要救出大人，犧牲小孩是毫無關係的。」我那時急得全無主張了，倒是你母親還清醒，她凄咽地對我說：「媽，你趕快替我在南嶽聖帝面前許炬香吧！如果生的是男孩，他滿了十六歲就去還香；要是個女孩，她二十歲時，我親自帶她去還。」於是我聽了她的話，就跪在南嶽聖帝面前許了「血盆香」，（註：我鄉的迷信，凡是孩子難產的，要在衡山的南嶽聖帝面前許「血盆香」，還香時需着紅衣紅褲，頭上纏紅巾。）果然快到天亮的時候，哇的一聲，你就落地了。你的聲音特別洪大，滿院子的人，幾乎都給你驚醒了！你的眼睛像兩盞燈籠一樣亮晶晶，眼珠轉動得特別快，一雙小拳頭和兩條腿動個不停。六祖母嘆息着說：「可惜是千金，要是個男孩，一定會做大官的，你看這一對活溜溜的眼睛。」你母親很不高興地回答她：「兒子和女兒，都是一樣的。」由此，你可知道你的母親，雖然爲你吃了不少苦，可是仍然痛愛你的。寶寶，以後再不要使她難過了，你要體貼你娘的辛苦和慈愛呀！』

六歲的我，靜靜地聽着；祖母生怕我睡着了，其實我很淸楚，腦筋裏一面演映着母親難產時的慘狀，一面深深地刻着白天母親第一次拼命鞭打我的情形；更有趣的，我懷疑剛才祖母敍述六祖母的話，也許就是她自己說的；不過爲了祖母太愛我，也就不和她算賬了。

——哼！母親旣是愛我的，爲什麼要重重地打我呢？孩子不是人嗎？她沒有自己的主意嗎？大人的每一句話，她都要服從嗎？

這幾句話，老是在我的腦海中縈繞着。是的，我是個淘氣的孩子，我使母親常常生氣，母親可以支配很多人，甚至可以支配整個謝鐸山底男男女女，老老幼幼；但是駕馭不了我——淘氣的小怪物，這是母親最不高興的一件事。有時她氣憤到了極點，就恨恨地對父親說：『你帶她永遠離開我吧，這孩子不像我生的。』或者說：『將來早點嫁了她吧，免得麻煩。』

可憐我在三歲的那年，就被許配給父親一位朋友底兒子去了，躺在慈母懷裏的小生命，誰會料到她一生的命運，已經安排好了呢？

我的家庭

父親是祖母的獨生子，他生長在一個極窮困的雇農家中，祖母常告訴我們，關於她嫁給祖父的故事：

『我的娘家雖然很窮；可是來到你家就更現得窮了，不但沒有飯吃，簡直連碗都找不出兩個來。』

『這話怎麼講呢？』

當我最初聽到時，總是這樣問她。

『待我慢慢地告訴你吧，你曾祖父共有六個兒子，你祖父行二，當他臨死時，每個兒子分一升米，一條凳，一隻碗，這就是他的遺產。你祖父不是也只能分到一只碗嗎？那麼我來了怎麼辦呢？』

『去買一個來呀！』我說。

『是的，因爲你祖父是個忠厚而努力工作的農夫，因此他每同替人家做工，主人都待他很好；他賺了錢，不但可以買碗，而且他將每年的工錢慢慢地積起來，後來就替你父親娶了我。我來到這裏之後，每天替人家洗衣服，做苦工，也可賺得一點米；慢慢地自己可以買套耕具了，再向人家借點錢買了一條牛，於是我們就租了幾畝田來耕。唉！說到耕田，我就記起你的父親了。他那時還只有七八歲，可是特別愛讀書；每天放牛時，總是偸偸地帶本書藏在懷裏，到了野外，他就坐下來看書，不管牛走到了什麼地方，或者吃掉了人家的麥子，青菜，豆子……一概不管。有一次牛失蹤了，他嚇得一天不敢同家，哭得死去活來；第二天鄰居替他找到了，你祖父問他爲什麼這樣粗心，他回答說，因爲看書忘記了牛。從此，你祖父知道這孩子不是個牧牛郎，生來就是個書呆子；於是就允許送他讀書，只要他努力，將來還可送他去考狀元。你父親聽了這句話，簡直喜得發狂！他整天整夜地讀書，没有月亮的晚上，就用松枝點着看，有時連手指都燒枯了，皮也燒掉了，他還是不知道。辛卯年赴省會考，没有衣服穿，就拿我的破衣穿在裏面，另給他做了一件新的罩在上面；你祖父替他挑擔，店舖裏都把他當做僕人不理你祖父；後來你父親中了舉人，誰也没想到這位挑夫，就是舉人的爸爸，哈哈！』

關於父親的故事，我知道很多：張之洞辦兩湖書院時，他曾在那裏讀過書。他的思想完全與孔孟一致的，他喜歡研究宋儒之學，主張明哲保身，一生不曾與政治發生過關係。當滿清末年，兩廣總督魏午莊保薦經濟特科六人赴京時，五人都去了，獨父親不去。他是提倡舊道德最有力的一個人，對於父母不但絕對服從，而且孝順父母也許比曾子還要好。他對於無論什麼人都是謙恭和順，因此沒有人不喜歡和他親近的；對於兒女，在讀書作人方面，比嚴師還要督責得厲害；若論到慈愛，他比母親還溫柔、和藹。奇怪得很，他的腦筋，雖然絕對是舊的；可是也並不反對新的。比方三哥他們在中學讀英文，他也同樣地要他用功。他做了三十七年的新化縣立中學校長，各種學科都請了新畢業回去的敎師講授。他極力提倡古文，擁護舊道德，因此幼小的我，在父親的懷抱中，就要開始唸詩，讀古文了。

母親呢？她的個性特別強，她是個天不怕，地不怕的勇敢底女性。

外祖母沒有兒子，只有三個女兒，她是最大的，家事全由她處理。十六歲嫁給父親後，便在謝鏗山大出風頭。她是個絕頂聰明，而又富有辦事才幹的女子，她的腦筋不用說是充滿了三從四德，男尊女卑的觀念，重視舊禮教，勝於看重自己的生命。她是謝鏗山的莫索理尼，不論在家庭，在社會，她完全處在支配階級的地位。鄉村裏的大大小小，幾乎都要聽從她的話；地方上的公產也由她保管，爲的是她不揩油，熱心公益事業；村政上更是少不了她，一件什麼事情發生了，鄉長會議解決不了的，只要請她去說幾句，便一切問題都沒有了。

她生來就具有一種不屈不撓的精神和堅強能幹的性格，因此誰都害怕她，服從她。這麼一來，她不但在地方上成了覇王，就是對待兒女，也像君主對待奴隸一般，需要絕對服從她的命令，聽她的指揮。有次大哥爲了要大嫂到離我家五百里的益陽去組織小家庭，事前沒有得到母親的同意，她派人把大哥找回來，罰他在地上跪着，頭上頂着一大脚盆水，如果稍爲動一動，水倒了下來，母親就要打他的屁股。以後經許多人勸解，才將脚盆取下。二哥爲了要和他那兇惡的，毫沒有感情的小脚太太離婚，母親拍着桌子大聲駡道：『你這東西，讀了書回來做這種沒廉恥，無道德的事，難道真的不顧祖宗的面子嗎？你要離婚，先殺了我再說！在我沒有死以前，絕對不許有這種丟臉面的事發生！』二哥知道母親的個性太強，如果離婚，就要犧牲她的性命，因此只好忍着苦痛，一直到吐血死了爲止，他還是孤零地沒有和第二個女性結合；至於姐姐，更是如小羔羊一般馴良，在母親面前，連話都不敢大聲說，十八歲嫁給一個姓梁的，受盡了丈夫和翁姑的虐待；每次她回到家來，總是故意說她的丈夫如何待她好，她知道假若不這樣，母親反要駡她不會侍候丈夫的，好幾回我遇着她在厠所裏流淚，或者晚上我從夢裏被她哭醒來。三哥也是服從父母之命的，只是他比二哥強，有時也會和母親吵起來；但他要做的事，總有方法感動父母，使他們不能反對；說到我呢？唉！太慚愧了，我完全是個叛逆的孩子！

黃金的兒童時代

我是母親最小的孩子，姐姐比我大十歲，她在我剛滿八歲的那年就出嫁了。三個哥哥有兩個隨着父親上新化縣城讀書去了；大哥已經做了教師，他們一年回來兩次，寒假和暑假，是我們團圓的時候。母親每年冬天，都要準備許多乾魚、臘肉，等他們回來吃。我很羨慕他們那種做客似的生涯，每次接到父親和哥哥們那天回家來的信時，母親總有一兩晚快活得不能睡覺。她煮好了飯菜等着，替我換了一件乾淨的衣服，並且每次都這樣說：『乖乖，不要弄髒了，爸爸回來了會買糖給你吃，哥哥還要給你許多玩藝兒呢。』

從縣裏到我的家裏，有九十里路程，要爬過兩座高山；父親坐着轎子，還雇了一個挑夫，二哥和三哥總是穿着短衣和草鞋跑路，像個挑煤炭的孩子，走得氣喘喘地。

從下午五點鐘起，母親就拉着我的手站在門口盼望了，一直要到暮色蒼茫的時候，才看見遠遠地有頂轎子跑來。

『乖，你爸爸囘來了！』

母親連忙走囘去準備開水泡茶，我同小黑狗賽跑似的，走到半里遠的地方去迎接，父親照例在近我家八里路的地方，就要下轎來走路的，理由是附近住着些長輩；而且祖宗的墳墓都在那裏，他說這是應該下轎的。

『爸爸，糖呢？』

我像小猴子上樹似的，兩只小手抱緊了父親的頸項，小黑狗也在搖着尾巴向父親撲來，二哥用棍子打牠，父親連忙說着：『不打牠，不打牠，牠像寶寶一樣歡迎我們呢。』

於是連挑夫也笑起來了，只有我吸着嘴不做聲，我不高與父親把我當做小狗看待。

每次去接父親，總是他抱着我囘來的。冬天，他一進門就用皮袍裹着我，生怕我受涼；哥哥們忙着給我許多玩具，這些都是他們自己做的：有小盒子，痲雀，小船，筆筒，還有藍色的墨水瓶，從化學室裏撿來的斷了一節的玻璃管子。我最愛這些玻璃管子，到了夏天，捉了許多螢火蟲來裝在裏面，牠們上上下下，好像一條金龍在蠕動着，閃爍着，怪有趣的。

父親除了買給祖母一些好吃的糖外，還要特別爲我買一種美麗的中間夾着胡椒的小圓餅帶囘。媽媽生怕我統統拿去分給別的孩子們吃了，總是由她收起來，每次發給我幾個；可是我從祖母那裡拿來的糖，她却不知道；有時自已偷一些敬客的點心，裝在袋子裏，到外面去分給每個小伙伴吃。

母親有一次因爲忙，沒有在一件舊衣服上面替我縫袋子，但我非要她立刻做好不可；那次爲了這事，她用棍子追着打我，我逃得很快，她的小脚無論如何也追不上，她喝令我『站住！』我不但沒理她，反而跑得更快了；突然撲通一聲，她摔倒了，兩只小脚浸在泥田裏，拔了很久還拔不出，怪可憐的！趁着這時，我逃了回來，喊嫂嫂救我。不久，母親回來了，她把我關在一間黑屋子裏，用有刺的棍子毒打了一頓，這就是祖母告訴我幾個故事的一夜，我因爲受了傷才跑到祖母的床上來睡的。

父親最喜歡栽花，在我家的屋後，有一座花園，裏面栽着春夏秋冬各色各樣的花；柚子，柑子，櫻桃，李子，桃子，枇杷……什麼果樹都有；翠竹和蒼松特別多，有刺的玫瑰，鮮紅的薔薇，開得滿園燦爛；黃鶯兒整天啼個不住……這美麗的花園，不知給了我多少的快樂和希望。

父親在家裏的時候，白天總是在花園裏過活，不是拔草，便是拿水壺灌溉花木；晚間在豆大的菜油燈下敎哥哥讀古文，敎我吟詩；母親和嫂嫂紡着紗，父親的吟詩聲，常常和紡車聲打成一片，合奏着一種令人沉醉的音樂。好幾次我就這樣躺在父親的懷裏睡着了，等到第二天醒來，父親要我背詩時，我紅着臉兒回答他：『爸爸抱寶寶，寶寶睡着了。』

『這是誰敎給你讀的詩？』

父親惱了；但我知道這是假的，因爲他的微笑正浮在他的嘴邊呢。

『寶寶自己。』

說着，我像小麻雀似的溜跑了。

春天來了。

田徑上長滿了青青的草，紅紅白白的花，溪水潺潺地流着，田蛙閣閣地叫個不休，這正是農夫插秧，孩子們捉魚蝦的時候。每到春天，老是下着濛濛的細雨，耕田的農夫們，總是這樣穿着簑衣，赤着脚，彎着腰，在田裏從清早做到天黑。我看到長工用小草穿了幾條小鯽魚回來，就知道我出去玩的時候到了。

我也和他們一樣，脫了鞋襪，戴着斗笠，和幾個頑皮的男孩子出去了。在黃濁的溪水中，我們爭着捉蝦子，捕小魚；有時溪水流得太急，撈不着什麼東西，他們就商議去田裏偷魚；因爲農家的副業，便是養魚，只要不遇着人，偷幾條小鯽魚是沒有問題的；但我那時的目標不在魚，而在蝦子和螃蟹，並且也絕不願意做小偷。我還喜歡螺絲，爲了拾這東西，腿上常被螞蝗咬出血來；衣服全弄濕了，臉上都濺滿了泥漿，每次哭着回家，總要挨母親一頓大罵：

『你知道你是個女孩子嗎？爲什麼也和他們出去鬼混！』

『難道女孩子就不能出去玩嗎？』

『不能出去，只能在家裏玩。』

『不，不！我偏要出去……』

接着，是母親的駡聲，和我的哭聲打成了一片。

採茶女

母親因爲我太不聽話了，白天總是在外邊玩，不肯規規矩矩地坐在家裏，她就給我一件工作：每天吃了早飯，就到茶園裏去採茶。從我家到茶園有兩里多路，中飯是用菜碗盛着，打發人送去的；我和嫂嫂，還有許多採茶女，都要到黃昏時候才能回家。

我沒有採茶的經驗，常把一根一根的枝弄斷了，嫂嫂急得跳起來說：

『妹妹，你還是去捉你的蝴蝶吧，不要弄壞了茶樹；母親知道了，又會駡你的。』

『不，我一定要採，難道你生來就會採的嗎？還不是學來的。』

她是個口才最笨的人，常常被我說得沒有話可答，這回她又失敗了。

與其說我在採茶，不如說採花還來得恰當。每次回家時，我的小籃子裏老是裝滿了花，當我們經過一座五丈多長的石橋時，我就將花丢在橋下，讓水流送到洞庭湖去，還要囑咐它一聲：

『花呀，你流到龍王那裏去吧，美麗的公主，正要等着做新娘子呢。』

小時候，一個替姊姊做嫁奩的木匠告訴我：龍王的女兒，是個最漂亮的姑娘，現在還沒有出嫁；如果到她結婚的那天，全地球都要漲大水，所有的人都要浮在水上，我高興看那白茫茫全地面都是水的一幕，因此希望龍王的女兒早點出嫁。

採茶的女孩，大半都是童養媳，她們的生活苦極了，每天至少要採一百三四十斤茶葉，而所得的工資只有幾個銅板。這些錢都要交給她的婆婆保管；假使自己留下一兩個私用，給婆婆查出來了，便要用燒紅了的鐵鉗，烙她的全身。她們很少吃過一頓飽飯，不是吃紅薯，便是吃很粗的麥子粑；除了過年，從來沒有嘗過一片肉的滋味。她們瘦得像骷髏一般，來到茶園，就大家互相訴述着自己的婆婆是如何地兇惡，如何地壓迫自己，說到傷心處，眼淚一串一串地滴在茶樹上，正像一顆顆晶瑩的露珠。

『她這樣虐待你，你爲什麼不逃走呢？』

我對一位臉部被打得一條條血痕的小姑娘說，她的名字叫春香。

『逃走？怎麼敢呵？我娘害了我，此生只能死在她手裏了！』

接着又是一陣淒慘的哭聲，我也陪着她流淚了。

『哭也是空的，你趕快採茶吧，天黑了，沒有兩百斤茶回去，又要挨打，唉！』

另一個大一點的秀英這樣勸她。

『唉！只怪得我們的命太苦，生來就過着牛馬不如的生活，就這樣苦到死吧，下世總會做好人的。』

蓮妹子的眼睛早已哭腫了，但她還在自己安慰自己。從此我知道了一點點人生的苦痛，我常替這些童養媳抱不平，每次採茶時，我總幫助她們工作。

黃昏近了，黑幕慢慢地垂了下來，我們收拾起茶刀，樶子和茶筒，背起籃子來唱着：

『三月採茶茶葉青，
姊妹雙雙繡手巾，
兩邊綉起茶花朵，
中間綉着採茶郎。』

紡紗的姑娘

秋風吹來了丹桂的幽香，月兒放出清朗的光輝，星星在天邊閃爍，孩子們在坪裏和影子賽跑，捉迷藏。我呢？八歲的小姑娘，已經開始做大人的工作了。和我一同在月下紡紗的，除了嫂嫂而外，還有兩個外房的姑母和鄰居的珍姑娘。

凡是生長在我鄉的女孩，到了七八歲的時候，便要歛給她紡紗，績麻，做針線。貧苦的替別人紡，每斤的工價是二百文。紡得最快的，每天最多紡四兩，普通的二兩，三兩，平均起來，一天只賺得三四個銅板。我是替自已紡紗，沒有一定的限制，母親說：『只要你紡得多，自已家裏種的棉花，如果還不夠供給你時，就到藍田市去買些來。』

『不，我不高興紡，我穿不了這麼多布呢。』我對媽媽說。

『不是你現在穿的，是準備你的嫁奩；只要你發奮多紡，將來抬二十箱衣服到婆家去，多麼闊氣呀！』

那時雖然早已知道我已經在含着媽媽的奶頭時，就許配了人家；然而我並不懂得這是怎麼一回事，也不知道痛苦。聽了母親的話，就很高興地紡着紗；尤其在月下幹這工作，實在再快活也沒有！冬天在房子裏紡紗，有種種不方便，譬如母親爲了省油沒有點燈，借着火光照耀，總是感到黑暗，背部也覺得寒冷；秋天的氣候既溫和，月光又特別純潔，清朗，再加以祖母講着牛郎織女，月裏嫦娥，王母娘娘……的故事，更提起了我們紡紗的興趣。有時聽故事聽得入神了，大家不約而同地停止了紡車，爭問着：

『結果呢？』

『結果呢？偷懶的小姑娘，都停止工作了。』

祖母這個幽默的結論，引得大家都哈哈大笑起來。

悠揚的紡車聲，在夜闌人靜的深夜裏響着，恰似空谷的琴音；微風從我們的頭上輕輕地掠過，還帶來了一陣陣的花香。

沉醉了，我們是這樣沉醉在美麗的夜色中。

痛苦的第一聲

媽媽從外面聽來了一些關於我的閒言，說我這大年紀還不裹足，將來婆家一定不肯要的；何況八九歲的姑娘，常常和男孩子在一塊做泥菩薩，拋石子，當司令㊟，也太不成體統了。她們說，古時的規矩，男女四歲不同席；我母親是讀了書的女子，爲什麼連這一點規矩都不懂呢？

說良心話，母親是很愛我的，她覺得自己的小脚太短了，走起路來很不方便；姐姐的小脚是她親自裹的，真像個紅辣椒一樣；在她看來雖然美麗，可是走兩步，便要扶牆摸壁，未免有點近於殘疾；因此她決定遲一點替我裹足，免得像姐姐一樣把骨頭弄斷了；同時她又想着，如果這時還不開始給我裹，骨頭一天天發育起來，就難以希望裹成小脚了。這是我們故鄉的風氣，脚大的女孩，不但沒有人娶；而且無論誰看見了都要罵一聲：『你娘死了嗎？蒲扇大的脚，真醜死人！』

當媽媽要我做一雙小尖頭紅鞋掛在觀音菩薩的香爐上時，我不懂得是怎麼一回事。

『寶寶，（我長到十幾歲了，媽媽還是這樣叫我的。）今天要替你裹足了，你來拜觀世音菩薩吧，祂會保佑你裹得很小的，一點也不痛。』

媽媽手裏點着香，燒着紙錠，只等我去下跪了。

『媽，我不裹足。』

我站得遠遠地，望着她不敢走攏去，兩顆豆大的淚珠，突然滾了下來，我的心開始嘗到害怕和苦痛的滋味。

『快來，快來，菩薩保佑你！』

她過來把我拖去跪在地上。

呵！原來她一切都準備好了，尖尖的鞋子，前面繡了兩朵梅花；兩條三寸寬的，很長的藍脚布，我望見了就發抖。我仔細地拿起花鞋來看，是朱紅綢子做的，薄薄的底，非常美麗。我不知道母親在什麼時候做好的，從來沒有看見她做繡花鞋。

『媽，裹脚太痛了，我不能走路，你不要害我吧。』

我帶着恐怖的哭聲哀求她

『裹脚是愛你，不裹脚才真是害你呢！你想想大脚姑娘怎麼嫁得出去呢？』

母親一面說，一面用跪着在觀音菩薩那裏討來的所謂「仙水」，噴在我的脚上，還散了些紅灰在脚趾縫裏，我這時便大哭大鬧起來。

『媽，痛死了，我寧可永世不嫁，不願意裹脚呵！』

『你這小東西，還沒裹就叫起痛來，偏要給你裹緊一下看！』

帶子已經纏上脚了，只因爲我的脚在亂跳，手也不住地把母親手裏的帶子搶來搶去，把鞋子丟在地上；媽媽氣極了，忙叫嫂嫂來捉住我的手，先從左脚裹起，右脚被夾在母親的腿下。我像一個被綁入刑場的囚犯一般地亂叫亂喊，使得鄰居的人都跑來看熱鬧。六祖母一走進門便說着：『好乖乖，不要哭，裹好脚了，我背你去看猴戲去。』其餘的人都望着我傻笑，沒有一個是同情我，爲我的哭聲所感動的。唉！我心裡想：她們都是母親一夥的人，她們都是劊子手。

兩隻脚穿上了紅鞋後，我的全身已痲木了，母親抱我下地來試步，我感到打斷了骨頭一般的痛楚，不由得哇的一聲哭了出來，就倒在地上了……

從此，我每天只能坐在火爐邊紡紗，或者在堂屋裏慢慢地散散步，我像帶了脚鐐一般不能走動，再也看不見美麗的花草，和活潑的魚蝦了。

花朝節的那天，母親趁着我熟睡的時候，在我的兩隻耳朶上各鑽了一個孔，我從夢裏痛醒來時，她已吊上一根紅絲線了。

『好，現在你的三件大事，我已做了兩件了。』

母親很高與地對我說。

原來她認爲替女兒做的三件大事是：

（一）裹足

（二）穿耳

（三）出嫁

『是的，還有一件殺我的工作没有做。』

我這樣氣憤憤地回答她，害得她又大罵了一頓。

姐姐出嫁的那年，母親借了債來，大辦其嫁奩，請花娘到家來製了十六套繡花錦被，還做了三十六抬木器，其中有八大箱子的衣服和鞋襪，什麼東西都繡上花。姐姐從八歲就開始繡花，一直繡到十八歲她出嫁的那年，没有出過房門一步，整天關在一間小屋子裏，從早晨六點鐘開始，一直到下午六時才得停止；晚間又要紡紗，可憐的她，累得喘不過氣來，也不敢向母親訴一句苦，只是暗地裏嘆息。

母親自然很希望我像姐姐一樣多繡些花，將來好抬到婆家去；我却告訴她：『什麼東西都不要，我只要讀書。』

『哼！女孩子也想讀書嗎？真是天翻地覆了！讀書是你哥哥他們的事，你是生來應該關在閨房中的。你想，一個女人讀了書有什麼用呢？現在又没有「女狀元」可中。』

儘管她如何反對我讀書，後來我終於進了學校。

❶我那時把村裏的小孩編成一隊兵，天天持着棍子操着一二三四，我自稱司令。

我進了私塾

我的故鄉是一個交通不便，風氣閉塞的農村。起伏着的山巒，環繞着整個的鄉村；由資江流域發源出來的一條小河，終年不息地流着，溪水更是淙淙地奏着美妙的歌曲。一到春天，打開窗子，就可望到蔚藍的天，葱翠的山，美麗的花草，和那些在天空裏翺翔着的小鳥兒。的確，這是個山青水秀的鄉村，令人陶醉的仙境。

在這兒住着二百多人家，男人的職業除了耕種外，最大多數是挖煤；新化是中國的產煤地，而錫礦山的錫，更是世界有名的。

挖煤的人，不分晝夜地過着「四脚爬」的黑炭生活，他們不但皮膚被炭染黑了，連鼻孔內，耳朶裏，嘴裏，甚至吐出來的痰都是黑的；因此紳士階級，老是瞧不起他們，罵他們爲「黑肚子」。

女子的脚，都是三寸金蓮；窮苦的女孩，統統被嫁做童養媳，環境稍爲好一點的，一到十五六歲便出嫁了。她們每天除了做家庭間一切烹飪，補洗，撫養孩子的工作外，還要幫助丈夫去野外挖土，拔草，種菜……可是他們從沒有去過煤山，據說裏面的炭坑夫都是裸體的，因此不許女人進去。

在這鄉村裏生長着的女孩，自然誰都不要夢想着進學校；離我家一里路的地方，雖有一個私塾，這是專為男孩子設立的，女孩子連門檻都不要想跨過去。

近視眼先生

我在五歲的時候，就開始識字。父親是一個舊文學家，（他有五十多種著作）他每年寒暑假自學校歸來時，就教我讀詩；其實我那時有很多字不認識，至於理解語句的意義，更談不到，我只知道像跟祖母唱「月光光」一般地，學着父親的腔調吟詩。八歲的時候，那本隨園女弟子詩，和唐詩三百首，我背得一半了。此後一天天我認的字數增加起來，母親總是教我讀些「教女遺規」，「烈女傳」，「女兒經」之類。奇怪，我不明白為什麼每次母親教我，我總感覺枯燥無味，我不喜歡讀這類的書。我開始要求母親送我進私塾，她說女孩子是不要進學校的，只要多認識幾個字，多了解幾個貞婦烈女的故事，會記帳，會看契約便得了，原來她是希望我將來做個好管家婆的；但當我十歲的那年，終於因了我好幾次的請求，她允許我進了那個私塾。

真想不到女孩讀書是如此困難的，不但教師不肯收留，居然還有很多人反對。在我的故鄉，他們是從來沒有看見女孩子讀書的，何況又是和男孩子同校？尤其反對最厲害的，是那位塌鼻子綽號尖嘴婆的女人，她是老幼皆知的潑婦，她有一個獨生子，也在那個私塾讀書，一聽到我要去，忙着四出宣傳，說女孩子和男孩子同學，一定所有的聰明，都會被女孩子偸去了，男孩子將一個個變成愚蠢癡呆的傻瓜；同時責備母親太不懂規矩了，男女有別，這是誰也應該知道的，何況我又是個這麼大的姑娘。一般人雖然同意她的話，只是在背地裏議論，因爲他們都害怕母親，所以不敢當面來阻止我入學。尖嘴婆就不然，她的膽量很大，什麼人都不怕，她居然跑來和母親搗亂，要她不送我讀書，或者請個老先生到我家裏來敎；否則她要馬上把學校解散。

母親自然比她更厲害，聽了她的話，反而更快地送我去那個私塾讀書。她氣憤憤地大罵了尖嘴婆一頓後，立刻提着籃子，拿好香紙，（註：這是拜孔子用的）送我進了私塾。敎師因爲母親是謝鐸山的權威者，雖然不願意，却不敢開口說半句拒絕的話，連忙微笑着收容了這個唯一的女弟子。

舉行了孔子遺像面前四拜，先生面前兩拜的儀式後，我就做了正式的學生。

先生是個近視眼，他敎書時，完全將臉部貼在書本上，有時字小一點，像論語，孟子之類，他簡直連鼻子都被書壓扁了。最使人感到討厭的，是他滴在書本上的鼻涕和口水。每個學生的書，都被他弄髒了，有時他看得過意不去，也間或用自己的衣袖揩去，並表示歉意；可是學生沒有一個原諒他的，大家替他取了一個綽號叫做「髒瞎子」。

他的床就擺在我們的敎室裏，一床黑被窩，從來沒有看見他鋪過。常常有一股臭得令人作嘔的氣味，從他的身上發出來，我們只敢背面說他一世沒有洗過澡的話，等到見了他的面，就嚇得不敢做聲了。

因爲我是個女孩子，所以沒有和他們四十多個男生坐在一塊。我的位置正在先生的對面，每天早晨不論背書，點書，都要經過我的眼睛和耳朵。有同學書沒有讀熟背不出來的，我就替他提句；爲了這，也曾挨過好幾次駡。

這一年，我讀完了女子國文八本，四字女經一本，還偷讀了半册幼學和論語；可惜並不懂得那些書裏面說了些什麼，因爲老師從來沒有講解過。近視眼先生，在母親的面前，極力誇奬我的天資；但接着他又嘆了一口氣說：『可惜太頑皮了！』母親聽了自然非常不高興，因爲她是希望我「逃學」，或者讀不進，以便藉口停止我的求學的。

我比誰都要討厭近視眼先生，因爲普通女孩子的性情，的確要比男孩子好潔淨。他們的書上常常塗些墨漬，而我是用白紙包好了書面，裏面除了先生點的紅筆外，什麼汚點都沒有；只是每次當他點書給我讀時，十回總有九回要滴些口水或者鼻涕在上面，髒死了。

『先生，你把鼻子醫好了，再來教我的書好嗎？』有次我居然敢這樣說他。

『怎麼？你說什麼？』他抬起頭來大吼了一聲，嚇得我幾乎從凳子上跌了下來，同學們都望着我哈哈大笑。

未成功的自殺

冬天，接到大哥自長沙寫給母親的信，裏面有幾句話是關於我的：

『鳳妹天資異人，深堪造就，明春可送其赴大同女校求學，以爲將來考女子師範之準備。近年來女禁開放，學校林立，吾家素以書香傳世，諒慈母不以妹爲女子而見拒也。』

我感謝大哥，我真不懂那時他何以這樣待我好。我的前途有光明的希望了！我快活，我簡直一夜未曾合眼，我只想早點過了年就去大同女校。

『到了那裏我更要努力讀書，我要讀比哥哥他們還多的書。』我時時這樣夢想着。

這時父親和二三哥都没有回來，姐姐帶着孩子在家，整天哭喪着臉，爲的想要雇一個奶媽，而母親又堅持不許。

『媽，我明年春天，一定要到大同女校讀書。』

一天晚上，母親在爐邊紡紗，姐姐抱着孩子在喂奶，我讀一會兒書後，忽然想起大哥的來信，這樣誠懇地對母親說。

『還想讀什麼書？女孩子讀了像你這多的書，已經很夠了。你又不是男人，要讀那麼多書幹什麼？』她完全没有把我的話放在心頭，只是不耐煩地敎訓了幾句。

『大哥不是來信要送我去大同女校嗎？』我的聲音更溫柔了。

『他懂得什麼？女孩是娘管的，你明年要開始繡花了，脚也没有裹小，將來嫁到婆家去，他們一定說做娘的没教訓。』

『媽，我要讀書，我不是一個和哥哥他們一樣的人嗎？』

『笑話！一樣的人！他們讀了書可以做官賺錢；你是女孩子，只能做個賢妻良母，侍奉翁姑，管理家產。你想想，你讀了書有什麼用處？』

我那時的確說不出要讀書的「所以然」來，我也並不懂得什麼男女平等，更不知道女子讀書究竟能在社會上做得什麼事；我只覺得我需要讀書，我需要知識，正像我需要吃飯穿衣一般。我不懂女子爲什麼生來就只能做人家的老婆，替丈夫生兒子，受公婆的虐待，正像姐姐一樣。

豆大的兩顆晶瑩的淚珠，從我的眼中掉下，嫩弱的心早已在顫抖了！我想不到母親是如此對待我的，她兇惡的面孔，我還是生平第一次見到呢。

『況且你是這樣不像女孩，』母親斜視了我一眼繼續着說：『你比任何男孩都兇，你看學堂裏没一個不說你頑皮的；先生這樣厲害，都拿你莫可如何，再讀下去，簡直要上天了。』

從此以後，我不敢提到我的讀書問題了，我知道母親是不講情面的，惟有等待父親回來，也許還有希望；不過父親又是那樣地害怕母親，什麼話都得聽她的，唉！對於讀書，我是完全絕望了！

春之神來到人間，一切生物都在蓬勃地滋長，萬物都轉了生機的時候，我却準備着踏上死之途程。

起初是經過父親和祖母的婉勸，要母親送我再讀半年，母親誓死不肯；後來又經過姐姐，嫂嫂，姨母們的請求，她仍然不答應。當我知道再没有希望的時候，便下了自殺的決心。

在鄉村，我所知道的自殺方法，只有下面幾種：

（一）吊頸；（二）投河；（三）吃火柴頭；（四）吃鴉片煙；（五）吞戒指；（六）用刺刀刺破喉管。

小孩究竟是小孩，想自殺而又怕痛，真是有些滑稽。我那時天天計劃着用什麼方法去自殺，結果是第一、我想起了那次看到畜笛嫂吊頸死時，舌頭吐出來的慘狀太可怕了，因此不敢；第二、投河的，肚子會被水脹得像鼓一般地大，而且會給男人脫下衣服把水抽出來，我不願這樣做；第三、火柴的氣味太難聞了；第四、没有方法買到鴉片煙；第五、没有戒指，卽使有，我也不敢吞，因爲我還没有忘記那次吞下一個銅錢的痛苦；第六、假使刺不死而痛得要命，或者又被他們救活，那豈不糟糕嗎？最後決定不吃飯躺在床上餓死——真的是活活地餓死！

睡了兩整天了，家裏的人都以爲我害病，母親連忙請醫生來看：

『没有病。』醫生說。

原來他就是那位近視眼先生。

姐姐看見我整天不吃一點東西，祇是流着淚，好幾次跑來床前安慰我：

『好妹妹，你告訴我吧，有什麼事我一定替你辦到。』

『什麼人都辦不到！』我的淚越流越多了。

『告訴我什麼事情？』

『我……我……要……我要去讀書。』

好容易掙扎着說出了這幾個字來，姐姐也陪着我哭起來了。本來她爲了孩子缺奶的事，已經痛苦不堪，又加上我的難解決的問題更使她傷心。母親好像知道我爲了要讀書不吃飯似的，故意不睬我，這使我自殺之心更加堅決。

母親是最愛子女的，爲什麼我快到死的地步了，她也不答應我的要求呢？

我開始對於慈母之愛懷疑了。

到了第三天，大概是母親見我固執得無可奈何的緣故吧，她答應了我的要求；不過要在兩年以後才送我去讀書。她說在這兩年中，要試驗我的脾氣，假若變好了就允許；否則，要提前將我嫁出去。

就在這一線希望的曙光中，救出了我弱小的生命。

小學時代的生活

入大同女校，是在我十二歲的那年。當我踏進學校的門，看見許多活潑天真的女孩子在拍皮球，跳繩時，我簡直懷疑自己走進了天堂。我發狂了，內心裏充滿了說不出來的快樂和希望；可是有一件事，使我深深地感到苦痛：我的脚還是緊緊地被帶子裹着，本來我可以解開，然而母親的條件是不裹脚，就不許我讀書，這叫我怎麼辦呢？這時和我一樣的小脚姑娘很多，她們都感到同樣的痛苦；幾個天足的老同學，如旆芳，士閑她們，都用剪子來剪我們的脚布，每天來檢查我們的脚解放沒有。本來爲了求學，我寧可忍受裹脚的痛苦；不過看到人家都是大脚，而自己却是三寸金蓮，未免太丢臉了。最後我不反對她們將我的裹脚布統統燒掉，下大雨時，我也像她們一樣，赤着脚在天井裏玩水。

第一次鬧風潮

學校裏有兩個管理員，她們都是從長沙回來的。那時鄉間的女子到過長沙的，只有她們兩個。從同學那裏，知道她倆都是死了丈夫的人。蔣先生更是孤獨得可憐，連一個伴她寂寞的孩子都没有。

她們將學生當做自已的孩子一般看待，我們都很親熱地叫着『蔣老師』、『周老師』。真的，她們比我們的母親要好多了，時時鼓勵我們發奮讀書，不要裹脚。

生活過得很快樂，我們同學間的感情，比至親的骨肉還來得真摯熱情。有什麼不懂的問題，總是小的問大的，新來的問老學生。功課完了，我們一同到鍾家山或者三溪橋去玩；這一羣無憂無慮的小天使，整天只知道跳着，笑着，從來没想到人間還有什麼痛苦和悲哀。

在恬靜而愉快的生活中，忽然起了一個小小的波瀾，那便是趕走了管理員蔣老師；敎圖畫，理科的鍾先生也辭職了，事情是這樣發端的：

鍾先生是一個性格比女性還溫柔，而年紀很輕的男敎員，無論講書或說話，從來没有高聲過；愉快的微笑，親切地浮在他的唇邊。他喜歡同孩子玩，將學生當做自已的弟妹一般看待，因此學生都不怕他，不把他當做尊嚴的老師，而將他視爲親愛的朋友。

突然有一天，蔣老師把我們甲組的學生叫了去，警告我們不要和男先生多談話，上課時態度要莊嚴，眼睛不要東張西望。又說：『鍾先生太年輕，而且喜歡笑，不便敎女學生，你們都是黄花女，應該規規矩矩地好好讀書，太開通了是不行的！』

大家都認爲她的話太侮辱我們了，一時鬨動全校，不到三天功夫，就鬧得滿城風雨，天翻地覆。我們都是一羣天真純潔的孩子，那裏懂得社會上的黑暗和專制。

第二天上午，頭一堂課，就是鍾先生的理科，我們都很嚴肅地坐着，簡直連半點聲音都没有。

『書都拿出來了没有？』鍾先生還是往日一般的笑容。

底下没有一個回答他的聲音，他也不留意地翻開了自已的教本。

『油菜是什麼花冠？多少雌蕊和雄蕊？鳴岡（這是父親替我取的學名）！』他叫我的名字了，我並没有回答。

『怎麼？你答不出來嗎？詠聲，你答。』

她也和我一樣没有回聲，只是望了他一眼。

『你們都成了啞子嗎？真奇怪！』

他有些氣憤了；可是臉上仍然堆滿了笑容。

『先生！』和聲大膽地站起來了，同學都佩服她的勇敢，都把目光集中在她一個人的身上。

『並不是我們啞了；而是我們不敢回答先生。』

『爲什麼？』

他這時臉色忽然變了，很急促地打斷了她的問話。

『一言難盡，』和聲說。『不過可以簡單地告訴先生：因爲蔣老師不許我們和先生談話，爲避免嫌疑起見，連問題都不敢答覆了，請先生原諒。』

『好，那麼我就辭職吧，我沒有資格當你們的老師。』他的臉脹得通紅，馬上拿起課本來就氣沖沖地走了。

蔣老師還裝作不知道的來問我們，鍾先生爲什麼不等打下課鈴就走了？

『你去問他吧！』我們都同聲地這樣回答。

她真的到男校去了，要求鍾先生來上課，只是有一個條件：不許笑！

『哼！不要笑嗎？除非我死了！』鍾先生的脾氣這時真的爆發了：『從小我就喜歡笑，後來長大了，我對什麼都笑，卽使在阿貓阿狗，草木鳥獸的面前我也會笑，笑有什麼可怕呢？它又不是毒蛇猛獸……』

鍾先生堅決地辭職了，乙組丙組的學生，也都大鬧起來，她們都說鍾先生的敎授法很好，我們非要他敎不可！校長要我們每班派代表兩人去挽留鍾先生，他無論如何也不肯；第三天的上午，鍾先生忽然跑上講臺來了，我們以爲問題有了解決，誰知他是來和我們告別的。

『各位同學！』他的聲音特別沉重而莊嚴，沒有笑容，臉色蒼白，額上現着一條條的青筋。敎室裏擠滿了我們的同學，甚至連病在床上的也爬起來了。

『今天是我和你們最後一次的談話，我沒有別的可說；何況在受氣的時候，也說不出什麼來。我只希望你們努力讀書，將來把這不良的環境根本改造。你們是和男子一樣的人，爲什麼這樣受舊禮敎的支配呢？你們來到學校，原是想多求點知識，如今你們得着了一些什麼？連問書的自由，和敎師談話的自由都沒有，甚至於一言一笑，都要干涉，這還成什麼話？所以我希望你們不要忘記此次學校給與你們的敎訓；你們要反抗舊禮敎，要爭取自由！別了！祝你們爲光明，爲自由而努力！』

可憐我們一聽到他要走，脆弱的心絃就開始顫動起來，我們除了含淚目送着他走了，還有什麼話可說呢？唉！鍾先生走了，我們慈愛和藹的鍾先生走了，我們如滿園桃李驟失春風，迷途的羔羊徘徊歧路，親愛的鍾先生呵！你要何日才能歸來？

風潮越鬧越大了，男校也響應起來；他們都要求鍾先生回校，這使得校長簡直無法應付。我們已經自動地不上課了，還要求管理員賠償我們的名譽損失，辭退蔣老師；否則，我們全體退學。後來她終於假借病的理由，而離開了學校，我們勉強地上了兩星期的課，大家都沒精打彩地回去了。

這次的學潮，幸而沒有傳到母親的耳裏去；要不然，我求學的前途也許從此斷送了。

開始與小說發生關係

秋天來了，又到了開學的時候，母親因爲看見我的小脚變成了大脚，她又氣憤又傷心；她責備我不遵母命，同時也埋怨學校太不顧到家長的體面了。自然，在她看來，一雙大脚是最丟臉的事，何況辛辛苦苦費了她多少精力，才裹成五寸長的小脚呢？

她再也不願送我讀書了，我只得流着淚向父親哀求。他已經調查了我在甲組中，是成績最好的一個，所以允許我繼續求學；這一學期，我改進了縣立高等女子小學校。

那時大同鎭到縣裏去求學的女孩，還只有我一個，因爲言語不通，初進去一兩個月，我簡直沒有一個朋友，看到她們有說有笑地在那裏談天，我總不敢走攏去。下了課後，老是一個人躲在寢室裏看書，不是溫習功課，就是看從圖書室裏借來的少年雜誌和小朋友——那時我最愛看富有冒險性的偵探小說。

忽然有一天，發現我的名字，貼在訓育部的佈告處，上面有一行要我去取書的小字，我連忙跑去把條子撕下去領書，一看，原來是二哥從山西寄來的。我仔細地打開，裏面包着兩本嶄新的書，一本是新演講集，一本是短篇小說集。我快樂得像瘋了似的，不管人家聽不聽，總是一見同學，便說着這樣愚蠢的話：

『我哥哥替我寄書來了，貼了很多郵票，是從山西寄來的。』

因爲自己不會演講，每次登臺，總是嚇得臉靑唇白，說不出三句話來；因此我看了演講集三個字就頭痛，更不要說打開讀它了。

書收到的當天晚上，我就開始看短篇小說，這是胡適翻譯的，文字很流利，我一口氣就看完了半本；最使我受感動的是「最後一課」和「二漁夫」；老實說，「一件美術品」和「梅呂哀」那時還看不懂是什麼意思。我開始對新文學發生無限的好感與崇拜，這本薄薄的短篇小說集，我一連看了三遍還覺得不滿足，好像越看越有興趣，越看越不忍釋手似的。

那時學生的成績如作文，圖畫，習字，手工等，凡是好的，都要貼出來；我的字寫得最醜，最潦草，沒有一次上過壁，也沒有打過一個「甲」字；倒是幾句歪文，常常被貼出來。父親特地爲我買的趙帖顏帖，（他要我隨便選擇一種臨摹）我從來沒有打開過。有一次他看了我寫給他的一封信，字跡奇醜不堪，特地過河來罵我：

『你究竟習的什麼帖？字寫得這麼怪難看的。』

『我……我……』

『什麼帖？』

父親皺起眉毛，幾乎要伸手打我了。

『嗚岡帖。』

『什麼？』

『爸，我沒有臨帖，我是寫自己的字呢。』

他看我向他撒嬌，又聽到「鳴岡帖」三個字，便笑起來了。

在樓上示威

起初聽到母親允許我去益陽升學的消息，我無論如何也不相信，直到她親自對我說：

『你大哥在益陽當校長，你嫂嫂也不肯回來，你天天吵着要讀書，現在就去找他，要他供給你讀書好了。』

這時我真不知要如何感謝我的母親，我覺得她是全世界最好，最體貼兒女，最疼愛兒女的母親！從家裏到益陽，聽說有六百多里水路，坐民船最快也得要四天，這麼遠的路，母親也允許我去，真是我夢想不到的事。

也許命運註定我生下來，就應該過飄泊生涯的，離開家裏，向那遙遠的生疏的地方跑去，也不覺得有什麼難過和悲傷；雖然看到母親和祖母姐姐她們流淚時，我也忍不住哭了；但船開後，我的心却又立刻愉快起來。經過風景好的地方，我總默默地欣賞，半句話也不說。

到了益陽的第三天，哥哥就送我進了信義女校。這是一位挪威國的老小姐愛娜辦的，在益陽，要算是個頂完備的學校，自初小到中學，師範以至大學，都有很好的設備和教師，學生共有兩千多人。

真沒想到敎會學校是如此考得嚴格的，我以高一的資格，自然想考上高二，誰知仍然只能在高一，因爲英算兩科的題目太難了。比方英文，我們只學會幾句很簡單的句子，而這裏却要試驗文法上的主動語態，被動語態了；至於算術的分數和比例，我還沒有學過。考試的結果，只能進高一二期。

從鄉下來的姑娘，開始過着住在四層洋樓的生活，簡直比叫化子做了皇帝還要快活。這裏不但不收學費，假使是赤貧的學生，學校還要津貼零用；我的環境比較好，一學期只交了十元膳費。的確，在這樣舒服而不花錢的學校讀書，沒有一個不是歡天喜地的。房子是這般幽靜而寬大，空氣特別新鮮，資江環繞在學校的後面，卽使是炎熱的夏天，清涼的江風，常常吹得我們飄飄欲仙。每當夕陽西下，最後的紅光射在水中蕩漾的時候，我們便爬上三樓，三五成羣的同學，並肩遠眺往來的帆船。漁人唱着愉快的歌曲，慢慢地搖着輕舟，踏上他們的歸程；微微的江風，一陣陣送來濃郁的花香，浮在水上的帆船，正像海鷗般輕飄；隔岸的山嶽，籠罩着一層薄薄的灰幕，這是一幅多麼富有詩意的圖畫呵！

最美麗的是夏天的早晨，小鳥兒正在枝頭唱着晨歌，河風吹着依依的楊柳，吹着小草婀娜地搖動的時候，太陽從東邊蔚藍的雲裏爬了出來，她像一個初出浴的少女，羞答答地含着微笑慢慢地移動着，一會兒她的光芒射到江中，江水馬上被照得通紅，好像漲滿了一江血水；漸漸地羣山都由金黃而變成赤色了。呵！多麼美麗的太陽呵！它的光輝是何等莊嚴偉大，它照遍了天上人間，大千世界。

我最愛看日出，只要不下雨，我總是一個人先起。有時雖看不到太陽出來，但也並不失望，因爲我呼吸了別人未曾呼吸到的新鮮空氣；我還每天練習打啞鈴，那時我的身體正像鐵一般的結實。

同學都待我很好，她們都喜歡和我玩，教師也都說我聰明；雖然曾經在「太陽常照英國旗」一篇文章裏，我表示對帝國主義的不滿，沒有照着國文老師的意思做去，他也並沒有罵我。同學們都戲稱我爲神仙，因爲我那時不愁功課，一天到晚都是笑着，玩着，跳着，正像小燕子似的；但誰也不曉得我自從入校的那天起，就感到有一種深沉的痛苦壓在心頭，這就是我不高興讀聖經，以及新約和舊約。

爲了不喜歡做禱告，我寧願每天早晨和晚間，或者吃飯的時候，躲到厠所裏去受苦。有次被吳先生發覺我常常吃飯遲到，她叫我到訓育部去。

『你爲什麼每次吃飯時要比別人後到？』她問我。

『我沒有聽見搖鈴。』

『是真的嗎？』

『眞的！』

『在上帝的面前不要說謊話，以後每天吃飯時，你都要來作禱告。』她微笑着摸了摸我的頭。

『好的！』口裏雖然這樣答着，心裏却在想：『上帝知道……』

那時我的知識幼稚，腦筋也很簡單，我沒有什麼高深的理論來和同學們辯論，我常常懷疑這句話：『凡信上帝的人都能得救。』爲什麼每個星期日，許多穿襤褸衣服來做禮拜的窮人們，他們永遠是如此窮下去呢？上帝不能賜給他們衣，食，住；也不能替他們醫治疾病，更不能使他們找到職業。如果說，貧苦的人，是因爲他們有罪，所以上帝處罰他們，我不相信上帝會這麼小氣。我只曉得，人就是創造世界的上帝，什麼都是自己靠自己。

不信上帝，不做禮拜的消息，被哥哥知道了，他連忙跑來警告我：

『妹妹，你不要搗亂了，不然學校會開除你；那時我只好送你回家，你再也不要夢想讀書。』

這夜我失眠了，假若學校真因爲我不肯受洗而開除我，那也只好由她們了。

悲壯的「五七」國恥紀念日到了！各學校，團體，機關，都在那天放假去參加遊行。我校在兩天前就接着學生聯合會來函，要我們於七日上午八時整隊至教育會坪集合。信雖然貼出來了，可是學校並沒有放假，仍舊照常上課。

『爲什麼我們今天不放假呢？』我聽到早晨的上課鈴聲時，這樣問一位同學。

『放什麼假？』她的確忘記了今天是什麼日子。

『還不知道嗎？國恥紀念日！』

『這裏從來不放假的。』

『那麼我們不去參加遊行嗎？』

『當然不許去。』

『不！我們非去不可！』我幾乎跳起來。

『去！我們大家去！』這是全班同學的聲音。

『我們要放假紀念我們的國恥！』

起初是我和兩個同學向大家去宣傳，結果由我們一班首先反對上課，接着整個的小學部都響應了。那時師範部見我們這般孩子們鬧得很起勁，也有點動搖起來，她們一，二，三年級也在自動停課，只有四年級沒有參加，仍舊關起門來聽講。

卽使停了課，學校仍然不許我們出外參加遊行，甚至請假回家，或去野外旅行都不可能。我們本想再接再厲，和學校奮鬪；但是老同學們說：『這只是今年才有這次破天荒停課的事，如果再鬧，你們幾個爲首的，馬上會被開除。』

『那麼，我們就在學校舉行紀念儀式吧。』我徵求同學們的意見，居然有大半贊成的。

就在外面的洋鼓，洋號，吹打得熱鬧雄壯，「打倒日本帝國主義」的口號，響動天地的時候，我們也用習字紙寫下許多標語，用筷子捲着，從樓下遊行到樓上，邊走邊呼口號，正像街上的學生羣衆一般地狂熱，沸騰。我們高呼着：

『打倒帝國主義！』

『打倒軍閥！』

『加入學生聯合會！』

『誓雪國恥！』

不幸，這些口號，都被校長的密探湯先生聽到了，她連忙將這消息報告校長。她惱怒了，馬上搖鈴召集我們訓話，說我們是搗亂份子，要開除我們的學籍。

『怕什麼呢？要開除就開除，難道我們連國家都不要了嗎？』

當時我這樣對積珍說，她也是我的好朋友，比我低一班。

『當然，我們是什麼都不怕的。』

『卽使殺了我都願意！』我又補上一句。

究竟大衆的力量是偉大的，她不敢開除我們，又不願意我們留在學校；最漂亮也是最毒辣的辦法，是校長着人把我哥哥找來，要他領我回去。

『你的妹妹太調皮，她專和學校搗亂，尤其這次鬧得太不成話了，照理我們非開除她不可；然而先生是有名望的人，令妹天性聰明又極活潑，的確是個可愛的孩子，爲了顧到她的學業和前途，我們不宣佈開除，就由先生帶回去管教好了。』

級任吳先生這樣委婉地向大哥說了之後，他像晴天裏聽到霹靂一般，我呢？命運就這樣決定了，當天的黃昏，我就離開了上帝的學校，我是爲愛國而得到被開除的報酬了。

中學時代的生活

這是應該特別感謝父母親的！母親在二哥和三哥替我求情之下，居然允許我去投考長沙省立第一女師，（這是一所公立學校，學費，膳費，書籍費一律由學校供給，每年每次錄取縣額兩名。）父親更親自送我到長沙。他很替我躭心，以爲一個高小還沒畢業的孩子，一定會名落孫山的，何況報名投考的又那麼多；然而我終於僥倖考上了。

因爲我還是高一的學生，所以除了國文史地而外，別的功課我幾乎都趕不上。好在我肯用功，不到兩個月就沒有什麼困難了。同學們都很愛護我，進去不久，她們都和我成了好朋友。我們的生活，比起普通一般的學生要快樂多了，因爲有一位愛護我們像愛護他的孩子似的校長。

外婆校長

我們初進學校的時候，是一個嬌滴滴的女校長，後來又換了一個，仍然是女的，她們都得不到學生的信仰。最後徐校長來了，他真是一個了不起的教育家！他一來到，學校爲之煥然一新；有些讀死書的同學，都像春天的小鳥一般活潑起來了。我們都叫他做「外婆」，因爲他太愛我們，完全將我們當做自己的外甥一般看待；然而在另一方面，他管理我們十分嚴格：他禁止我們穿緊身小背心，以及吃辣椒。晚上下了自修後，他不許我們看書；常常到了一點鐘他還沒睡，爲的要查每一間寢室是否還有人講話。假若一個人半夜起來去厠所，他也要問一聲：『爲什麼還不睡？寧可早點起，不要躭過了睡眠。』到考試時，大家都害怕他，因爲隨便你站在那個黑角落裏，他都要用手電筒照着催你去睡。許多同學爲了不敢燃蠟燭預備功課，只好站在路燈下或者厠所裏去看書；結果沒有一次不被外婆趕走的。

『外婆，爲什麼三點鐘你還不去睡呢？』一天晚上我這樣問他。

『不等你們一個個都睡盡了，我是睡不着的。』

他忙用手指着寢室要我趕快去睡，我剛進門，另一個同學又跑出來了。因外婆平時管束得太嚴，這天晚上我們故意和他搗亂，約好了幾個同學看小說，害得外婆從東邊趕到西邊，從西邊又趕到東邊，一直到四點鐘我們才同寢室去睡。這次因爲是故意違反校規，所以每人都被記了一次大過。

冬天一來，教室裏很早就生了炭盆，校長每天囑咐我們多穿衣服，不要受寒。夏天又替我們將窗戶打開，使空氣流通。那時學校裏幾乎成了一種喜歡吃蠶豆的風氣，同學們老是喜歡兩個三個地排行一字在校內散步，一面走一面剝着蠶豆，滿地散着殼子。外婆看到了，並不開口就責備她們，只是靜悄悄地彎下腰來，一點一點地把殼子拾起。正在吃得津津有味的學生，當然想不到後面有一個在用手替她們掃地的外婆丫頭；等到她們走了不少的路，外婆才輕輕地生怕驚動了她們似的說道：『殼子少丟一點吧，我這老腰已經彎痛了呢。』

她們聽到外婆的聲音，嚇得立刻站住，回轉頭來一看，只見她們丟下的殼子，都到了外婆的手裏；這時她們臉紅紅地再也說不出半句話來。從此不但她們不敢丟蠶豆殼子或花生殼在地上，就是別的同學，也不敢隨便丟紙片了。他是這樣一個完全用人格感化學生的教育家，怎叫我們不佩服他不服從他呢？

還有一次，他查到了有兩個學生的品行不好，有一晚她們中間一個沒有回校，雖然是請了假回家的，但外婆已經知道她那晚在什麼地方，於是第二天找她來談話。那學生起初堅持着說回家去了，外婆知道她是爲了害怕開除不敢說出真情來，他連忙改換了語氣說：『我已去過你的家裏了，你母親說你並沒有回去，而我已知道你昨夜是在什麼地方；不要緊，你把一切明白地告訴我吧，究竟你是爲了什麼要到旅館裏去？有什麼不得已的苦衷嗎？儘可坦白地告訴我，我會原諒你的。』

她流下淚了，由她臉上的表情，外婆知道她是個可憐的女孩，於是連忙說了許多安慰她，不會開除她的話，然後她一五一十地把家裏的窮困，和爲什麼走上這條路來的苦衷，詳細地說了。

外婆立刻答應她：『我每月津貼你的家用二十元，從今天起，你只能在學校好好用功讀書，再也不許去外面「亂來」了。』

他還用同一的方法，教訓另一位學生；後來她們兩個都發奮讀書，以前給同學看不起的壞名聲，現在被洗得乾乾淨淨了。

爲了津貼貧苦的學生，爲了買書捐給圖書館，他的薪水從來沒有寄一個回家的。他整天穿着一件破長衫，床上鋪着一床破被子。民國十五年的春天，葉某的軍隊來圍攻學校時，看到他只當做伙夫沒有理會；却把一位西裝革履的夏教務主任，打得頭破血流。

學期終了，有些年長的學生，成績往往不及格，外婆並不責備她們不用功，只把她們叫來告訴她關於自己讀書的故事。

『我四十七歲才去法國留學，一個法文字母都沒有學過，我居然一個人大膽地跑去了。我和六七歲的孩子同班，從字母學起，孩子們都叫我「老公公」；有些坐到我的膝頭上來，玩弄我的鬍子，我一點也不覺得羞恥。只要我肯用功，那怕記憶力壞到極點，每天讀一個字，一年也能讀三百六十五個字。不要愁年紀大，只怕自己不長進，不用功！』

他的女兒和人家戀愛失敗了，出了一部書，叫做「戀愛的悲慘」；一般思想腐化的人看了，都說這是徐某的恥辱，生這麼一個寶貝女兒；誰知他滿不在乎，反說她有革命的精神。

『我的女兒是很開通的，不像你們一樣中着封建思想的毒，妞妞妮妮地任環境去擺佈，失戀有什麼關係呢？要受過一次挫折，才能找到她最好的愛人！』他常常對一般嬌滴滴的同學這樣說。

我們學校的圖書館，可以說是全省各中等學校最完備的一個，裏面書籍很多；尤其關於新出版有學術思想的雜誌，書報，沒有不盡量買來的。外婆常說：『寧可一天不吃飯，不可一天不讀書；因爲飯是天天都有吃，而好的書是不容易得着的。』

那時管理圖書的是我們自已，每班選舉兩個圖書幹事，輪流值日。真是幸運，我也當選了，因爲借此我可以多讀些文藝書籍，所以毫不推辭地答應了。

我最喜歡看小說，無論新的舊的，中國的，外國的，不管它內容怎樣，總要找來看。舊小說中我最愛看水滸。紅樓夢雖是一部名著，可是引不起我的興趣來；我討厭林黛玉的哭，更討厭賈寶玉那種傻頭傻腦，整天只知道和女孩子鬼混的典型；我佩服水滸上所描寫的每個英雄好漢，他們那種勇敢俠義的精神，給了我後來從軍的許多影響。

「刹那的印象」

我開始寫小說，是在進了女師的第二年，那時剛滿十五歲。有一天，我和兩位小學時代的同學，去一個同鄉家裏吃飯，主人剛剛買了一個十三歲的丫頭來，那女孩長得面黃肌瘦，身材短小，滿臉現着淚痕；倒是一雙烏溜溜的大黑眼睛，非常惹人憐愛。女主人是一位師長太太，她命令女孩走路給我們看，並請我們批評她的一舉一動的姿式，是否合於一個師長公舘用的丫頭。那兩位同學，真的將視線集中在女孩的身上；可是我的眼裏却正在燃燒着不平的火焰！我恨那位女主人太不人道了，簡直把人當做畜生看，我當時氣得飯也吃不下，借故同到學校，立刻寫了一篇「剎那的印象」，用「閒事」的筆名，寄給編大公報的李抱一先生。第三天，當我走進閱報室，無意中看到了自己的作品，那時的快樂，的確是不能以筆墨形容的。

『你看今天的報沒有？』

我問一位同學。

『沒有，是不是有你的大作？』

她向我做了一個鬼臉。

『豈敢，豈敢。』

我一溜煙跑了。

其實，說良心話，我當時的心境真是矛盾萬分，一方面希望同學們知道那篇小說是我寫的，一方面又覺得太難爲情。

『你這該死的傢伙，怎麼把前天唐太太請我們看丫頭的事寫成了小說呢？你不怕她生氣嗎？』

詠聲這麼責備我。

『誰管她！她既然能買賣人口，難道我連說話的自由都沒有嗎？我下次不去她家裏就得了。』

後來咏聲做了師長的姨太太，而那位可憐的小丫頭不知何處去了。

也不知什麼緣故，發表了第一篇文章之後，寫作的勇氣似乎增加了若干倍。有一次上生物學，同學們都在興高采烈地解剖小鴿子，我心裏萬分難過，眼淚不知不覺地掉下來，一位同學諷刺我：

『真是文學家的心腸，居然哭起來了。』

我受不住她的冷嘲，連忙回到教室，寫了千餘字的「小鴿子之死」，咀咒科學是殘忍的，沒有人性的。這篇文章雖然沒有發表，但我覺得並不比剎那的印象寫得差；從此我得了一個經驗，要有真情實感，才能寫出好文章。

作文打零分

我們這班雖然換過三個國文

『現在我們請翻譯家李青崖先生來教文科，希望你們特別努力研究文學，李先生是翻譯莫泊桑小說的，想必大家都知道……』

教務主任這樣介紹了之後，我們都表示着誠懇的敬意，歡迎這位新來的李先生。

我們真感激教務主任，他自從分出文理兩科以後，對於文科的國文教員特別注意。那位周東園先生已經夠好了；但是爲了他擔任功課太多，所以特地請了李先生來。我們很高興，誰都希望李先生好好地教導我們，甚至平日並不喜歡文藝的，都想從此向這方面努力；我尤其懷着滿腔的熱望，很想大膽地學習寫小說，我斷定李先生不但能替我修改，而且會告訴我怎樣描寫得深刻，一篇小說的內容，結構，技巧，修辭……許多方面，他會儘量地指教我。因此第一次作文，我便寫了一篇萬餘字的小說「初戀」，請他修改；誰知過了兩個月，卷子還是躺在他的抽屜裏睡覺，（至今這篇小說，他還沒有退給我）他並沒有去翻它。我好幾次問他，才知能者多勞，李先生擔任了四個學校的功課，每天包車叮噹叮噹地馳騁於學校街頭；歸來兒女繞膝，樂敍天倫；又加以翻譯忙碌，自然沒有時間來修改我的歪文。

『李先生，我的卷子還沒有改嗎？』

『實在沒有功夫，真對不住！』他很謙和地回答。

『那麼以後就可以不作文了嗎？』

『幾百字的文章，我當然能改；否則，恕不負責。』

『那怎麼辦呢？不知怎的，我老是喜歡寫長文章，常常不知不覺一下筆就是幾千字。』

『文章不在乎長，而在精彩。』

『可是要怎樣才能達到精彩的地步？先生可以告訴我嗎？』

『自己慢慢地去練習，寫了文章，常常修改，就會寫好的。』

這是我在他家裏和他的談話。我很難過，當我沒精打彩地歸來時，我悲哀地想着：『爲什麼我不能遇到像福羅貝爾一般的老師呢？雖然我沒有莫泊桑的天才，難道命運是跟天才而轉移的嗎？』

李先生講給我們聽的，是一篇福羅貝爾著的「波華荔夫人傳」。起初講時，我們還聚精會神地聽，後來不知爲什麼，都感到興味索然。本來，我們希望他講一點關於文學理論，小說作法以及文藝思潮等等常識給我們聽的，結果完全失望。這當然不能怪他，在百忙中，他怎會注意到我們這些孩子的要求呢？

『怎麼？你的作文是〇分！』

學期考試結束了，好友黃君淑坤這樣驚訝地跑來告訴我這個出乎我，甚至出乎全班同學意外的消息。

『學期分數你看到了嗎？』

『僅僅看到國文一科，是剛才李先生着人送來的；那時我們恰好在號房拿信，所以先偷看了。』

『豈有此理，怎麼打零分？我不是交了一本作文嗎？哼！向他交涉去！』

我那時一面感到害羞，一面又感到氣憤。真的，零分是多麼羞恥的一回事呵。

『還有一件事你不知道，知道了你會氣死。』她停了一會又繼續着說。

『什麼？你說吧，卽使各科都打零分，我都不會氣死，我又不是爲分數而來求學的。』

『你在一刻鐘內替密司王代作的那篇論文反而打了八十五分，她這學期就只交了這一篇文章。』

『那有什麼關係呢？哈哈！我不是有了八十五分嗎？怎麼說是零分！』

於是她也笑起來了。

初戀

——節錄日記中的斷片

相思

十五年九月七日下午二時

我真太自苦了，太自尋煩惱了！腦海中爲什麼只有他的影子呢？眼睛所看到的，好像盡是他的笑容；耳中所聽到的，好像盡是他的聲音。別人寫來的信，也當做是他的，看了一遍又是一遍，整個的心完全被他佔有了！唉，這怎麼好呢？我一點事也不想做，而且也不能做；我無論在上課，吃飯，行坐，睡眠的時候，總是想着他。聽講，一句也聽不進；看書，一個字也看不懂；

總之，什麼事都不能做，除了靜坐着想他而外。

心事 同年九月十五夜

我真不知道「愛」是什麼東西，它是什麼組織成的？

我沒有嘗過愛的滋味——除了父母之愛——不知愛的味道是苦，是甜，是酸還是辣？我只知道對他發生了一種很神秘很深刻的情感，難道這種情感就是愛嗎？

在我第一次和他見面的時候，他的視線和我的視線互相接觸的一剎那，他便撒下了愛的種子在我的心田；同時像磁吸引鐵似的，把我的心和靈魂，都吸進他的心內去了。從這時起，我開始對於異性發生了情感。

以前，我真是個天真爛漫的孩子，每逢同學們談到戀愛問題的時候，我便『呸』的一聲跑開了。

她們都說我是個未諳世故的小孩，我希望我永遠不諳世故；然而現在有一種不知名的痛苦居然降臨到我身上來了，天呵，這是怎麼一囘事呢？

我不知道這是一種什麼心理，愛他而絕不讓他知道。我要保守着秘密，一直到永遠！不使對方知道自己在熱烈地愛着他，這是多麼神秘而不可思議的心理呀！

痛苦，痛苦，我歡迎你，絕不躲避你，人生只有在痛苦的時候才有意義！

厨川白村說得好：『戀愛在痛苦與流淚的時候，才有價值；等到結婚，便成爲戀愛的墳墓了。』

該死，我爲什麼要引他的話呢？一個天真純潔的女孩子，不應該嘗到愛的苦味的。

……………………

當我生平第一次遇到有一個異性的影子，闖進我的腦海裏來時，簡直痛苦得想要自殺！我不懂那個微笑着的青年的影子，爲什麼老是站在我的眼前，使我不能靜心讀書，不能無憂無慮，過着快樂甜美的生活，我恨他，也恨介紹我和他認識的三哥，我想毀滅他的影子，然而不可能；我常在半夜三更，從淒涼可怕的夢境裏驚醒來時，就用力搥着自己的腦袋罵着：——你這無用的東西，趕快去死掉吧！高潔的少女心裏，爲什麼要藏着一個異性的影子呢？那是多麼不幸的事呀！你的前途，將要被那個影子，像旋風似的捲去了，你的生命，將要被那個影子，像猛獸似的吞沒了，多麼危險呀！……苦海茫茫，回頭是岸；再不覺悟，你的一生就這樣完了！

儘管理智怎樣責備情感，但情感還是得着了勝利。那影子不但沒有消滅，反而一天比一天更活鮮鮮地在腦海裏跳躍起來。

現在理智在向情感宣戰了：

我不能犧牲我的前途，

我不能毀滅我的生命，

努力掙扎吧！

從苦海中救出自己！

他是上帝驅使下凡的天使，
他是手持利箭的愛神；
愛神呵！
你一箭射穿了我的心，
奪去我的靈魂！
你是吃人的惡魔，
我要殺掉你才甘心。
不要忘記了你是個非凡的女性，
不要忘記爲求學而自殺的苦心。
繼續奮鬪呵，
你應該做個社會上有用的人！

在那種苦痛的心情之下，我却絕不願意流露絲毫給對方知道；和他通了一年多的信，從沒有把我愛他，思念他的情感流露過。我天天寫日記和白話詩，有時偸偸地買了燒酒來喝個爛醉，有時想約幾個同性朋友，住到深山古廟裏修行去。她們都不知道我的秘密，唉！多麼聖潔的值得同憶的初戀呵！

時代的警鐘響了，民國十五年的北伐爆發了！勇敢的青年男女們，一個個拋棄了書本，脫下了長衫，參加革命去了！陷在苦海中的我，也在這時得到了苦悶的解脫。

那個可愛的影子，突然有一天出現在我的面前；這是真正的影子，兩隻眼睛充滿了熱情，緊緊地盯着我。

『信收到了吧？我要找個機會和你深談一次。』

溫柔的聲調裏，藏着無限的希望與歡愉。

『你相不相信？我要從軍去了！』

我的微笑中夾着嚴肅，他開始驚訝起來。

『我不相信，你說來好玩的吧？』

『不！真的！』

『你的身體吃不了那種苦。』

『我要鍛鍊。』

『真的這樣決心了嗎？』

陰沉的憂鬱，代替他的微笑了。

『已經報名了！』

『考慮一下再決定吧，我希望和你詳細談談。』

『無須考慮，你應當無條件地贊成我去的！』

『……』

他低下頭來沉默着，我知道有一種說不出的痛苦，壓在他的心頭；但是奇怪，我一點也不難受，好像一個被判決了死罪的犯人，突然得到特赦一般，我很驕傲地坐在他的對面微笑着。

『明天我要回去了，告訴我，我們還能見面嗎？』

不知怎的，這聲音像一曲悲哀的調子，彈動了我的心弦，我突然感到淒涼起來。

『到前方見吧！我也希望你去從軍。』

『……』

他沒有回答，眼裏閃爍着晶瑩的淚光。

別了！就這樣默默地什麼都沒有說，我送他走出了學校的大門，只是含着滿眶的熱淚轉來。

當兵去！

我至死也忘不了我的二哥，能夠去當兵，可以說大部份都是他的力量促成的。

民國十五年的暑假，我陪他在嶽麓山的道鄉祠養肺病，那時我的腦海中還深深地印着那個影子的笑容，我的精神很頹廢，整天都不想說一句話，只是看着牡丹亭、燕子箋、西廂、琵琶記……一類的無聊書；二哥非常生氣，有一天，他居然寫了一封信告訴父親，而且當面大大地罵了我一頓，有幾句話，至今還刻在我的腦膜上：

『女人，真沒有用！時代的鐘響了，你還在夢裏睡着打鼾。這些才子佳人，千篇一律的風流故事，早就應該拋棄不看的；你是個覺悟了的女性，又極喜歡新文學，爲什麼不讀革命的作品呢？』

他開始給我看關於新文藝方面的書。當我對這些書發生了興趣的時候，那個影子便在我的腦海裏，慢慢地淡了下來。我常常寫些山居小品在三哥主編的通俗日報上發表，有時他替我修改幾個字；有時一字不動。二哥說我的文章一篇比一篇進步，我真高興極了。

是報名投考軍校的先天早晨，我和三哥在明德中學的宿舍裏討論我可不可以去當兵的問題。

『我反對她去，軍隊中的生活是枯燥的、機械的，每天只知道「立正」、「稍息」，絕對服從，她的腦筋將來也會變得簡單而且遲鈍。當兵，對於一個有文藝天才的人是不適宜的；何況她的身體也許受不了那種苦。』

這是三哥的主張。

『你的見解完全是錯誤的，她如果想要寫出有血有力，不平凡的作品，那就非經過一些不平凡的生活不可！去當兵，正是鍛鍊她的體格，培養她的思想，供給她文章材料的好機會，這對於她，絕對只有益而無害的！』

自然，二哥的見解是對的，三哥只得放棄他的主張不和我們爭論了。

至於我自己，那更不要說了，卽使他們都反對，我也要去的！因爲這年的冬天，母親要強迫我出嫁，要想逃脫這個難關，就非離開長沙不可！但是往何處去呢？一個未滿二十歲的孩子，身無半文，帶着一顆從小就受了創傷的心，能往何處去呢？

這一點，二哥是特別同情我的，他因爲自己受包辦婚姻的痛苦太深，所以他極力慫恿我去當兵，他說：

『這是唯一解放你自己的路，只有參加革命，婚姻問題和你未來的出路問題，才有辦法。』

我相信，那時女同學去當兵的動機，十有八九是爲了想脫離封建家庭的壓迫，和找尋自己出路的；可是等到穿上軍服，拿着槍桿，思想又不同了，那時誰不以完成國民革命，建立富強的中華民國的擔子，放在自己的肩上呢？

女同學們，誰也瞞着家庭，瞞着學校。偷偷地去投考軍校；錄取了的，那種眉飛色舞，得意洋洋的喜態，眞是不能以言語形容。

還記得是一個大雨傾盆的下午，我們二百五十個勇敢的男女靑年，集合在長沙的東火車站候車出發，有許多來送行的老太太，以及年輕的姑娘們，他們都用手帕偷偷地擦着眼淚；只有我們一點也不難受。小胖子樹蓉說：『你們不該哭的，應該鼓勵我們去衝鋒殺敵！』

那時，想不到有個青年，淋着大雨，氣喘喘地跑來送給我一封厚厚的粉紅色的信，他是火花的編者，一個認識不久的友人。很對不起他，一直到了武昌，我都沒有打開這封信；自從我下決心要在腦海中消滅那個影子的那天起，無論誰獻給我的熱情，我都要用冰水潑熄它的。

我們五十個女同學，擠在一個車廂裏，沒有坐的地方，大家像逃難的人一般，用箱子舖蓋放在底下當做座位。車廂是關馬裝貨的，所以除了兩扇鐵門外，連一個小窗都沒有，大家被黑暗籠罩得太難受了，於是就放開嗓子高聲唱起歌來。

我們的歌聲一發，男同學也接着唱。熱鬧呵，我們要慶祝新生命的開始，要慶祝光明燦爛的前途！每個人都像瘋了似地在狂笑，在高歌，在跳躍……。

鄉包姥追火車

大概是下午五點鐘的時候，火車不知開到了一個什麼站停住了，我和樹蓉連忙跳下來向一個鄉村裏跑去；許多人都用驚奇的眼光盯着我們，然而誰也沒有理會，或者阻止我們。

這簡直是一個難言的恥辱，連這一點常識都沒有。我們兩個人都是初次出門，生來沒有坐過火車，我們有勇氣去當兵，却連厠所在什麽地方這句話，也不敢向人家打聽，真是天下的大傻瓜。

唉！爲什麽懦弱低能到這個地步呢？

當我們匆忙地從那家距離車站約有三四十丈遠的房子裏走出來時，火車的影子不知消滅到什麽地方去了。兩個人頓時傷心起來，像瘋了似的拚命地在鐵軌上追着火車，四隻眼睛只是朝向前看，不是脚指碰着了石頭，便是脚跟被鐵軌撞傷了。樹蓉是個矮胖子，她常常跌倒了又爬了起來，走兩步又跌倒。可憐呵！世界居然有這樣的蠢貨，無論你跑得如何快，怎麽趕得上火車呢？

『追不到了，我們回去吧！』我失望地說。

也不知道走了多少路，已經看不見車站的所在了。兩邊都是森林，陰慘慘地，沒有房屋，也遇不到行人；我們有點膽怯起來，便立刻向後轉，仍然沿着鐵道向我們剛才來的地方走去。

我們心裏充滿了懊悔，失望，和怨恨自己的愚蠢。

『蠢豬，簡直是兩條蠢豬呵！』

樹蓉幾乎着急得哭出來了。

『我是個鄉包姥，從來沒有坐過火車，你是從澧陵來的，爲什麽也不知道火車每次停多少時候，車上有沒有厠所呢？』

我質問她，更增加了她的難過。

『真是碰鬼，兩個鄉包姥碰在一塊了，我還不是和你一樣？』

没精打彩地走進了剛才我們曾說過不知多少『謝謝』的家裏去，那個中年婦人帶着幸災樂禍的口吻說：

『火車開了，看你們怎麼辦？』

『我們等下一班的。』

『那麼不要坐在這裏等呀，你們應該到車站去！』

這時我們很感激她的指示，好像一個深山中迷路的孩子，忽然遇到了帶路的救星一般，立刻放開脚步，像追趕火車時一般地跑到鐵軌旁邊。

等着，等着，一點鐘，兩點鐘過去了，從長沙開來的火車還是没有影兒；大地早已被黑暗籠罩着了，多麼可怕呵！我們今晚怎樣過去呢？到什麼地方去睡？兩個鄉下姑娘，口袋裏空空如也，誰願意收留你？在這個年頭兒，有許多拐賣少女的人販子，萬一今晚我們遇到那樣的人又怎麼辦呢？

想到這裏，彷彿看見一個高大的惡魔影子，張開着兩臂向我們撲來，我嚇得往後面一倒，帶着顫慄的聲音說：

『樹蓉，我們趕快去找住的地方吧，站在這裏太危險了！』

兩個人緊緊地手牽着手在黑暗中摸到了另一個村莊。

『老闆娘子，請開開門。』

從門縫裏，我們看到有人正在點着煤油燈吃飯，輕輕地敲了敲門，裏面有聲音發出來了。

『什麼人？不要站在門口！』

這冷酷的，嚴厲的聲音，已經消滅了我們不少的勇氣，一雙腿突然輭了下來，再也提不動了。

『另走一家吧！』樹蓉輕輕地說：

『老闆娘子，可憐我們，請開開門吧！』

『多走一家，我們這裏沒有打發的。』

這是另一家的一個老太婆的聲音，非常溫柔。

『老太太，我們不是叫化子，是剛才從火車上掉下來的女學生，請做做好事開開門，讓我們進來坐一下吧！』

我們雖然不是叫化子，但實際上這時比叫化子還要可憐。

『這麼晚啦，那裏來的女人聲音？一定不是好——』

天！他們把我們當做什麼人看待呢？誰都不肯收留我們，今晚往何處去呢？

有兩個男人，從另一所房子裏聽到了我們的聲音，帶着嬉皮笑臉的態度說着：

『到我們這裏來吧！』

我們像遇着老虎似的不敢望他，連忙轉過背去，避開他們的視線，又迅速地走向另一家門口去哀求。那兩個討厭的傢伙，緊緊地跟在我們的後面。

這回可得到救星了，一個老太婆聽到了我們的聲音，連忙走出來開門；不過當她一眼望見兩個都是女人的時候，臉上立刻現出不高興的表情；原來她有個媳婦正在生產，孩子還沒有下來，照迷信上說，假如這時走進來的是個男人，那麼生的孩子也一定是個男的。

『老太太，今晚我們可以在這裏住一晚嗎？我們是沒有趕上火車的人。』

『不成，我的媳婦生孩子，忙得很，不能留你們住，你們另去找地方吧！』

『時候不早了，路也不熟，狗又咬人，不知那裏可以去，請老太太告訴我們吧！』

也不知是她有意憐憫我們，還是她害怕我們一定要住在她家裏，她真的介紹了一家寡婦帶着她的女兒同住的店舖給我們。

像兩個怪物，從天空裏掉下來似的，許多村人都來圍着看，我最害怕男人進來；尤其害怕男人和女人說着耳語。我懷疑這裏就是地獄，那些來看熱鬧的，都是「人販子」，我害怕他們會合夥吃掉我們……

我悄悄地對樹蓉說着，今晚不要睡，恐怕有意外的事發生，她點了點頭，苦笑着。

說來也真有趣，我們以為他們是壞人，她們也懷疑我們是不正當的女人，唉！人與人之間的隔膜，是多麼多怕呵！

女主人很和藹，待我們非常親切，弄好飯菜給我們吃飽後，就擺好鋪蓋在兩張櫃子的上面給我們睡；因為是和她們母女同房，我這才稍為放心了。

整整地一晚沒有睡覺，我們談話到了天亮。

第二天清早，以我口袋裏僅有的一塊光洋獻給主人，做為救了我們一夜命的報酬。

完全像個鄉下姥似的，我們畏畏縮縮地走進了建築在鐵路旁的一所洋房子裏，有個帶黑眼鏡的先生，從辦公室裏走出來問：

『你們是投考中央軍事政治學校的女生嗎？昨天下午兩點從長沙開來的？在這裏趕脫車了？』

『是的，你怎麼知道？』

我們一直到這時才鬆了一口氣，心上放下一塊千斤重的鉛板。

『唉！早又不來到這裏報告，害得他們每站都打電報來問你們兩個，而且派了人來尋找；去，趕快去候車！免得錯過了時間，長沙的快車就要到了。』

我們一連向他（後來打聽是站長）行了幾個九十度的鞠躬，他却沒有看到，只顧打回電去了。

『喝！怎麼你也在這裏？』

跳上車，一眼就望到了同來的男同學李君，我們快活得大叫起來。

『邱委員派我來找你們，他說你們兩個都是成績好的優等角色，不能丟的！』

哈哈哈！我和樹蓉幾乎把腸子都笑痛了，誰知他們眼裏的『角色』，是兩個這樣蠢得可憐的鄉包姥呢！

被開除了

天下再沒有比這更滑稽的事！還沒有踏進學校之門，已經被開除了，說出來，有誰相信呢？

事實是這樣的：

最初招生委員會，本來只規定招收男生一百名，女生二十名；但因爲投考的有三千餘人，並且程度好的太多，又經過考生全體請求增加名額，所以取了二百名男生，五十名女生。不料到了武昌，他們又改變計劃了，據說奉上面的命令，這次招生，爲的是造就各省革命的領袖人材，所以每省的數額要平均，湖南這次錄取的太多，照理需要減少三分之二。他們的分配是男生八十名，女生二十名，用覆試的方法，來淘汰其餘的一百五十名。

這消息傳到我們的耳裏，簡直像宣佈死刑似的感到絕望與悲哀！誰的眼睛都蒙上了一塊靑布。光明的前途，又被黑暗籠罩着了！

『不行，我們絕對不能被淘汰，我們要求全體入校！』

一位不知名的男同學，這樣首先提出來，隨卽大家都附和着說：

『我們要反對覆試，無條件地要求全體入校！』

其中尤以男同學李君和女同學周大姐一段話，說得最激昂慷慨。

一陣如暴雷似的掌聲響過之後，周大姐忽然從人叢中站起來了，她的嗓子是粗大的：

『各位同學們，親愛的姊妹們！這次我們來當兵，是下了犧牲的決心才來的，我們脫離了家庭來獻身革命，目的是在救出痛苦的民衆和痛苦的自己；尤其我們女同學從軍，是開中國破天荒的先例。政府既然把男女一律看待，使我們也有効命國家民族的機會，那是我們婦女的幸福，人類的光明。大家正在歡天喜地的時候，突然得着要減少一百五十名的消息，實在太令人傷心了！女同學們，我們想想，如果真的被送回去怎麼辦呢？家庭不認我們是女兒了，學校不認我們是學生了，我們往何處去呢？大家有革命的精神，犧牲的決心；然而沒有機會，沒有地方能容納我們。革命是只有向前，決無後退的！我們不願回去，每個人都要進軍校！』

真的，他們像鋼鐵一般的句子，激動了每顆熱烈的心。誰也反對覆試，要求無條件地全體入校；於是反對覆試委員會，在五分鐘之內就組織成立了。當天下午，全體整隊過江至漢口軍事委員會的秘書處那裏去請願，隊伍站在外面，請願意見書，由十個代表遞呈；當時得到的答覆是圓滿的，有希望的。負責人說立刻打電報去南京請示，同時允許幫助我們，使我們都有參加革命的機會。

誰知三天過去了，還沒有半點消息，第四天的上午，突然有個男同學氣喘喘地跑來高陞棧

——我們女同學住的地方——說：『不好了，不好了，湖南來的同學都去覆試去了，不覆試的，一個也不能進去；還有，十個代表已經掛牌全體開除了！』

『怎麼？代表開除了！那麼……我……我……！』

真像半夜裏聽到一聲巨雷，我驚訝得說不出話來了；雖然明明知道這次被選爲代表，是爲了大衆的利益，並不是胡鬧；犧牲個人，我決不後悔，只是心裏總有一種莫名其妙的難過。

第二天，報上登着開除代表和湘生覆試的新聞了。當我看到自己的名字時，我更加感到傷心！我想這次如果當兵不成，真找不到第二條出路了！學校縱然不開除我，母親也會逼着我出嫁的，不但求學的前途從此斷絕，生命也許會被封建社會的惡魔吞噬了；從軍的志願，更永遠不能實現。完了，完了，滿腔的希望，如今變成了絕望；浩渺的洞庭湖，也許將成爲我的葬身之地吧？

的確，在這個時候，我很悲觀；二哥看到我被開除的新聞，也非常替我着急，他一面安慰我，一面爲我跑到軍校去找敎育長想辦法；對方的囘答是：

『沒有辦法了，命令旣下，不能收囘的。』

『我的妹妹的確是個勇敢的孩子，她除了參加革命，沒有第二條出路的，請想法收容她吧！』

二哥仍然委婉地要求。

『不成，要她去投考政訓班好了！』

沒法，二哥只好碰着釘子回來了。

政訓班是軍委會辦的，因爲這次覆試，把湘籍學生淘汰了百多個，他們覺得倘若真的遣散我們回去，未免太可惜了，所以特地臨時開辦一個八個月畢業的政治訓練班，專門容納這些未來的無名英雄。周大姐和八個被開除的男代表，還有在軍校未錄取的同學統統去應試了，只有我因爲等待哥哥的消息，仍然躺在床上發愁。

『有辦法了，妹妹！』二哥快活得大跳起來。『從北方招來的一大批學生還沒有考試，你趕快改名換籍去報名投考吧！』

這是一個難得的機會，同時也是一種冒險的嘗試；假使被學校查出來，那不是「弄巧成拙」嗎？然而爲了前途，爲了實現自己從軍的志願，也就顧不了許多了。

報名單取來了，一個人悄悄地走去報名，在姓名一項裏，我寫下了謝冰瑩，其次是籍貫，我填的北平。

『學校證明書，怎麼沒有拿來？』

那位穿軍裝的辦事員，認真地問我。

『沒有，大概過兩天就有了，我們的修業證書在一位隊長手裏，他要後天才能到。』

滿以爲難關可以平安地過去了，誰知另一位站在我前面，看着我填表的辦事員說：

『你是北平人嗎？爲什麼說的一口湖南話？』

他在揭發我的秘密了，天！

『是的，我是北平人，因爲從小跟着父親在湖南長大，所以說那裏的話。』

『你該不是被開除了的那個代表吧？』

他像偵探似的，眼睁睁地望着我。

『什麼？你說什麼？我聽不懂。』

儘管我的態度如何鎭靜；却怎麼也平靜不了我那顆突突地跳着的心。

好在這時恰好來了許多個報名的，他們沒有再往下問了，否則是多麼危險呵！

關於我報名易籍，第二次投考軍校的事，湖南的同學全體都知道了；幸虧他們是同情我的，因此學校方面一點也不知道。

考試的那天，我夾在從北方來的一千多個青年男女的中間，擠向試場去，只聽到滿口帶有捲舌音的北方調，真的好像自己跑到了北平一樣。他們無論男女，幾乎都是高大個子，粗黑的皮膚，富有健康美；臉上充滿了和藹的笑容，他們第一個給我的印象是誠懇、樸實。我的性格也像北方人一般，只是身材又矮又小，皮膚太白，言語不同；否則我真不愧爲一個冒牌的北方人。

也不知是我答得太潦草，還是題目出的太容易，兩天來的考試，都是我一個人先交卷。每次都有幾個監考員注意我，當我把卷子送到桌上時，他們總是不約而同地把視線集中在我的身上；我生怕他們發現那個秘密，我的心整天都像吊在天空裏似的感到恐懼，不安。

『恭喜，恭喜，你考取了第一名！』

當王君把這消息很高興地告訴我時，我無論如何也不相信，我以為他們是故意和我開玩笑，第一名也許就是倒數過來的第一呢。

懷着高興而又恐懼的心情，我飛也似的跑到了發榜的地方——兩湖書院。抬頭一看，果然看到自己的名字在最前面的第一個，我由內心發出勝利的微笑。

——丘八，幾天之後，我就要開始丘八的生活了！多麼高興呵！

歸途中我這樣微笑着自言自語。

晚上二哥添了菜請我喝酒，還約了他的朋友來陪，被開除了的我，還有今天的快樂，真是夢想不到的事。

入伍

我記得很清楚，是十五年十一月二十五日的下午，我們搬進了中央軍事政治學校的女生隊，進門就看見一堆堆穿着花花綠綠的小姐們，在那裏交頭接耳地談着什麼，也有些臉上的表情是苦悶的、悲哀的，還有一個站在她朋友的背後，偷偷地用袖子擦着眼淚。

『哭什麼呢？不要難過，今天不能出去，就等到明天再說吧。』

聽到這幾句話，才明瞭她們談的是關於出外的問題。

『究竟是怎麼回事？難道今天搬進來的人，都不許出去嗎？』

我這樣小聲地問一位先搬進來的同學。

『是的，誰都不能出去。』

『那麼，明天呢？』

『明天也不能，聽說要一個月以後才能出去一次。』

不問到罷，一問簡直嚇得我魂飛魄散了！我們都以爲先把行李搬來，等下還要同水陸街（那時我們已由高陞棧搬到這裏來了）吃飯的，因此有些零星的日用品，此刻都沒有帶來；要一個月後才能出去，這不等於受禁閉嗎？正在大家懊悔不該這麼早進來的時候，突然一個十四五歲的小號兵在吹起：『的的的打打的打』的號音來了；同時，有三個官長從裏面走了出來，有一個是女的，全副武裝，打着一副黃呢的綁腿，完全與男的一樣。我正在看得出神的時候，却不料那個不十分高大的男官長在喊全體整隊了。

擠，擠，擠，大家擠在一堆，排成了高低不一的混亂隊伍，有少數同學，望着那位女官長的那種神氣十足的表情，不由得格格地笑了出來。

『快！快！快點把隊伍排齊！不許笑，要快些站隊！』

男官長說話時的態度是異常莊嚴的，這使得大家都不約而同地打了個冷顫。

足足站了一個鐘頭，才把我們分成三個區隊，依着身材的高矮排成了。我是第三區隊的第三十三名，比我高大的同學很多；但還有十多個比我更小更矮的，我拍拍一個叫做鄭梅先的肩說：

『你太小，怎麼背得起槍呢？』

『嘿嘿，你以爲自己很大嗎？還不是和我一樣是個小兵。』

『不許說話！』

我們最初受到警告了，大家把視線移向左邊來，鄭，仍然在微笑着。我低下頭來，感到一種說不出的難受。

突然從裏面挑出來五擔軍服，按着點名册每人發了一身灰布棉衣，一頂帽子，一雙橡皮底鞋，一雙草鞋，兩雙黑布襪子，一雙灰布裹腿布，還有一根一寸多寬的束腰皮帶。

東西分配好了之後，那位男官長（後來打聽才知道是連長）告訴我們怎樣打綁腿，怎樣束皮帶，怎樣戴帽子，怎樣敬禮，接着他說：

『你們趕快回寢室去把身上的小姐衣服脫下來，換上軍裝。從今天起，你們再也不是嬌滴滴的小姐，而是雄糾糾的女兵了。』

聽到這裏，大家都格格地大笑起來。連長這次並沒有駡，只是接着說下去：

『最要緊的，你們要把臉上的胭脂粉洗得乾乾淨淨，不要留一絲痕跡在上面，頭髮一律剪短，最好是剃光像我們的一樣。』

『呀！』誰都驚訝得叫出聲來了，連長卽刻正言厲色地改變了剛才的溫和態度。

『你們首先要認清楚，來這裏，不是像在文學堂似的，過着浪漫的舒服的小姐生活，你們都是兵，今天開始入伍，軍人的天職是服從紀律；服從長官，整齊嚴肅，吃苦耐勞……』

連長一口氣說到這裏，我們每個人的精神都振作起來！真的，從今天開始，我們是個入伍兵了，過去的一切文學堂的習慣，都應該去得乾乾淨淨才行。

解散之後，每人拿着一套灰布衣去寢室化裝，只聽到許多嬌滴滴的聲音在說着：

『脫了皮衣太冷呵！』

『像斗笠一般的帽子呵！』

『這襪子我生平沒有看見過！』

『呵呀，衣服太大，我穿着好像在唱木頭戲呢！』

聽到這句話，大家又哄然大笑起來，二十分鐘之後，我們都變成了勇敢的，精神抖擻的丘八了。

第一次整隊去食堂吃飯，十分鐘吃完；飯後不能隨便跑出食堂，要等到了時間，值星官喊『立正』，才能站起來。

於是再整隊，解散。

晚上，女生隊的鄭隊長來訓話了。

他是一個高個子，年齡大約在四十歲上下，人很瘦，臉上長滿了凹凸不平的痲子，說得過火一點，完全像個波羅蜜一般。從他的外表看來，是一個很老實，很文雅的先生，一點也不像軍人的模樣。他第一次給我們的印象，就是那個奇怪的敬禮：他把五個手指往外一拍，好像是刮人家的耳光似的；有一個同學忍不住笑了，其餘的也將要響應起來；幸而連長的眼睛下了一個很嚴厲的警告，否則笑聲會像火山一般爆發的。

隊長說話的聲音也很溫柔，只是他有一個不能不叫人發笑的語病，幾乎每一句話的下面，離不了「時候」兩個字，比方說：

『各位同志來到這裏的「時候」，是下了犧牲的決心，你們要取消浪漫思想的「時候」，要除去依賴，懶惰等壞習慣的「時候」……』

有時他竟把「時候的時候」連在一起用，這時同學們固然笑得腸子在肚裏打轉，就是連長也忍不住用牙齒緊緊地咬住下唇。

訓話完畢後，就是點名睡覺。連長說，本來不應該這麼早睡的，因爲我們今天初來，又沒有上操，明天早晨五點半就要起來，所以特別提前睡。

唉！這怎麼睡得着呢？外面剛剛打八點鐘，我們四十幾個人，躺在一間空洞洞的房子裏，床是一塊硬板子，上面鋪着一床灰色毯子；蓋被也是薄薄的，一個像我三歲時睡在搖籃裏的小白枕頭，再配上白白的被單，倒也十分整齊清潔。有些從鋼絲床上，絲綿被裏鑽出來的小姐們，自然難免有訴苦的。

『熄了燈後，誰也不許說話，查出來了，明天要處罰的！』

女政治指導員來查寢室了，空氣立刻肅靜下來。她們用手電射在每一張床上，要我們不要把被頭蒙住了嘴，不要踢開了被窩着了凉；她們像慈母一般關心我們，愛護我們。

這一夜，大家都走進了另一個新的世界。

『難道我是在做夢嗎？怎麼睡到這裏來了？』

靜寂的午夜，我從梆梆梆的更聲裏驚醒過來。睜開眼睛一看，淡淡的月光，照着滿室都是白茫茫的一片，完全像躺在醫院裏一般的寂靜，凄凉。由各人的鼻孔和嘴裏發出來的鼾聲，織成了夜的交響曲。我不能再睡着了，想到再過幾個鐘頭，我們就要拿着槍桿操着『一二三四』了。『兵！』這一個多麼有力的字！真想不到數千年來，處在舊禮敎壓迫之下的中國婦女，也有來當兵的一天，我們要怎樣努力，才能負擔起改造社會的責任，才能根本剷除封建勢力呢？

一個人到了太快樂或者太興奮的時候，他往往會整晚失眠的。鑽進我腦海中來的那些美麗而無窮的希望，像無數萬火星似的在圍着我跳舞；要不是在夜裏，我真要狂呼跳躍起來。

隔床的同學也醒來了，她聽到我在打哈欠，忙用輕微的聲音問我：

『你知道現在幾點鐘了？快要起來了吧？』

『快了，響過三點了呢。』

起初是我們兩個人談話，接着醒來的人漸漸加多，於是大家索性都爬了起來；為了害怕在十分鐘內不能把衣服穿好，（還要整理鋪蓋打綁腿，洗臉。）所以不到四點鐘，我們全體都跑去操坪了。

『喂！怎麼的？還沒有吹起床號，你們都起來了！太早，太早，趕快回寢室睡去吧，不要在這裏鬧。』

連長慌張地從寢室裏走出來，看到我們這一大堆黑影子，幾乎嚇了一跳，原來全體都集合在操場上了。

『不，官長！我們不敢再睡，恐怕吹號時醒不來，所以先起來等着。』

同學中有一位這樣回答他，那時還不知道在說話之前，應該來個『報告』和立正的。

『你們這麼熱心，這是很好的現象，希望這種精神能夠永久不變。』

我們開始過一天上四點鐘學科，四點鐘術科的生活了。步槍真重，一支恐怕有十多斤；和樹蓉一樣矮的有六個，她們都沒有槍高，出操時，前面的每個人，都望着她們發笑。有時跑步，她們簡直拖不起槍來；但這只是最初幾天的現象，一星期過後，她們都變成短小精幹的前衞隊了。

奇怪，過慣了散漫的，自由的學校生活的我們，突然來到這裏過這種機械的，艱苦的，唯命是從的軍隊生活，誰也不感覺到苦痛，或者有什麼不舒服，更沒有人想開小差；只有在入伍期間，（要經過三個月的入伍，才算是正式兵）每月只限定請假出外一次的規則，大家都覺得太嚴格了一點。

冬天，雪花飄滿了大地，在人們正在做着甜夢底時候，我們却在潔白的雪上，踏上了整齊的足印，張開嘴在大聲喊着：『一——二——一，一——二——三——四——』

「打破戀愛夢」

自從唱會了奮鬭歌以後，每個人的嘴上都哼着這樣的調子：

『快快學習，快快操練，努力爲民先鋒。
推翻封建制，打破戀愛夢；
完成國民革命，偉大的女性！』

而且每次唱到『打破戀愛夢』這句的時候，總是把嗓子特別提高，好像故意要喚醒自己或者警告別人在革命時期中不應該戀愛似的。

春天的風是溫暖的，醉人的；春之神帶來了甜蜜的愛情種子，撒在少男少女的心田，也帶來了生命的力量，充滿在青年男女戰士的周身。雄壯的衝鋒殺敵的號音，喚醒了他們的迷夢，一個個從粉紅色的宮殿裏跑出來，走向充滿了血腥氣味，橫陳着無數骷髏的社會戰場上去了！他們把狹義的愛的觀念取消了，代替着的是國家的愛，民族的愛！

雖然也有少數男女同學在互相戀愛着；但他們首先第一個條件，是對方的志願是不是和自己一樣的？是不是個真正爲革命願意犧牲一切的人？換句話說，他們實行的是『革命化的戀愛。』

照理，一般飽嘗過舊禮教壓迫痛苦的她們，一旦從鐵籠子裏解放出來，應該對於愛的安慰是很迫切需要的吧？然而不，事實恰恰相反，她們並不把戀愛看得稀奇神秘，或者怎樣重要；她們最迫切的要求，只有兩個字——革命！她們把自己的前途和幸福，都寄託在革命事業上面。人生需要創造永久的幸福，創造全人類大家享受的幸福；戀愛是個人的私事，大家在願把生命獻給國家民族的堅決信仰中，戀愛不過是有閑階級的小姐少爺們的玩藝兒而已。

真的，這就是我們當時的思想，這就是我們當時對於戀愛的見解。

是入伍後第二個月的一天早晨，我從值星官手裏接過來一封厚厚的信。那是他——那個初戀的影子寫來的。信是那麼重，像鉛一般壓在我的手心裏，同學們都望着我微笑，以爲又是誰寫來的一封甜蜜的情書。看了封面上的筆跡，我像觸了電似的全身痲木了，整個的腦海裏，突然不寧靜起來；好容易等到了散隊，我偷偷地跑去操場的角落裏，拆開信來看。

天，這是怎麼囘事呢？紙上塗滿了模糊的血跡，字又是這麼潦草，我沒有讀這封信的勇氣了，連忙把它放在口袋裏；如果在兩個月以前，這封信落在我的手裏，該是多麼珍貴！現在，唉！我沒有這種心情了，我的生命已交給國家與社會，我的思想整個地改變了，我要一脚踢開這消磨志氣的戀愛！

想到這裏，恨不得把信撕得粉碎，抛在字紙簍裏，或者用火焚化，使它不留半點痕跡在人間；然而矛盾得很，我又沒有毀滅它的勇氣，終於打開來看了這封充滿了熱情而悲壯的信。他希望我接受他赤誠的愛，他願意永遠和我站在一條戰線上奮鬪，願意把生命獻給國家；在信箋的最後一頁，有五個用血寫的字——「血潮的象徵」。

看到這幾個字，我記起了自己的初戀日記，難過極了！幸虧只一剎那，僅僅只一剎那，聽到集合號在吹，我連忙跑去站隊。

『誰的情書？』

樹蓉輕輕地附在我的耳邊問着。

我搖搖頭，眼淚幾乎要流下了。

樹蓉是我的好朋友，我們什麼事都是公開的；晚上我把這封用血淚寫成的信給她看了，她嘆了一聲說：

『唉！可惜他的志向和你不一樣。』

受着理智與情感的驅使，我終於回了一封要他立刻來武漢從軍的短信；誰知幾個月過去了，同信還是杳然。我知道他那封信，一定是被一時的情感衝動寫的，並不是真的能放下筆桿，拿起槍來。我不能和他戀愛，我要在腦海中消滅那個影子！

消逝了，夢一般的初戀，可愛的影子，也希望你從此永遠地在我的腦海中消逝吧！

出發

突然得到一個命令，女生隊要挑選二十個出來組織宣傳隊隨軍北伐，第一個目的地是河南。

『報告連長，我要去參加北伐！』

『報告連長，我是北方人，正好去宣傳北方的民衆！』

『報告連長，我的身體很強健，一定會打勝仗的，我要參加北伐！』

楊連長的房間裏簡直像一個被戳穿了的蜂窩，來來去去的，盡是我們的同學。

『大家不要鬧，誰都要參加北伐的，不過是遲早的問題；這次只挑選二十個身體健康，跑路很快，而能做文字宣傳，或口頭宣傳的去，其餘的以後再分批出發。』

楊連長不慌不忙地說着，每個人都希望自已有當選的希望。我高興極了，我想我的身體很健康，又能跑快路，又能寫幾句文章，我應該可能當選吧？

果然，第二天的清晨，楊連長在報告我們出發河南的名單了，第二個就是我。天，我該沒有聽錯吧？女生隊該沒有兩個同姓名的吧？我高興得發狂了！散了隊後，立刻去收拾行李，又寫了一封出發前給三哥的信；誰知第二天的早晨，他忽然出現在女生隊的通報處了。

『三哥！你來幹什麼？』

我又驚又喜地問。

『昨天晚上，接到你那封說要出發的信，寫得太悲壯了，我一面交給印刷工友去排，一面叫了車子到東站，搭八點半的特別快車來了。』

他的聲音有點顫抖，淚珠在眼眶裏游泳了。我害怕受他的影響，連忙把視線集中在那塊寫了「革命者，不流淚，只流血！」的九個大字的標語上。

『二哥大概早已到了河南，我這次去，一定可以會到他；三哥，你也來吧，我們在前線上相見，多麼痛快！』

我說了之後，望着他勉強地笑了一笑。

『你們出發的消息，我不敢告訴家裏；如果父母親知道了，真不知要怎樣地傷心！』

真的，我不知那時候一顆心怎麼這樣像石頭一般的硬，我始終沒有流淚，內心裏只是充滿了快樂和興奮。

『可以請假出去和我喝一杯酒嗎？』

『不！臨到要出發的時間，紀律更嚴了，今天要不是你直接找連長，說明特地從長沙趕來的，恐怕還不能會到我。』

『那麼我只好走了，立刻還要搭火車回長沙。』

『好的，打了勝仗回來再痛飲吧！』

就這樣，他說了「好好保重」的話後，含着淚珠兒走了；守衛的同學向他敬禮，（因爲他也是穿的軍服。）他也忘記回禮，我連忙向她補行了一個舉手禮，她因爲沒有聽到我們的談話，還把三哥當做是我的男朋友，在向我開玩笑呢！

等着！等着！出發的日子還是遙遙無期，我們二十個人正在焦急得要哭的時候，突然又接到一個緊急命令，說敵軍已到了汀泗橋，要我們立刻全體動員應戰；否則，他們馬上就會打到武昌來了。於是當夜大隊長召集全體男女同學訓話，把我們組織成一個中央獨立師，第二天清早出發，女同學除了留三十多個，在後方做宣傳救護的工作外，其餘的全體出發。

第二天，早晨五點鐘的時候，我們已經整裝待發了。

女生隊的門口，好比一條決了堤的河，站在門口看熱鬧的，送行的，像洪水一般地激流着，洶湧着。有幾個老太婆，竟彎下腰來向掛了斜皮帶的官長哭着求情：

『我的兒子不能去打仗，我只有他一個……』

『我的女兒不能去，她如果有什麼不幸，我也活不成的！』

哭聲，吹號聲，笑聲，呼喚聲打成一片。

『老太太，你不要傷心，我們要打勝仗的。』

『老太太，你不要擔心你的女兒，我們都是有父母的孩子呢！』

『開步走！』全體隊伍開動了；民衆的歡呼聲，口號聲，我們的歌聲，軍號聲，奏成了一曲悲壯的，勇敢的進行曲！

『努力殺敵，凱旋歸來！』

民衆的聲音，像戰鼓似的在我們的耳邊響着。

『努力殺敵，凱旋歸來！』

我們完全喜狂了，也學着大家的聲音一齊叫喊着，精神抖擻地走向前方去……

「從軍日記」

比我們先一天出發的男生隊，已經在汀泗橋和敵人開過火了。當火車停住時，我伸出頭來一望，忽然看到幾個受了傷的同志，痛得在血泊裏打滾：『媽，媽呀，痛死我了！』沉痛的，凄慘的呼救聲，真令人聽了心寒。還有兩個是死了的，鮮血染紅了整個的頭部，腦漿也迸出來了；另一個是斷了一隻手臂的，眼睛還在半開着。我請求排長允許我們下車，去救那些受傷的同志，同時把那兩個死了的埋葬。

『不行，火車就要開了，前面的工作比這還緊要，等下一定有救護隊來抬的。』排長嚴肅地說，我的心裏，充滿了悲壯而凄凉的情緒，我開始領略到戰爭的殘酷了！

一連三天，都沒有好好地吃過飯；每天從早晨六點吃了飯，一直要到晚上八點或九點過後才有飯吃。在行軍時間，才知道士兵的生活，真是人類中最苦，最可憐的！有時，粗糙的米還伴着許多谷穀，每餐像嚼沙子一般不能嚥下。菜呢？更不要說了，爲了便於携帶，老是煮着一鍋發了霉的臭豆豉，散了許多鹽在裏面，簡直鹹得不能進口。說也奇怪，當饑餓了的時候，這些粗硬的飯和臭豆豉，竟比鷄，魚，肉還要好吃；爬進口裏，像龍珠米似的，一溜就溜到喉管裏去了。

六月，正是一個熱死人的季節，汗珠像雨點一般流下，流多了，衣服像剛浸過水似的，全身都被一塊濕布裹着，走起路來，怪難受的。一雙脚板像踏在火爐上一樣發燒，臉上的皮，開始一層一層地脫下來了。『熱呵，熱呵！』的呼聲，到處都可聽到；然而誰也不怨恨，誰也不想向後轉，或者開小差；誰也甘願忍受目前一切的困苦艱難，把快樂寄託在「打勝仗」的上面。

有時汚池裏的水，不但供給我們洗臉，洗衣，而且也供給我們做飲料，男同學還把它當做游泳池在裏面洗澡呢。

在這樣有意義，有趣味的特殊生活中，我開始寫「從軍日記」了。用膝頭當做桌子，每天在行軍時休息的幾分鐘裏，或者犧牲了睡眠，在豆大的燈光下，我寫着一天的生活，寄給編中央日報副刊的孫伏園先生；誰知不幸有一次在鐵路旁邊，我因爲去厠所，便把毯子，包袱，水壺，飯盒，統統放在草地上，等到跑出來搭火車時，我的全部家當，已經不翼而飛了。起初還以爲是那位同學代我拿走了，後來把全火車上在座的都打聽完了，並沒有誰看見。唉！完了！我辛辛苦苦寫的日記，連自己都沒有看一遍，就這樣無影無蹤了。因爲受了這個打擊，加以每天跑路太疲倦（每天平均至少要跑八十里，有時例外，還要跑一百二十里。）工作又忙，所以日記就不能繼續寫了，只寫了些信和雜感。一直到現在，（而且到永遠！）那時候的生活，我都一點一滴地記憶得清清楚楚，每一個地方的印象，我都活鮮鮮地刻繪在腦海裏；只是奇怪，寫起文章來時，像腦汁乾枯了似的，我的筆尖下再也寫不出那時的生活來了！謎！這真是一個不可解釋的謎！

這該不是夢吧？

大約是我們出發的第十天，我看見一位男同學在看中央日報的英文版，他一面朗誦，一面微笑。

『是什麼好文章，使你這樣高興？』我走近他的身邊問。

『正在拜讀你的大作，寫得有趣極了。』

『胡說八道！你簡直在侮辱我！明明知道我的英文不行，故意諷刺我，你真太可惡了！』

我氣憤憤地邊駡邊走開了；他却不客氣地一把將我拉回來，指着那個標題給我看：

『「寄自嘉魚」這篇文章不是你寫的，是誰寫的？明明作者是你，你不懂英文，難道連自己的名字也不認識？老實告訴你，這是林語堂先生替你翻譯的，已經到第四篇了，我還正想把以前的找來看呢。』

我起初不相信，等到自己看了報上那篇文章，才知道的確是我的。同學們都向我開玩笑，要我請客，說我的文章要出洋了。說良心話，我一點也不感到高興，反而覺得太慚愧了；我那些不用腦筋，隨隨便便寫出來的東西，有什麼值得翻譯的價值呢？我真不明白，連寫信給林先生詢問他的勇氣也沒有了。

晚上，我和好幾位同學擠臥在一張大床上，她們一躺下便睡着了，只有我仍然在豆大的菜油燈下不停地寫。

——我的文章被譯成英文，我不相信；可是的確是我的名字，這該不是夢吧？

夜間行軍

晚上八點鐘的時候，突然接到師部的命令，要第三連開拔到距離峯口四十餘里的青山坳去駐防。據密報，還有小部份殘逆躲在山坳裏，我軍今晚前進，說不定在半途就要開起火來。

『夜間行軍，自從出發以來，今天還是第一次。過慣了學校生活的你們，也許有些膽小或者吃不消這種苦的；可是你們現在是戰士了，生命都可以犧牲，自然不怕吃苦。我現在要告訴你們的是夜間行軍，爲的避免敵方注意，同時因奉緊急命令，所以要在今晚十二點之前達到目的地。這條山路聽說非常不好走，又不能打手電，你們要好好地走，不要心慌，不要害怕，卽使摔了一交也不要做聲，輕輕地爬起來就完事。各人的手要按着槍柄，免得和水壺飯盒相撞，發出叮噹叮噹的響聲來。記着，大家要絕對遵守鎭靜的紀律，不許開口說話，不許走得太重，脚步要輕輕地像老鼠子似的……』

楊連長說到這裏，大家「嗤」的一聲笑了出來。

『咧，還沒有開步走就笑起來，這成什麼話！等下如果有人在路上笑，他就有意擾亂，給敵人知道自己的隊伍，簡直等於通敵，那就非嚴格處分不可！』

大家的笑容還浮在嘴邊沒有消失，但誰也不敢笑出聲來了。

『楊連長究竟是個丘八出身，如果說脚步要輕輕地像燕子似的，那句子多麼富有詩意。』解散後，我附在光慧的耳邊說着，害得她連眼淚都笑出來了。

我們的隊伍，像長蛇似的開始走動了，起初還可以聽到水壺和飯盒相碰的聲音，後來經排長輕輕地叮嚀過幾次，眞的半點聲音也沒有了。有些穿了新草鞋的，從脚底下發出尖銳的吱，吱，吱的響聲來，劉排長又站住了。

『誰走得這麼響？』

『報告排長！沒有辦法，我穿的是雙新草鞋，今天早晨才買的，這有節奏的聲音，是由那裏發出來的。』

這是劉傳萬說的，他簡直在寫文章。

『不要囉哩囉嗦，再要響，把它脫了打赤脚走！』

老劉害怕打赤脚，因爲刺會跑到肉裏去的，他真的只敢輕輕地像老鼠似的走了。

夜，黑暗得伸手不見指頭，對面認不清人；天上地下黑漆一團，更分不出東西南北。每個人都像如履薄冰似的，小心翼翼地走着；忽然「噗通」一聲，前面有人掉到水裏了，隊伍暫時停止了一下，於是叮嚀噹啷的聲音又起了。

『走！走！前面快走！』

又是劉排長的聲音。

『一身都是泥漿了，眼睛打不開。』

剛從水裏爬出來的那個人，可憐地囘答着。

『打不開，也要走的！』

立刻，有人掉下水的消息，全連的人都知道了，大家互相警戒着：『小心走呵，不要跌倒。』

路，真的太難走了，有時上山坡，底下流着聲音洪大得像瀑布一般的溪水，雖然看不見那不知若干深的巨壑，然由水聲裏可以聽得出，這裏確實是個危險的地方。

『後面小心，這兒有一個深潭，大家慢慢走，掉下去不是好玩的。』

這聲音，是由走在前面的那個發出來的。

聽到深潭，大家都害怕起來了。我想假若真的掉了下去，不能上來，這時隊伍又走了，剩下自己在泥漿裏打滾，那時不知要怎樣着急；即使爬了出來，又辨不清方向，走錯了路又怎麼辦呢？如果這時有敵人來，實在不好應戰；他們一定藏在深山裏，而我們左邊是峭壁，右邊是深淵，真的打起來，還不知有多少「噗通噗通」掉下水裏做蝦蟆的呢。

『報告連長！打一下手電吧，前面太危險了！』

有人在大膽地說。

『不能打手電，這是很險要的地方，說不定有殘敵埋伏在那裏，慢一點走好了，千萬鎮靜！』

這時緊張的空氣，包圍了每一個人的身心；也許是初次經驗夜間行軍生活的緣故吧，大家有一種好奇心，希望真的有敵人從深山裏鑽出來，我們好迎頭痛擊。想到黑茫茫的夜裏，什麼都不見，只聽到「劈拍！劈拍！」的槍聲，紅光爆發的炸彈，那該是多麼美麗的夜景，多麼雄壯的音樂！

還有，因爲看不見敵人的多寡，看不見血肉模糊的死屍，作戰時一定更有精神，更加勇敢。夜的空氣是靜穆的，嚴肅的，緊張的！一想到爲眞理而戰，爲自由而戰，爲全國父老兄弟姐妹而戰，就會精神百倍；但同時我也想到過，晚上開戰，分不清敵人和自己的弟兄，一定會誤殺多少人，心裏十分難過。

深潭過去了，現在走到了一處左右都是高山的地方，山像屏風似的夾住一條小路。

「拍！拍！拍！」

忽然隱約地聽到了幾聲槍響，大家打了一個寒噤。

『停住！』連長發命令了：『聽一聽，是不是槍聲？如果前面有敵人，後面三排埋伏，前面尖兵隊預備開槍；不要慌張，沒有得到命令，不許亂開槍！』

每個人的心裏都充滿着緊張，與奮的情緒，連長又繼續着說：

「千萬不要害怕，他們是殘敵，不堪一擊的；作戰時大家要沉着，勇敢，不怕犧牲！』

大約過了三四分鐘，空氣又恢復平靜了。好像敵人就在前面似的，我恨不得立刻打先鋒衝了過去。隊伍走得很慢，我有點不耐煩起來，連忙從一個一個的耳邊擠了過去。

『幹嗎這樣向前擠？不許擾亂秩序！』

班長在罵我了。

『我要到最前線打衝鋒去！』

我勇敢地回答他。

「噗通！」突然我的右脚踏進了水裏，幸而左脚站得穩，身子沒有倒下去。

『呀！又是誰跌倒了？』大家很關心地問。

『我！』

我像很害羞似的連忙趕上前去。

『還說衝鋒，走路都要跌倒，唉……』

另一個同學故意輕輕地譏諷我，引得大家都笑起來了，因爲他最後的一聲嘆息，拖得很長很長。連我都忍不住笑了。

光慧走不過我，她早已落伍了；她的脚也是纏過的，比我的要短半寸；可憐的她，五歲的時候，就做了媽媽的犧牲品！

晚上行軍，再舒適也沒有了，雖然沒有月亮和星光，我們要像瞎子似的摸着走，帶着花香迎面吹來的清風，像冰淇淋似的沁入我們的心脾，令人感到一種說不出的愉快；尤其當它從樹梢輕輕地掠過，發出清脆的哨聲時，簡直是世間一曲最美，最悅耳的令人陶醉的音樂。

走着，大家寂靜地走着；每個人懷着一顆追求光明，追求革命的赤心；雖然一連走了三四個鐘頭沒有休息，但誰也沒有說疲倦，大家都在精神抖擻地追趕着前面的隊伍。

突然，在那遙遠的山邊，發現幾點紅光，像天上的星星，我們的目的地快到了！

解散的前夜

事實完全像我們所希望的一般，一個月零四天的戰事，如今告了一個段落，我們是高奏凱歌歸來了！雖然這次西征，犧牲了七十餘個同學，百多個教導隊的同志；然而我們獲得了好幾千槍枝，建立了革命的基礎，在每個民衆的心裏，樹下了永遠不可動搖的信念。我們最大的勝利，就是從軍閥手裏得到整千整萬認識我們，信仰我們的民衆。革命的種子，散佈在我們到過的任何地方；勝利，我們是得到最後的勝利歸來了！

是從前線歸來的第七天晚上，天上沒有月亮，只有幾顆閃爍着的星星，我坐在呂小姐（她是女生隊的看護長）那裏談天，告訴她關於行軍時候的生活，是如何快樂有趣的時候，忽然聽到號兵在吹集合號了。

像平日一般，在三分鐘內，全體已經整好了隊，報完了數。

大家眼巴巴地望着站在臺階上的五位男女官長，她們都把頭低下來，不知在想些什麼；楊連長開始說話了。

『各位同學！』

奇怪，爲什麼他今夜的聲音突然改變了呢？還沒有說下去，我們似乎聽出他的聲音在顫慄了，我害怕有什麼不幸的事發生，果然，他在宣佈我們的命運了！

『首先請大家要鎮靜，不要慌張，要勇敢，不要害怕。』

——怎麼，難道又要我們出發嗎？那有什麼可怕呢？

我心裏這樣想着。

『這是一個很不幸的消息，請大家聽了不要傷心！革命者受挫折，受阻礙，這是常有的事，我們應該再接再厲，絕不灰心！』

這是晴天一聲霹靂，午夜的一顆炸彈，它彷彿將要炸破兩百多顆熱烈的心，炸毀兩百多人的生命！大家都像失掉了知覺似的，再也不敢聽下去了；然而楊連長的聲音更悲壯地在繼續響着：

『爲了有少數搗亂份子在裏面作怪，上面有命令要解散你們；從明天起，各人回到自己的家裏去，暫時忍受一點苦痛；現在每人發十元錢的遣散費，趕快拿去做衣服，軍裝不能穿了！』

天，這是怎麼回事呢？爲什麼要解散我們？我們的希望，我們的理想，難道真的只能曇花一現就消滅了嗎？

楊連長報告完了之後，接着是每個官長沉痛的演說；她們的每句話，都是那樣深刻地烙印在我們的腦海裏。

這些話，像一把亮晃晃的尖刀，刺進了每個人的心裏，有很多在流淚了。明天！唉！想不到我們所期待着實現的明天，竟是埋葬我們的地獄！回到封建的家庭去，唉！有誰願意呢？

　　整個晚上，我們都沒有睡，就這樣大家圍坐在操坪裏呼口號，唱歌，演說，一直鬧到天明。

　　第二天，武漢的女生，陸續地回家了。花花綠綠的衣裳，代替了威武莊嚴的軍服。我因爲脚痛不能留在武漢，只好和樹蓉，翔霄她們，一同回到長沙來。

歸　來

　　爲了便於自己裁製起見，我和樹蓉，翔霄，珊珊都買了同樣的白府綢，各人做了一件沒有領子的長西裝。所謂西裝，並不是像西洋女人穿的那麼漂亮的時裝；只是沒有扣子，領子是桃形，穿起來時，只消往頭上一套就行了。

　　我們的頭髮，都是剪得很短的；尤其樹蓉的，完全剃得像個芋頭一般；只這一點，無論我們化裝的技術怎樣高明，人家一看就會知道是拿過槍桿來的女兵；還有我們曬黑了的皮膚，和因爲握槍柄弄厚了皮的右手掌，也是一個給人認識我們的標記。

　　『軍服脫下了，什麼時候再穿呢？』

　　當我說這句話時，竟滴下了兩顆熱淚，樹蓉也忍不住哭起來了。

四個人望着擺在床上的新衣服，像個木偶似的，默默地沒有半點兒聲息，誰也不願意脫下那套灰布軍裝；特別是那根被我們弄得很光滑柔軟的皮帶，真不願把它解下來。記得最初繫它的時候，大家都感到麻煩，而且硬蹦蹦地縛在腰上，怪不舒服的；因此散了隊後，第一件事就是把皮帶解開，讓腰部大大地運動一下。有時竟忘記把它繫上，就跑去出操，爲了這，連長罵我們不守風紀，常常罰我們立正。後來慢慢地習慣了，除了睡覺，簡直一刻都離不了它。我常把它和槍當做我的愛人一般看待；尤其冬天需要它緊緊地縛住我，使冷風不能侵入，週身都是暖融融的；至於槍，更比我的生命還寶貴，毀滅舊的制度，創造新的社會都需要着它；可是現在呢？什麼都沒有了，不但槍離開了我們，而且連一根小小的皮帶也不能保存了！唉！……

一直臨到要離開武昌的那天下午，我們才在無可奈何中換上了新製的衣裳——很像一件簡單的跳舞服。四個人跑去一家很小的照相舘，拍了一張照，留做解散後的紀念；還跑到百貨店，每人買了一頂草織的洋帽戴着，以遮蔽這個見不得人的頭。

上火車了，僅僅只有鴻凄然地走來送我們。一個月以前，我們從這裏出發鄂西時，是多麼威風凜凜，轟轟烈烈；今天，第二次離開武昌的今天，却是天色沉沉，狂風怒號，每個行人的臉上，都罩着一層陰慘慘的愁雲。凄涼呵！說不出的凄涼憤慨，塡滿了我們的心胸，要不是那堅強的信仰，和未來新中國的曙光在主宰我們，誘惑我們，誰願意苟延殘命呢？鐵軌上，難道不是很好的葬身之地嗎？

火車一停下來，就有憲警上來盤問每個旅客的來歷，檢查他們的週身和行李。爲了我們的皮膚和服裝，太令他們注目了，好幾次幾乎被他們識出破綻來。幸而好，那位和樹蓉同鄉，在某軍當副官的李先生，特別保護我們，每次遇到檢查，都說我們是他的家屬，在漢口教會學校讀書，放暑假回來的。

到了長沙，第一個困難，就是沒有住處。住旅館，不但找不到保人，而且四個人合攏來的財產都不到六元，怎麼住下去呢？我大胆地帶着她們三個走進一位同鄉蘭的家裏，她是我在大同女校時的同學，和我感情很好，想來她不會拒絕；誰知我們一進門，蘭就發抖起來，她附在我的耳邊輕輕地說道：

『你們爲什麼在這個時候回來？太可怕了！我家裏不能留你們，無論什麼客人來，都要經過五家聯保，懂得嗎？五家聯保！……』

有什麼辦法呢？在別人的眼裏看來，我們變成了特殊人物了；但是說句良心話，這位同鄉不敢留我們在她家裏住，也的確有她的苦衷，我們應該原諒她的。

樹蓉和珊珊，第二天就回去了，我爲了脚痛得太厲害，只好在蘭那裏借了五元錢來住公醫院。我用了謝天的名字去掛號看病，那天醫院剛開始診病，我是第一號，於是看護和醫生都笑我是個「天字第一號」的病人。有個姓陳的看護，日夜陪伴着我，安慰我病中的寂寥，她像呂小姐一般溫存體貼。住了一個星期，病雖沒有好，精神上却得到了不少的安慰。

借來的錢又用完了，沒法，只好和翔一同回去；明知此去是吉少凶多，然而爲了要解除婚約，那怕再危險也要回去的！

到藍田的那晚，恰恰是四更時候，當我叫開裕通恆的大門時，他們都疑心是我的幽靈歸來了，決不相信我還活在人間；因爲半個月以前，他們聽到一個消息，說我在前線打死了，現在突然一個活鮮鮮的人站在他們的面前，怎不叫他們懷疑，驚訝呢？

被母親關起來了

兩個瘦小的轎夫，抬着我一步步地走近了我一別兩年的故鄉時，我的心也跟着漸漸地沉重起來。

『鳴叔，快到了呵！』翔在後面的轎子裏喊我。

『唔……』

過了一座茶亭，就是一條小小的街道，再上去不到半里路，那所特別高大的新造屋子，就是我的家了。

我生怕熟人望到我，連忙將頭低到胸前。在望見了那所我第一次見到的新屋時，好像有一種微弱而沉痛的聲音在我的耳邊響着：

『這就是禁閉你的牢獄呵！』

然而我並不害怕，我是下了奮鬭的決心才回家來的；牢獄雖然建築得這般堅固，可是我相信我的力量一定能衝破它的。

到家了！姊姊和嫂嫂，母親，還有許多孩子們都出來迎接，她們的臉上都堆滿了笑容，緊緊地握着我的手，孩子們都扯着我的衣服問：『還認得我嗎？姑姑！』尤其高興的是白髮蕭蕭的老母親，她歡喜得連眼淚都流出來了。

『兒呀，你瘦了很多了，在外邊真苦呀！』

母親用衣袖擦眼淚時，姊姊和嫂嫂也陪着哭紅了眼睛；只有三歲的外甥女芸寶，在牽着我的手問着：『姨媽，你給我買了洋娃娃帶回沒有？』

進門，我就看到了堂屋裏擺了許多漆得紅紅綠綠，金光閃閃的各種各式的木器，我知道這就是替我預備的嫁奩；我真替母親嘆息，寃枉花了這許多錢！

午飯後，她們領我參觀新造的房子，這雖是舊式的建築，房間却很寬大，光線也十分充足；空氣不用說，在這樣山青水秀的鄉間，是最新鮮的了。聽母親說，本來的計劃，要建造正屋兩棟，橫屋兩棟，爲了經濟不夠，這次只蓋了正屋；錢却已經花去三千多了。樓上因爲窗戶開得太高，光線很暗，不適宜住家。磚，石，和樓板，是再堅固也沒有了；恐怕一百年過後，它還是不會損壞的。我對於這樣寬敞，堅固的房子，並不感到什麼；因爲我是絕對不願老死鄉村的，卽使她有羅馬的敎堂那般莊嚴，華麗，我也不會住到這裏來的。

『你看，娘是多麼爲你操心啊，爲了漆這些木器，我有兩個多月沒有好好地睡了；括風的天，生怕灰塵落在金紙上，常常睡到半晚，爬起來用油紙蓋上；白天又怕孩子們去弄髒了，或者麻雀飛來撒屎在上面，一天至少都要看幾十遍，天天都要去監工，否則也許兩年還漆不好。現在三十多件木器都完工了，被窩，帳子……也都準備好了，只等你回來縫衣服。』

母親一口氣說到這裏，我半句話也沒有回答，只是低着頭走着，她還以爲這是少女害羞的常態，於是更愉快地說着：

『這次眞是菩薩催你回來的，自從知道你「當兵」去了，我就天天過着以淚洗面的生活，我唯恐你在外邊有危險，日夜爲你燒香問卦，在菩薩面前許愿；起初聽到你去打仗的消息時，我還急得暈過去三次，有一次足足死了一個多時辰才蘇醒過來的；蕭家也很掛念你，常常打發人來探聽你的消息，鄰居都擔心那孩子沒有福氣得到你。現在好了，謝謝天地菩薩，你已平安歸來了！』

滿肚子要說的話，我竟不知從何說起，在父親還沒有回來之前，我想還是不提到解除婚約的好；母親是這樣頑固的女性，和她說，一定沒有好結果的，我忍耐着過了兩天的啞吧生活。

誰也沒有料到鄉里的消息靈通，竟比無線電還來得快，蕭家已經知道我回來了，未婚夫的伯父，寫信來要求我家看日子迎親，大哥連忙拿着信來問：

『我怎麼回答他呢？』

『你答覆他等父親回來再說好了。』

信是照我的話回覆了，可是這問題怎樣解決呢？蕭家既已知道我回來，結婚期當在不遠，我如果不趕快進行解除婚約的工作，那就來不及了。事情真湊巧，剛剛這天晚上，父親從他的朋友家裏回來了，看了竹林的信，他立刻找我談話，並問婚期究竟訂在什麼時候好。

『我這次是專爲此事回來的，爸爸。我前次寫回來的信，想必你老還記得很清楚，我和蕭明是絕對不能結合的！他與我不但沒有半點愛情，簡直連感情都沒有；他的思想，興趣，都不和我相同；他的個性，能力……，我完全不了解，怎麼好同他結成夫婦呢？』

『怎麼？不能結合，難道你想解約嗎？』父親一開口就拍起桌來大罵，母親更是氣憤憤地滿口『畜生，畜生！』地罵個不休；我這時已打定主意忍受一切，我很從容地回答他：

『是的，這次我是專爲了要與蕭明解除婚約才回來的。』

『喝！你想解除婚約嗎？除非你永世不歸來；現在既回到了家裏，還想逃走嗎？不怕你有天大的本領，也逃不出我的掌握中。』

母親更來得厲害了，她做着要打我的姿勢，父親也氣得遠遠地跑開了。我知道這時不能再繼續談下去，便退到寢室裏來給他們寫了一封五千多字，說明爲什麼要解除婚約的信；誰知第二天父親看了之後，不但不爲信中的言語所感動，反而嚴厲地責備起來：

『看了你的信，知道你要解除婚約的理由，最大的有兩個：(一)沒有愛情；(二)思想不同。現在我來答覆你：第一，愛情只有夫婦間才有的，愛情的發生，是在兩人結婚之後，絕對沒有在結婚之前而能發生愛情的；現在你還沒有和他結婚，當然沒有愛情；第二，「思想」兩個字，只能用之於革命同志，而不能用之於夫婦之間。試問，你和他是結成夫婦，組織一個「夫唱婦隨」的美滿家庭，傳宗接代，能夠主持中饋，就是個模範的賢妻良母；你又不是和他去革命，要思想相同幹什麼？』

『爸爸，要結婚後才能發生愛情，那只是你的結婚哲學，那只是封建社會獨有的怪現象；如今時代不同了，男女二人，一定要經過情感的進化，才能達到結婚的目的。最初由認識而成朋友，由朋友的情感，進到戀愛的階段，愛情達到最高點時，兩人就結合而成永久的伴侶，這就是所謂夫婦；至於思想一致，更屬重要了！朋友兩人的思想不同，尚且不能結交，何況夫婦乃是一生的快樂與幸福的創造者；倘若思想不同，各走各的路，愛情立刻會破裂的；尤其現代的婚姻，絕不是像封建時代一般，它的目的僅僅在組織一個家庭，現代的婚姻，是與改造社會有直接關係的；兩個人結合了，並不是只求自我的享樂，主要的在兩人同爲國家服務，爲社會工作；因此他們不但是夫婦，同時也應該是摯愛的朋友，忠實的伴侶。蕭明的思想是與我絕對不同的，根本就失掉了和我結婚的第一個條件。』

『哼！思想？女人要那麼多的思想幹什麼？不過你是受過幾年師範教育來的，將來結婚後就允許你在鄉間當一個小學教師好了，我相信他決不會阻止你的。』

『快不要和她辯論了。』母親連忙接着父親的話大嚷起來：『這東西簡直不是人，父母大於天，豈敢和我們做對！送你讀書，原望你懂得孝、悌、忠、信、禮、義、廉、恥；誰知你變成了畜生，連父母都不要了！婚約是父母在你吃奶的時候替你訂下的，你反對婚約，就等於反對父母！你如果做出這種無人格，沒廉恥的解約事出來，敗父母的名譽，羞辱祖宗，我就要……

『「洞庭湖裏水飄飄，好夫好妻命裏招」，無論是什麼樣的人，許配了他，就要嫁給他的！何況蕭家有財產，有名望；蕭明也是個好人，並沒有瞎了眼睛，跛了脚。要知道「千里姻緣一線牽」，夫婦是前生就安排定了的，怎麼能反對呢？』

聽了這些話，我連冷笑的反應都沒有，我早就料到了母親會說出這些話來的。

『在現代，雖然不能強迫你「嫁鷄隨鷄，嫁犬隨犬」；但像蕭明一樣的人，無論如何是可以嫁的，看他寫給你三哥的信，尚能通順達意。』

倒是父親的這幾句話，幾乎引得我笑了。

最後一句話說得太有趣了；實際上，他的確是個連信都寫不通的人。記得在小學讀書時，有位教我、同時也教過他的國文教員謝先生，曾對我說過這樣的話：『你和你的未婚夫何以相差這麼遠，你在學校的成績佔第一，而他恐怕要倒數第一。』後來我接到他幾封給我的信，才看出他的學問，智慧，原來的確像謝先生所說的一般。像這樣一個腦筋簡單的人，我怎能與他結合呢？

母親又在罵了，她說想不到送我讀了這許多年的書，同來是如此令他們失望的！她從此再不送大哥和三哥的女孩子讀書了。聽到這幾句話，我倒有點替孩子們擔憂，她們現在還是小學四年級的學生，根據我過去的經驗，母親是決不許她們讀更多的書的；加以我這次的事發生，一定更要藉口不再送她們進學校了。唉！孩子們呵！將要降臨到你們身上的不幸命運，是我賜給你們的呢？還是社會？

正在沉思間，忽然又聽到父親的咒罵了：

『學校不知是什麼魔窟，凡是進去的人，都像着了魔一般，同來都鬧着退婚；祇要是父母代定的婚姻，不論好歹，都不承認。』

『那當然，父母怎麼知道兒女需要什麼樣的妻子或丈夫呢？婚姻是人生的終身大事，當然要由自己做主，才能選擇到好的對象！』

我知道這幾句話，會引起父母的痛罵；然而不說出來，我的腦子將要脹破了。

『快不要丟醜了，一個閨女，也能選擇丈夫嗎？蕭家的名聲很好，他的三伯父曾做過省議會的議員，在縣裏極有名望；你的婆家送到我家來的禮物也不少了，前年你的未婚夫，又親自跑來替我拜壽，如果你現在做出這樣的醜事來，叫我如何對得起他們！』

『俗語說：「好馬不吃回頭草，好女不嫁二夫郎」，你還記得烈女傳的故事嗎？』

『哼！烈女傳她還讀嗎？』母親還沒有說完，父親忍不住連忙接着說：『她只看些什麼自由戀愛這一類的小說，什麼誰家少女爲婚姻不自由而自殺，誰家兒郎爲反對舊禮教而與家庭破裂這一類的報紙雜誌，她受了這些報紙小說的影響，所以也同來反對父母，反對禮教了！』

『笑話！禮教也敢反對嗎？』母親越來越威風了：『它是數千年來聖人立下的……（這下面的字句，她不曉得如何說，所以我用點子代替。）誰也不敢反對，難道你這丫頭，也敢反對禮教嗎？唉！你也不想想，貞節碑坊是如何樹立的呀！人家十二歲的女孩就知道守節，而你們這些講自由的人，恐怕一年嫁二十四個，還沒有丈夫過年！』

『哼……』我由鼻孔裏輕輕地哼了一聲，並不想和母親辯論半句。現在我更加知道和她講道理，是絕對沒有用的，唯一的辦法是和她誓死奮鬪，下個不達到解除婚約，誓不甘願的決心！

『貧富雖由天定，但也要人爲；蕭家的財產很多，你也能夠賺錢，將來兩人成家立業，慢慢地會成爲財主，有田有土，多麼享福！』

唉！母親越說越糊塗了，這些話是多麼令人心痛呵。她侮辱了我，蔑視了我的人格，根本她不了解她女兒是怎樣的思想，怎樣的人格，怎樣的個性；她以爲我是個嫌貧愛富的庸俗女人，所以盡量說些發財的話給我聽。

『不要說這些與我不相干的話了，我願意嫁個和我有愛情的窮光棍，決不和有錢的人結婚！』

我憤憤地說。

『不和他結婚，你打算怎樣？』

母親在桌上大拍起來，這自然恐嚇不了我，只是我倒擔憂她打痛了掌心。

『她打算要解除婚約。』

父親代我回答了，這時我真感激他。

『不解除婚約她怎麼樣？』

『她信上說，不解除就自殺！』

『好吧，她只管死吧，我白白地撫養她到這麼大，還送她讀了這多年書；也許是我前生欠了她的孽債，到如……今……她……她』

母親忽然放聲大哭起來，眼淚，鼻涕，口沫流了一大片，頭，不住地在壁上亂碰；父親生怕她受傷，立刻奔過去緊緊地抱着她。聽到母親的哭聲，姐姐和嫂嫂也都跑過來了，正在她們手忙脚亂的時候，我偸偸地溜了出來，跑到野外去散步。

太陽暖融融地照着，可是我的心是淒涼的！

遠遠地一個穿白長衫的男人向我走來，仔細一看，原來是大哥。

他問我一個人在這裏想什麼心事，我把剛才那一幕鬧劇全盤告訴了他，他遲疑了很久，皺着眉頭憂鬱地說：

『你不應該回來的，現在既到了家裏，怎麼能逃出去呢？我想……』

『你想什麼？難道要我犧牲，真的和蕭明結婚嗎？』

『嗯……就是這個意思。』

『不！我絕對不能和他結婚，我要奮鬪到底！』

『母親比歷史上，古今中外任何專制帝王，還厲害可怕，難道你還不知道嗎？我為了沒有得到她的同意，帶你嫂嫂去益陽，回來時，她說我犯了「逆親順妻」的罪，罰我跪了兩小時，頭上還頂着一大盆水，這件事我是永遠不能忘記的！還有，你二哥，三哥，和你姐姐的婚姻，都是不幸的，痛苦到了極點的，但誰也不敢提出離婚的話來；你雖然比我們都勇敢，恐怕你只能在外面打仗，而不能回家來革命吧？』

說到最後，大哥笑起來了，我却嚴肅地回答他：

『大哥，你不要諷刺我，不要估計我的力量太小。老實告訴你，我是早已知道回家就會被禁閉起來的；可是假若不將婚約解除，我在外邊將永久不能和別人結合，蕭家無論什麼時候都可持着婚書來找我搗亂；為了免除麻煩，為了我要正式向封建社會宣戰，所以一定堅持到底，不達到目的，決不干休！我寧可為反對舊禮教，推翻封建制度而犧牲生命，決不屈服在舊社會的淫威之下……』

『我要回去了，萬一給母親知道我們在這裏談話，還以為我是和你有聯絡的。』

可憐的大哥，每分鐘都在東張西望地注意，看看有沒有人望見他。

『好吧，你只管回去，我不願連累你以及其他任何人。』

『好的，祝你孤軍奮鬪成功！』

他帶着譏諷的笑容走了，我獨自在田隴間徘徊了很多時候才回家。

這天我沒有吃晚飯，爲的是不敢看父母親那兩副冷鐵一般要吃人似的面孔。黃昏剛過去，我就躺上床睡了。

姐姐，大嫂和三嫂，知道我很傷心，特地跑來安慰我；她們不敢多說話，更不敢大聲說，因爲母親就住在我的隔壁，我們的一舉一動，都能聽得清清楚楚。她們唯恐母親聽到了她們的說話，每個人都挨到我的耳邊來，細聲地說着要我不要過於悲傷的話。

姨母也被姐姐請來了，她是母親的第二個妹妹，就住在我家從前的房子裏；她的丈夫在縣裏的教育局當門房，每月祇有六塊錢的薪水；兩個兒子都在軍隊中服務，小的當排長，大的曾當過團附；只因老大太好嫖賭了，完全不遵守軍隊中的紀律，所以被撤了職，現在還不知流落何方。姨母本來有三個兒子，一個女兒，前年最小的兩個不幸因病死了，她爲了這一對孩子的死，所以傷心得竟哭瞎了眼睛。她是一個絕對的『命定論』者，一切都相信是前生安排定了的。她篤信佛教，每天唸經，吃素，比母親還迷信；可是她的思想不像母親一般頑固，她允許她兒子在外面娶親，常常勸導母親：『現在的世界變了，你不要對待兒女太厲害，他們有學問的人，是想幹一番大事業的，你不要拘束他們吧。』母親不但不接受她的忠告，反而每次責備她無能，太沒有做家長的資格：

『無論世界變到什麼地步，父母還是父母，自己生的兒女，假如不能服從我，我怎麼能支配別人呢？』

姨母聽了她的「父母大於天」的話，也沒有什麼可說，只好低着頭答應『是，是。』

可憐她此刻來到我的房中，坐下去，很久還不敢開口，等到聽見母親在和長工談話，她才敢小聲地對我說：

『嗚岡，你初回來不要和你母親吵吧，她的脾氣向來是很大的，你順從她一點好了。婚姻是前生註定了的，丈夫雖沒有你的聰明，你屈就一點也無妨，將來大家都說你賢慧，萬古傳名，多麼好！』

『姨媽，不要說了吧，我的痛苦，是你們任何人不能了解的，我並不希望你們來安慰我，請你們從此不要理會我吧。』

我哀怨地回答她，眼淚如水銀一般滾了下來，滿懷着慈悲心腸的姨母也陪着我流淚；姐姐更是哭得像淚人兒似的。

從今天起，我開始過着監獄似的生活了！

夜，靜寂的，幽暗的漫漫長夜。

在鄉間，晚上過了八點鐘，就靜寂得像死一般；可是我家裏的人今天特別睡得遲。也許是他們在議論着我的事，竊竊的談話聲，一直到十二點過後才停止。

月亮爬上了中天，淡淡的光輝，射在我的帳子上，一隻蚊子在嗡嗡地叫着，除了這微弱的聲音在打破夜之沉寂外，我幾乎懷疑我已躺在寂然無聞的墳墓中了。

翻來覆去地想着，我的問題，絕對不能和平解決的；父母已與我處在敵對的地位，我不能屈服，他們更不願讓步，不肯放棄做父母的權威。母親一定要貫澈「父要子亡，不得不亡」的封建社會的法律，而我恰恰是反對封建社會的叛徒；這樣，相隔兩個時代的母與女的思想，怎能不衝突呢？無疑地，我只有拚命和家庭奮鬬，才能獲得我的自由，爭取最後的勝利！

——不過事實上的確太困難了！在鄉村，除了翔一個人而外，沒有了解我的人。（翔是我在小學，中學，軍事政治學校的同學，在家族關係上說來，她比我小一輩，所以總叫我做鳴叔的。）姐姐她們雖常常陪着我流淚，但她並不知道我何以一定要解除婚約？何以不能像她一樣忍受一切的痛苦？女子何以一定要到外面去求學，和自己愛着的人結婚？她的流淚，不過是表示她很愛我，替我傷心而已；一方面也害怕我有意外的危險，因爲小時候爲了讀書，我曾有過一次絕食的自殺，從此她知道我的個性是堅強的，無論做一件什麼事，不達到目的不止。是的，單就這一點說來，她是比嫂嫂，姨媽更了解我的；然而這有什麼用呢？她不能幫助我逃出苦海，她只能整天陪着我流淚，唉！流淚又有什麼用處呢？

——翔嗎？她雖只和我相隔咫尺，可是不能來看我。她的家庭也和我家一樣的專制，爲了她反對和那個嫖賭雙全的男人結婚，她目前也在被軟禁之中；卽使萬一她能夠來到我這裏，也不能談什麼話，因爲母親一定要在旁邊監視的……

——大哥？他是這樣害怕母親的弱者，他的腦筋雖然比母親的新一點，然而那種想升官發財的思想，不完全是個官僚典型嗎？他口裏雖說着同情我的話，誰又敢擔保他背後不說我的壞話？唉！思想不同的人，決不肯幫助我的。

——三哥在長沙，遠水不能救近火，卽使他寫信來替我說話，封建思想根深蒂固的父母，怎會接受他的意見呢？二哥呢？他倒是最愛我，也最能幫助我的；然而好幾個月不通消息了，不知他在什麼地方？

——大哥說得不錯，我是孤軍奮鬪，唉！沒有援助我的人，奮鬪的結果，恐怕只有失敗吧？

——自殺，倒是個最好的辦法，忍受一刹那的苦痛，解除了一生的煩惱，憂愁。人生究竟有什麼意義？遲早是死，無論在生時做過多少偉大的事業，建立過多少奇功，一到最後的一口呼吸停止時，什麼都沒有了！一切都是幻滅，一切都是空虛。犧牲了吧，與其將活潑潑的生命付與別人去宰割，不如痛痛快快地死在自已手裏；生命是我的，當然我有權利來處理。死吧，死是我最後的安息，也是我最後的勝利！

想着，絞斷肝腸一般地想着，我似乎覺得除了「死」，再找不出第二條出路了。昨天我還以為父親會同情我，會因我那封一字一淚的信而感動；但今天的事實，證明了父親是和母親站在一條戰線上的。他的強硬，冷酷的態度，那裏是過去用皮袍裹着我睡覺，最痛愛我的爸爸呢？我這時完全明白了情感是什麼東西，在與自己的思想有衝突時，兒女不認父母為父母，父母更不認兒女為兒女，各人都為着自己的環境，自己的理想而奮鬪；情感這東西，是多麼可怕呵！

富於情感的人，最好是不要了解情感的真諦，我現在了解了這點，推翻了母愛高於一切的哲學，我的心幾乎痛得要破碎了。最愛自己的母親，尚且這樣不愛惜我，同情我，還有什麼可留戀的呢？

月色由黯淡而漸漸地沉沒下去，遠遠地聽到有犬吠的聲音，我家的雄鷄，也在喔喔地開始啼了，房子裏忽然黑暗得可怕，我知道這是黎明將到的象徵。父親和母親在開始談話了，聲音太低，無論我怎樣留心靜聽，也聽不出半句來。

——死？難道你真的只有死路可走嗎？為什麼不想想自己的前途？你常常責備自殺的人太沒有勇氣，太儒弱，太不中用；求生，是一切生物的本能，何況一個為萬物之靈，具有創造一切的聰明底人應該努力求生，而真的去尋死嗎？你雖然是這樣渺小，卽使真的自殺，於社會沒有絲毫影響，它決不會因你的死，有什麼損失；但你自己對得起國家嗎？對得起供給你飯吃，供給你衣穿，供給你受教育的父母嗎？你不想想，你是受過革命洗禮來的，你負有改造社會的使命，你曾經上過前方，你曾否認自己不是個儒弱無能的舊式女子，而是個有血性，有勇氣，意志堅強的新女性！你是反抗一切的封建制度底戰士……現在難道你真的忘記了自己的任務嗎？死，就是表示你的失敗，禮教的勝利。封建社會，這殺人不見血的惡魔，每天都張開着血嘴，在吞吃這些沒有勇氣奮鬪的青年，你也甘願給它吞下去嗎？而且，你應該更進一步想想，自殺是多麼愚笨的事呵，你死了，舊社會少了一個叛徒，即使你沒有勇氣拿着槍，跑上戰場去衝鋒殺敵，也應該做一點於人類有益的工作呀。

「生」與「死」的鬪爭，整整地在腦海中交戰了一夜，最後，還是「生」得着了勝利。

第二天晚上，我仍然沒有睡覺，眼睜睜地望着月亮從黑雲裏掙扎出來，又從光明的地方縮回去。

我想起白天大哥告訴我，明天要去縣城的話，他或者可以幫助我一點也未可知；就在銀色的月光下，我偷偷地爬了起來，寫了一封要他援救我的信給他。

第二天，大哥看了信沒有說什麼，只是不住地搖頭，表示不能幫助的樣子。我又流淚了，兩人默默地對坐了幾分鐘後，他輕輕離開了這狹小的牢房。

我失眠的生活，從此開始了。

深夜，打開窗子放進風來，月兒早已越過帳頂了。從前方歸來，因受了濕氣而浮腫潰爛的脚，痛得非常厲害；我整晚地呻吟哭泣，母親連喚我一聲都沒有，唉！現在我真的是被棄的孩子了！我再也得不着慈母的撫摸，慈母的安慰了！更永遠不能和她親吻，倒在她溫暖的懷中了！「心肝，寶貝」的叫聲，也永遠聽不到了！囘想以前我有病時，她整日整夜地陪着我，殷勤地看護我；現在呢？卽使我死在床上，她也不會來過問的。天，究竟這是怎麼囘事呢？

月亮照着我的淚珠，滴在枕頭上，這一顆顆亮晶晶的淚珠呵，你跳到我母親的心裏去吧！月亮，你將我悲苦的消瘦的影子，照到我母親的眼裏去吧！她爲什麼變得這樣殘忍，這樣冷酷呢？我整整地哭了一晚，都沒有聽見她半點聲音；她是真的睡覺了，還是故意不理我呢？媽呵！你的熱烈而真摯的愛，真的不能再給我一次嗎？

大哥走了以後，我每天都期待着他的來信；可是五天，十天，一個月過去了，還是音信杳然。一切只有自己救自己，不要求人幫助了吧，我這樣想着。

現在外面寄給我的書信，統統要經過父親的檢查，發出去的，更比在監獄裏檢查的還要嚴格。那封託大哥帶到縣裏去發給孫先生的信，幸而他藏在帽子底下，否則一定會被查出沒收的。唉！這樣不自由的生活，怎麼過得下去呢？

翔的妹妹青青，是一個十二歲活潑而聰明的孩子，她在我和翔之間，做了許多令我們永遠不能忘記的事。她做我們的綠衣使者，母親累次駡她是間諜。她替我們送信，替我們傳話，每次都要經過母親很久的盤問與搜查後，才允許她進我的房裏來。

可憐我那時完全像一個囚犯一般，整天被關在那間小房子裏；白天只有射進來一線太陽和我做伴，晚上只有照着我流淚的月亮是我唯一的朋友；外來的人，誰也見不到我，我竟沒有犯罪而做了囚徒！

有一天，突然我被母親從「監牢」裏叫出來，原來又是青青來了，我一眼望到她，精神為之一振，好像見到了救我的恩人一般，有說不出的感激和喜悅。

『你姐姐好嗎？』

『當然囉，她比你好！』

正在母親聽了這話大發雷霆的當兒，她使一個眼色在地上，隨卽鬆開了脚，讓我見到被她踏黑了的紙團。

——怎麼拿到手呢？

我正在想得發愁的時候，忽然來了一個人會母親，她和那人談話去了，我立刻拾了紙團，回到房裏去看，條子上有這麼簡單的幾個字：

『這種生活再不能忍受了，我們決定逃走吧！』

唉！天，幸而這字條沒有給母親見到，否則，她又要鬧得天翻地覆，我們逃奔的計劃，也不能實現了，多麼危險呵！

父親也完全不理我了，他像以對待仇人的臉孔來對待我；明明知道我心中的痛苦，可是他連話都不和我說一句，只是每天微笑着，和孫兒們玩。我總覺得他的性格完全改變了，而且這改變，不是偶然，是必然的！母親比他更變得厲害，整天都板起她那張要吃人的面孔，連望都不望我；然而一遇到有女客來時，她就笑笑嘻嘻地去應酬，並且告訴她們我如何地聽話，安守本分地在家裏預備嫁奩。

『有家教的小姐究竟不同，在外面讀了這多年書，還沒有「自由」，❶真是你老人家的好福氣。』

好幾次我聽到有人這樣恭維母親，真感到肉痲，母親還驕傲地在誇耀她的威風：

『別的女人一出外便變壞了；我的女兒，是不敢的，卽使她在外面做了女皇帝，還是遵從父母之命的。』

「父母大於天」的哲學，她又搬出來了。我真替她悲哀，母親的威權將由我一個人推翻了；如果她知道有那麼一個前途，現在也許不這樣禁閉我，監視我吧？

兩條腿腫得像圓柱一般，貼了膏藥，仍然沒有好；在鄉間是找不到醫生的，我懊悔不該回來這麼快；但並不怨恨我不應去當兵。病是在行軍時候得來的，夜晚在野外宿營，中了濕氣，所以腿子就由浮腫而潰爛。唉！這害死人的病脚，要沒有它阻礙我，我不是現在就可以逃走嗎？

❶我們鄉下人，指在外面自由結婚的爲「自由」。

沒收信件

這是一個使我憤恨，苦痛得幾乎要自殺的消息：表弟告訴我，每次我寄給朋友們的信，都到了父親的手裏了！

『天呀！我比囚犯還不如了，他們尙且有通信的自由權，爲什麼我沒有呢？』

我哭暈在姊姊的床上了，她以爲我得了什麼急症，嚇得手忙脚亂。我那時只知道用拳頭拚命地捶我的胸部，恨不得幾拳就把我的心捶個粉碎，讓鮮血流了出來，給狠心的父母看看。唉！可憐我每次半夜裏偸偸地爬起來寫給朋友求援的信，竟一封也不能達到他們手裏，斷絕我與外面通消息，這是致我於死地的惟一方法，唉！好殘忍的父母呵！

越想越傷心，淚珠兒不住地流，姐姐的枕頭，早就被我哭濕了。

『不要哭了吧，妹妹，你卽使哭斷了腸子，他們也不會把信退還你的。』

倒是姐姐這幾句話喚醒了我，我再也不哭了；父母旣以高壓的手段對付我，那麼我也以反抗的手段來回答他們吧！

逃奔的計劃早就有了的，可是什麼時候實行？走的路線怎樣？這些都是問題。翔也被禁閉着，不能來看我；要逃走，我們兩人非同時行動不可，不預先商量好，怎麼行呢？

整整地一個月，沒有接到任何人的信，甚至連一張報紙都沒有。我知道，一定又是被父親統統沒收了。有天他們都出去了，我想法打開了那扇通母親睡房中的門，在父親的枕頭下，搜出了一封孫先生寄給我的掛號信，裏面說已寄來二十元，要我作爲逃走到漢口去的路費，但並沒有看到滙票。細看封面，信是由縣城裏轉來的，唉！可憐呵，真想不到我已陷入絕境，有誰知道我在過着這樣的地獄生涯呢？

現在，我整天都過着睡眠的生活，沒有書讀，沒有報看，也再不寫信了；抽屜裏除了幾張去厠所用的草紙外，再也找不出可以寫字的紙來；唯一珍貴的寶貝，是藏在稻草墊裏的一本日記。每晚夜深，或者天還沒有亮的時候，我便輕輕地點燃了燈，躺在床上寫着我的悲慘生涯，寫完了，仍然放在原處。母親沒有想到我還有這麼大的一件秘密，倘若給她發現，那真不敢往下想了。

這難道還是人的生活嗎？我再也不能忍耐下去了！

不知道他們又收到了一封什麼人要我逃走的信，所以這幾天監視我更嚴了！

有一天黃昏，我想偷偷地寫幾句話寄給孫先生，由青青代我設法找人帶去投郵；因爲在房子裏不能寫，（現在母親整天都坐在我房裏做事）只好帶支鉛筆跑去厠所裏寫，正在把草紙擺在腿上開始寫的時候，忽然厠所門開了，現出一個人頭來，這就是母親！

『怎麼樣？你倒很聰明，知道躲在這裏寫信，趕快給我！』

她走來搶我手裏的草紙，我立刻把紙和鉛筆統統丟進毛坑裏，同時氣憤憤地同答她：

『難道拉屎你也要來監視嗎？』

『要監視，你又怎麼樣？』

自從這件事發生以後，母親更把我當做犯人似的看待；而我也只當她是個殘酷的典獄長，我們常常四五天不說一句話，像結了仇似的。

慘痛的惡耗

是一個雨天的黃昏，姨媽偷偷地送來了一封三哥給我的信，還沒有打開，我的心就突突地跳個不休，我知道這是個不祥的預兆；果然，信紙上畫着幾個大大的字，二哥死在南京了！天！一星期前，剛剛收到他的來信，難道真的死了嗎？……

我不知那幾天的生活是怎樣過去的，我失去了靈魂，失去了生的興趣，再也沒有奮鬪的勇氣了，我整天想死，想到黃泉之下去尋找痛愛我的二哥。

我們雖然有五兄妹，但和我最要好的就是二哥。我在小學讀書時，他就介紹新小說給我看，寫了很多有趣味的白話信給我；考進女師以後，他極力誘導我走上文學之路。那時他在山西進山中學敎課，薪水並不多；可是每年他至少寄二十元或三十元來給我買書；後來同到了長沙，更介紹許多中外文學名著給我看，如果我有不理解的地方，他詳細地替我講述。民國十五年的春天，他的肺病發了，每天要吐兩三次血，在湘雅醫院診好後，就在獄麓山的崑濤亭和道鄉祠兩處療養。我犧牲了學業，整整地陪伴他住了四個多月。那時他不能吃飯，白天我就專門替他看脈搏，量溫度，熱牛奶，燉鷄湯；晚上，我在他的床頭，輕輕地唱着我們孩子時代常唱的安眠歌催他睡，說些學校裏有趣的故事給他聽；有時我過江替他買東西去了，三個鐘頭不見我，他就發急；回來，他流着淚牽着我的手說：

『好妹妹，你以後再不要離開了，我寧可不吃東西，只願你整天在我的身邊。』

那時三哥在嶽雲中學教課，他只能在星期日來看他，平時除了一個煮飯的孩子而外，就是這一對相依爲命的兄妹兩人，住在這寂靜的山上。

記得是一個初夏的晚上，月光如水銀般傾瀉在大地，晚風自樹間吹過，發出輕微的哨聲；小蟲在草裏唧唧地叫着，整個的嶽麓山，恰像一個美麗的仙女浴在月色之下。看守墓廬的朱三，和做飯的小東，早已睡熟了，二哥要求我扶着他去外面看月亮，我害怕他一經運動，血管又破裂出血，極力阻止他；但他堅持着要去，沒法，只好先擺好睡椅，然後扶着他出去。一隻脚剛踏出房門，他就大叫起來：『呀！美極了！美極了！月光如水水如天……』

我也因爲他的高興而愉快地笑了。說完了後面一句，他自已也大笑起來。

『妹妹，你看我病得多麼可憐，連打油詩都不會做了呢！』

我扶着他躺下，微風吹散了餘熱，也吹走了二哥的病魔。他快活極了，慢慢地和我談着他在烟臺海邊看月亮的景緻。

『海的偉大，海濱夜色的美麗，是你夢想不到的；今年暑假，假使我的病完全好了，我一定帶你去烟臺或者青島去。』

由於調養得法，他的病一天比一天好起來了；可惜另一個不幸的命運，又降臨他的身上。他愛上了我的朋友舒瑞予女士，起初兩個人都是一見傾心，不久，愛的熱度，便達到了沸點；不料時間還不到三個月，瑞予突然不理二哥，另外和一位舊情人要好去了。二哥受到這個打擊，就立刻離開了長沙，跑到武昌，生活過得很苦，一隻行軍牀，一張軍用毯，用幾本書代替枕頭，就成爲他臥室的全部陳設。

還記得當我考上軍校，過着入伍生活時，他每個星期都買了糖，燻魚，五香牛肉乾，到女生隊來看我和幾個朋友。

『哥哥，下次再多買些來；要不然，我不見你的面。』

我是故意向他撒嬌，他却生怕我真的不見他，下次來時，竟買了六大包，有花生，瓜子，糖，蝦米……凡是我喜歡吃的，全都有了。他故意把每包都打開，放在會客室的桌子上，我們正在吃得津津有味的時候；忽然聽到一聲哨子吹，連忙丢了點心去集合。他見會客的時間已過，只好匆匆地回去；等到我們操了兩點鐘回來，花生和瓜子都無影無蹤了。我以爲是二哥惡作劇，故意帶了回去；後來一問，才知是值星官說這些有殼的東西骯髒，他全部沒收了。

六月，二哥出發到河南去了，並沒有告訴我是那天走的；只是在路上來了一封很悲壯的信，末了兩句是這樣寫的：

『親愛的妹妹：我走了，你不要難過！不久的將來，我們就會在前方握手。』

幾天之後，我也出發鄂西了，從此我們地角天涯，音信斷絕。回到家來，寫了好些信給朋友，打聽他的下落，都說不知道；正在焦急萬分的時候，忽然接到他一封報告吐血甚劇的信，我的回信剛剛發出，不料這慘痛的噩耗突然來到了！

我不能往下寫了，二哥之死，在我的生命史上，是最傷心的一頁！我的心深深地劃上了無數血淋淋的傷痕；我像失掉了靈魂一般地整天叫着『二哥！二哥！』有時哭着，有時笑着。

她們都說我瘋了。

我知道二哥的死，是封建社會逼死他的，我要報仇，我要將萬惡的封建社會，打個落花流水。

晚上，我吹熄了燈，靜靜地坐着等候他的幽靈歸來！

一夜，兩夜，十夜，……在我的流淚與嘆息中過去了，房子裏靜悄悄地並沒有看見他的影子歸來。

我吐血了，多麼鮮紅的血呀！我希望有和二哥一樣的結果，我希望變隻小鳥和二哥飛到青島，飛到烟臺，飛到喜馬拉雅山，還要飛到世界上最寂寞的海島上去，最美麗的樹林裏去；我們要飛到海的盡頭，天的頂點去，那是多麽廣濶無垠的世界呵，任我們翺翔，任我們遊覽……。

二哥死的消息，誰聽到都是很傷心的，父親幾乎到了心痛欲絕的地步，母親也暈倒過兩次；但她一面在每天哭泣二哥之死，擦乾眼淚時，又在爲我預備嫁奩。我以爲她有了二哥的教訓擺在面前，或者她從此減輕對我的壓迫，甚至允許我解除婚約也未可知；豈知她仍舊固執着她的主張，始終要貫澈她的思想。

唉！親愛的母親，封建思想的忠實信徒呵！難道害死了一個還不夠嗎？

秘密會議

這是一個很好的機會，我和翔假託燒香拜觀音菩薩的名義，來到朝陽庵了。這天是陰曆的九月十九——傳說是觀音菩薩的第三個生日。從早晨七點鐘起，就繼續不斷地有一大羣一大羣的女人，拿了香紙去拜佛。母親是特別信仰觀世音菩薩的，只要我真的說一句去燒香的話，她一定允許的。雖然聰明的她，生怕我借故和翔去商量什麼秘密計劃；可是她的自信力特別強，以爲無論我怎樣厲害，總是逃不出她的手掌的。

我和翔是完全爲了商量逃走的問題，才來到朝陽庵的

我們也提着籃子，裏面盛了些線香，木香和紙錠。木香上面寫着：『信女謝鳴岡叩還觀音大

士保香一炷』等字。

我們跪在地上叩了四個頭，匆忙地把香燒完了之後，就想偷偷地跑到山頂上去商量我們逃走的計劃；誰知又被那些拜佛的女人拉住了，要我們替她們寫木香上的字，好容易寫完了，才有機會給我們溜開。

在一處古柏樹最多的山拗裏，我們膝頭緊靠着膝頭地坐着，枯黃的樹葉，隨着秋風在天空中飛舞；哀怨的蟬聲，似哭泣一般地叫着；本來寂靜的山林，這時更加淒涼起來。

『翔，我真沒有想到，回來是這樣受罪的，我的生活，簡直比囚犯還不如！』

僅僅只能說這兩句話，我的喉管咽住了，再也不能繼續下去；翔是不容易流淚的，她祇嘆了一口深長的氣，很久才回答這麼幾句令我失望的話：

『我也沒想到你的母親是這樣殘忍，這樣頑固；如今你既然回來了，就只好忍耐，萬一受不住，我們就逃走吧！』

『難道你還受得住？』

我打斷了她的話。

『我當然不能忍受，而且知道你比我更不能忍受，所以我想在今天商量一個怎樣逃走的方法。』

『是的，我早已打定主意，要實現遠走高飛的計劃了。翔，我們就在最近走吧！什麼都不要帶，只要逃出了虎口，我們即使挨家討飯，或者替人家當丫頭，也比現在的生活要痛快多了！即使沒有人僱我們，討不到飯吃，活活地餓死在異鄉，我也心甘情願！就這麼決定吧，我們只要約定一個確實的日子，和相會的地點及時間；出發時不要在一塊，免得別人看出了我們的秘密。』

剛談到這裏，母親着人來找我們了。

兩個人藏着滿腔未說完的話，又只好悵惘地回到了黑暗的牢獄中。

眼見得自己的計劃，一步一步地在實現，內心是多麼高興呵！我每天都要對姐姐她們談好幾次話，我告訴她們我覺悟了！我是怎樣了解母親的愛我，以及我過去思想的錯誤；現在我完全相信人的一切，的確在前生就安排定了的，以後我要天天唸經拜菩薩，安守本分地過生活。父母大於天，我們是應該絕對服從的。這些話初傳進她們的耳裏時，總帶着懷疑的態度問我：

『你們讀書的，也相信菩薩嗎？』

『要不是讀書的人信菩薩，爲什麼會寫出一大本一大本的佛經，給你們唸呢？』

她們聽了，不住地點頭微笑，似乎表示我這話是對的。

以後母親看見我幫着她收拾箱子裏的衣服，繩線，布疋，刺繡……等等，居然什麼事都要和我商量了。

『衣服，就隨你的意思做去吧，只要你喜歡什麼樣式，就叫裁縫怎麼做好了；不過你不要縫得太短，鄉下人不開通，會笑你穿褉子的；還有些綢緞，我是替你保留了十幾二十年的，都給你做夾衣服吧；至於紅緞子，除了給你做被窩外，還留有兩節，將來等你生了孩子後，再替外孫做花帽。』

聽了這段話後，我想告訴她：『媽，你不要做夢了！』但爲了要實現我的計劃，我咬着牙根忍耐着，故意裝出羞答答的神氣回答她：

『媽，衣服最好少做幾件，免得將來換了式樣又不時髦；布也少帶些去，橫豎娘家我每年都要回來幾次的，難道不能一次一次的做嗎？』

『娘家是你埋「胞衣」的地方，當然你可以常回來；不過這次是做新娘子，不多縫幾箱衣服，要給人家看輕的。多少人家賣了田地來嫁女，你姐姐的婆婆嫁女時，有三十二床綢子被，二十八床毛絨毯；還有四百擔租的田契，他們真的是賣了田地來擺濶的，我不贊成太奢華，東西只要夠用，不太寒酸就得了。』

『媽，你嫁姐姐太濶氣了，我看了很痛心！父母辛辛苦苦積得的錢，應該留着以後慢慢地用；你和父親都老了，也應該多吃些滋補的東西；我是只愛讀書的，出嫁的時候，只要父親送我幾箱書就行了。』

『好子不要爺田，好女不要嫁奩，孩子，你究竟是個知禮義的讀書人，』母親從心坎裏發出愉快的微笑來了。

父親聽了我要他送書的話，他也快活得連鬍子都豎了起來。

『好的，好的，只要你專心讀書的話，我一定送你四箱子書。』

有時在寂靜的午夜，我想着他們的悲哀，竟難過得流下淚來。父親是最愛二哥和我兩人的；而現在二哥死了，我呢？將比二哥更使他們傷心！他們也真像含泥砌巢的燕子一般——『燕子含泥空費力，養大毛兒各自飛。』母親教給我的歌曲，如今是做了她自身的寫照了。

第一次逃奔

記得清清楚楚地，這是十月十八日的那天，畬吾叔母請我和父母親三人去吃午飯。這半年來，無論誰來邀我出去，母親總是拒絕，不知怎的，這次竟答應了。爲了這天中午，自己家裏也要請客，要辦菜，她沒有功夫去，只好要三嫂陪我去。名義上是陪，實際上是監視我的言語行動；父親去了，他不和我們同席，當我一眼望到坐在已經擺好了杯筷的桌子上的翔時，我歡喜得幾乎要流淚了。

『喝，你也來了！』

我驚喜地說。

『請坐，請坐，祖母爲什麼沒有來呢？』

她連忙站起來，讓出自己的座位給我坐。

這天主人是請一位新娘子，我們都是陪客。酒席有三桌，女的佔了三分之二，和我同桌的除了三嫂和新娘子而外，其餘都是「閨女」。我們像平時一般地頑皮，不住地找新娘子開玩笑；隔壁有位老太太告訴她說：

『新娘子，你不要膽小，她們兩位也快要做新娘子了，你就大大方方地告訴他們一些新娘子應當知道的常識吧！』

這話引得來賓都哈哈地大笑起來，我和翔有些難爲情，臉上紅得像夏天的晚霞一般。

酒席很豐富，本來鄉下普通請客，只有六大碗的，這天却有八碗；而且每樣菜都很合口，大家吃得歡天喜地，有說有笑的。

我在翔的腿上用力捻了一下，就算是「開步走」的信號。

誰也沒有料到在一剎那間，會發生一件興動整個謝鐸山的新聞。

正在她們敬酒敬菜，鬧得很起勁的時候，我開始實行我的計策了。

『唉喲！我的肚子痛起來了！』

我一面用手按着肚子，彎下了腰，一面表現着痛得不能忍耐的苦臉給人家看。

『該沒有吃錯菜吧？怎麼忽然肚子痛起來了？』

同席的人都放下筷子，驚慌地望着我。

『不要緊，我因爲昨夜受了涼，剛才又多吃了點東西，所以肚子脹得痛；對不起，我等一下再來陪諸位。』

假託去厠所的名義，我退席了；翔也陪我走了出來，我們真的一同跑進了臭氣難聞的厠所。

『走吧！是時候了！』

我嚴肅地對她說。

『青青知道我們的秘密了；不過沒有關係，她不會對任何人提起的，她還給了我一塊錢，這是從母親那裏偷來的。』

翔低聲地說。

『姐姐，叔叔！你們要什麼時候才能回來？』

青青忽然也趕來了，眼睛裏充滿了亮晶晶的淚珠，翔牽着她的手有點戀戀不捨的樣子，我也感到一陣陣心酸；幸虧理智在催促着我，使我不敢多有一分鐘的停留。

『青青，好孩子！不要難過，我們幾天後就有信來的；翔，再不能躭擱了，我們趕快走吧！』

從厠所裏出來，一溜就溜到後面的山坡上，兩隻惡狗汪汪地叫着趕來。從破爛的屋子裏走出一個中年婦人來，她凝視着我們，惟恐她看出了我們的秘密，我故意現着從容的態度，慢慢地走着，像散步似的；然而內心裏却像火燒眉毛一般的着急，生怕請客的主人趕來，或者翔的母親看見青青流淚，知道我們已經逃走，趕快去報告我的母親，那麼一定有人會追來的。

『翔，放開脚步走吧！那女人已經進屋子裏去了。』

我們生怕後面有人追來，一面拚命地往前走，一面又不住地回轉頭來探望，有一兩個認識我們的礦工在注視我們，我只當沒有看到一般，從容地走着。

恐怖，着急，充滿了我們的心，充滿了我們的每個細胞。爲了怕遇到熟人，我們改走了一條田徑很狹的小路；兩雙脚像車輪一般地向前滾着，兩個飛跑的影子，映在清澈的水田中，像一幕美麗的電影。

汗珠如雨點一般地從額上流下來，兩人都走得氣喘喘地，像一匹馱了千斤重擔子的駱駝一般疲勞；但絕不敢有一秒鐘的休息。

『鳴叔，要是家裏的人趕來，怎麼辦呢？』

翔，究竟比我膽小，走到半途，居然想停止下來。

『我們趕快走，他們決不會趕上的！』

『不能趕上？他們一定請男人來追，當然比我們走得更快。』

『他們這時正在歡天喜地的吃酒，夢也想不到我們正在逃奔中；我們只要馬上趕到藍田上了船，就什麼問題都沒有了。』

一座一座的山，一排一排的田，在我們的兩邊飛奔過去。

『快活呀！離開了黑暗的牢獄！永別了，美麗的故鄉！』

我自言自語地說着，不覺就到了福蔭亭。這裏離藍田只有五里路，我看看後面沒有人追來，就像一個從斷頭台上脫逃出來的囚犯，快活得什麼似的。

『翔，現在真的是我們的世界了！』

我大聲地叫着，跳着。

『不要太喜早了，等開了船再快活不遲。』

她忽然蹲下來了，因爲口渴得太厲害，所以用手掌在小溪裏掏水喝；我也似乎渴了，也蹲下來一同喝着。

『走得沒有氣力了，我們在這裏休息一下吧。』翔央求着說。

『也好，橫豎快到藍田了。』

我們坐在田徑上，談着此後的出路問題。

『僅僅只有一塊錢，怎麼夠船錢呢？』

翔總是這樣多憂多慮，那個問題沒解決，這個問題又來了。

『不能到長沙，就搭幾十里的船也好，以後我們就用逃難的方法去挨門討乞，徒步到長沙；到了那裏，就想法找工作，那麼，生活問題就可解決了。』

『走，後面有人追來了！』翔忽然慌張地站了起來；也許這是她神經過敏，覺得後面有急促的脚步聲，我回頭一看，幾隻鴨子在田裏呷呷呷地喝水。

『走吧！快到中午了，又會在藍田遇着很多挑煤炭上街的熟人。』

我催促着翔，兩人又匆匆地向前走。

雖說我們從小就在這條路上經過不知多少次了；可是除了知道一條大路外，別的小路都不會走，因此只好直接走進藍田；幸虧沒有遇到認識我們的人，這時才停住脚，鬆了一口長氣。天！這難道是在做夢嗎？

當我們正匆忙地和一個船老闆講價錢時，忽然發現了我的母親就站在我們的後面，兩個轎夫正在用衣袖擦着額上的汗，氣喘喘地望着我們微笑。

——沒有希望了，我的內心這樣喊叫起來。

母親真有超人的手腕，當她在許多人正在吃着午飯的飯舖裏，見到我們這一對叛逆的女孩時，一點也不露出怒容，反而笑嘻嘻地向船老闆及旁觀的人解釋：

『她們倆個真是未來的女博士，爲了急於要出外讀書，簡直一天都不能等；天沒有下雨，船怎麼好開呢？船老闆，你說是不是？』

『船是可以開的，不過水小一點。』

船老闆笑嘻嘻地回答，他是不曉得我們中間的內幕的，當然希望做這筆生意。

『水小，船當然走得慢，』母親繼續說：『與其在路上躭擱日子，不如在家裏多休息幾天。』

『年輕人是性急的，你老人家是來趕他們回去的嗎？』

另外一個老年人這樣問母親。

『是的，我想留她們多住幾天才走；船老闆，對不起，天老爺下了雨，再來做你的生意吧！』

船老闆的臉上浮着一層失望的苦笑，看熱鬧的人，都望着我們兩個呆子發笑，我們始終沒有開過口。自從發現了母親，我就好像一副堅固的鐵鐐已經鎖在脚上了；不，與其說脚鐐已經套上，毋寧說我的頭已安置在斷頭台上還來得恰當。到了這個時候，真的完全中了母親的話，除非變隻蚊子飛出去，否則再也逃不出她的手掌了！

我知道第一次的計劃完全失敗了，只好垂頭喪氣地跟着她回來。這一晚，她一直罵到天亮，無論什麼凶惡的粗野的侮辱我的話，一切都罵盡了；我完全像個啞吧一般，連半句話也沒有回嘴。

第二天早晨，天還沒有亮，三嫂偷偷地跑來告訴我，關於昨天我們去厠所以後的經過：

『我們老老實實地等候你和翔來吃飯，誰知等了半個多鐘頭還不見你們轉來，於是我去厠所尋找，那有你們的影兒？問翔的母親，她說不知道；有人以爲你回去了，我飯也沒有吃，立刻奔回家裏問母親，她很驚訝地說：「她並沒有回來，呵，逃走了，一定是逃走了！趕快替我叫兩個有力的轎夫來，我要追去！」母親痛駡我低能無用，並且一口咬住我是和你勾通了的；不然，又不是泥菩薩，難道走了人都不知道嗎？她一面流着淚，一面罵着就跳上了轎，自然她完全忘記了午間請客的事。』

我本來無心聽她的話，但當她形容母親那種着急的情態時，我幾乎笑出聲來。雖然我沒有走成，使她們知道一點我的厲害也好！

我和翔逃走的事，傳遍了整個的謝鐸山和整個的藍田，他們無論早晚白天，見了面，總是一開口便議論着我們「逃奔」的事：

『女人敢這樣自由行動，真是無法無天！』

『哼！無論世界變到什麼地步，女人終究是女人，要她生就生，要她死就死，什麼反對封建思想，打倒封建制度，豈有此理！一個女人居然敢說什麼反對，打倒，真正豈有此理！』

『唉！唉！造反了！造反了！世界變了！「黃花女」也敢做出逃奔的事來，還成什麼話！』

一切外面的輿論，都傳進了我的耳裏。「為了革命，忍受別人所不能忍受的侮辱和痛苦吧！」整天，我都以這句話來安慰自己。

現在的生活，比初回家時，自然更不自由，更痛苦了！自從逃奔的事發生以來，我便正式變成了犯人，朋友們寄給我的信件或雜誌，都被母親付之一炬；青青再也不敢來傳達消息了，甚至連同住在一家的姐姐，嫂嫂，姨媽，母親也禁止她們來見我。

晚上，從小小的窗子裏望去，蔚藍的天，嵌着白玉似的月亮，遠遠地送過來幾聲驚人的犬吠；我懷疑着，也許這就是我的幽靈在遊行，不久我將與故鄉做最後的訣別了！

我又想到死了！因為這種不自由的生活，實在太痛苦！假若我是被關在大的監獄裏，和許多受難者在一塊兒，我相信那時一定沒有這樣的煩悶；我們可以聊天，互相報告各人的經歷，各人的志願和興趣；可惜現在只有一個這麼孤零地過着牢獄生活的我，整天閉着嘴唇，悶了一肚子氣在心頭，沒有地方發洩。唉！豈祇沒有地方發洩悶氣，簡直我成了一隻待主人宰割的小羔羊，彷彿刀子就掛在我的頸子上，誰知道我在這世界上還可活上幾天幾小時呢？死，還是自己毀掉自己的生命吧。

——難道你真的像小羔羊一般懦弱，不能抵抗嗎？第一次失敗了，你不能再做第二次，第三次，乃至無數次的逃奔嗎？

最後，理智又得着勝利了！

第二次逃奔

在一個細雨霏霏的黑夜，我又做了第二次的逃奔者。

這天，母親因爲清理我的衣箱，累得太疲倦，很早就睡覺了。聽到她呼呼的鼾聲，我忽然又起了逃走的念頭。我知道右邊的門是鎖得緊緊的；左邊的，通母親房裏，每晚都扣上了的；從窗屋口爬出去嗎？更沒有希望，一根一根的粗大木頭釘牢了，加之又有堆積着一丈多高的磚石在阻礙着，想來想去，最妥當的辦法，只有輕輕地叫開通母親房裏的門，假借口渴要喝茶的名義跑了出去。幸運得很，起來開門的是父親，他沒有想到在這冷雨淒淒的深夜裏，會發生一件他意想不到的陰謀，他摸着開了門後又躺下了。

我忽然聽到三嫂的女兒在啼哭得很厲害，就悄悄地走去叩她的門，問孩子爲什麼這樣哭得兇，是不是餓得太厲害了？她很驚訝我半夜三更，怎麼能夠跑出來；我告訴她是得到了母親的允許的，她才敢開了門讓我進去。

『今晚我就在你這裏睡了吧，剛才我做了一個惡夢，一個人睡，怪害怕的。』我哀求她。

『不能，不能！如果母親知道了，會罵死我的，我受不了，還是點了燈送你回去吧。』

『一切有我自己擔當，你放心好了。』

十分鐘後，母親來到三嫂房裏尋我了，她用提燈向我的臉上照了很久，然後大聲地叫着：『起來，到那邊睡去！』

『媽，妹妹睡覺了，不要喊醒她吧；在這兒睡一晚，沒有關係。』

三嫂聽到我的鼾聲，以爲我真的睡覺了，其實她們那裏曉得這又是我的空城計呢？

『好，如果她明早不見了，就只找你要人！』

『笑話，同在一張床上，失掉了一個人，還成什麼話！』

我暗地裏在感謝三嫂，要不是有她擔保，我如何逃走呢？

雨，越下越大了，整個天空，是黑漆漆的，爲孩子而受折磨的她，早已熟睡得像泥人一般了。

靜悄悄地，我爬了起來，開了通後面山路的房門；忽然我家的那隻黑狗汪汪地大叫了幾聲，我惟恐驚醒了三嫂或者母親，故意摸索着往厠所裏一躲；狗認識是主人，也就停止了吠聲。

從厠所裏出來，我又輕輕地摸着走上了一條小路，我決定這次不經過藍田了，要另外發明一條沒有人走過的路；不過一想到什麼山上都有挖煤礦的人，我又害怕了。天，半夜三更，又是大雨滂沱的夜裏，他們不把我當做鬼打嗎？

雨，稍爲停止了，空中忽然現出一道灰白色的光輝來，也許真的是菩薩賜給我的一線光明吧？

沿途的犬吠聲不絕，我的心是這般突突地狂跳着；我不敢回頭，時時刻刻都感覺到有一雙惡魔的巨掌，好像就擱在我的後頸上似的。

不顧性命地只管向前奔跑，山路是這樣崎嶇，加以雨後泥濘不堪，更難行走。我已經跌倒四次了，滿身都是黃泥，臉也弄髒了，連眼皮上都有泥。我沒有想到假使明早有人見到我，會不會將我當做鬼打。我只是飛也似地爬了高山，又跑過平地，像有無數敵人，在後面追我一般迅速地狂奔着。

突然，我從山上滾到一條小溪裏來了，臉部和手，都被荊棘刺得鮮血淋漓，腿上的皮更不知摔破了多少，全身已經濕透，現在我真的變成一個泥血模糊的野鬼了。

——天呵，救救我吧，生死存亡，就在今夜決定；如果再逃不脫，我這一生就這樣完了！

我對着茫茫的，黑暗的天空，默默地坐在地上向蒼天祈禱。

遠遠地望去，似乎有一點紅光在閃動；起初，我以為是流星，抬頭望望漆黑的天空，決沒有星星出現的道理；然而奇怪，紅光越閃越近，越來越大了！這究竟是怎麼回事呢？也許是燐火吧！小時候常在夜裏望到對面山上有紅光射出，越積越多，母親告訴我說，這是鬼火，（即燐火）凡是出現了鬼火的地方，不久一定有火災的。不錯，這一定是鬼火，不然，為什麼越來越大呢？

不知怎的，我有點害怕起來了！似乎從遙遠的火光裏，發現了一個巨大的黑影，這黑影，張開着兩手向我撲來。天，這難道又是來追趕我同去的惡魔嗎？

不！絕對不是的。這是一座人跡罕到的森林，鬼都不會知道我躲在這裏；何況又是雨夜，她們又睡得那樣沉熟，那裏還會想到我已逃走了呢？恐怕連夢都沒有夢見吧？

那麼，那斷斷續續，愈來愈近的火光，究竟是什麼呢？我又想不管它是鬼火也好，人火也好，趁着它還沒有照到面前的時候就溜開吧，免得真的遇着鬼害怕；如果是人，他也會把我當做鬼打的。

我迅速地站了起來；可是一雙腿子像鎖上了百斤重的脚鐐似的拖也拖不動，週身像發瘧疾似的不住地顫抖，我索性又坐了下去，閉着眼睛，細細地分析那紅光究竟是什麼東西。

——呵，明白了，那一定是二哥的靈魂，在拿着火把歡迎我去；他是不能離開我的，他曾經說過他和我的關係，好像人的肉體和靈魂，雖然人是死了，靈魂還是有知的。他也許在陰間生活得太寂寞，太淒涼了，所以來接我一同去生活。我近來的痛苦，他也許在冥冥之中完全知道了，最愛我的二哥，你難道真的來救我了嗎？

當我睜開眼睛向前仰視時，忽然發現兩個高大的鬼影，站在離我不遠的溪澗上，有一個高高地將火把舉起，大聲叫喊着：

『喂，你看，在那裏，在那裏！』

這時，我週身的血液都沸騰起來，不問那兩個黑東西是鬼或是人，立刻放開脚步就跑。誰知還跑不上五十步，我便被黑影的巨掌抓住了！

『鬼，鬼，鬼！』我大聲地叫喊着，每根骨骼都嚇軟了。

『嗚小姐，我們是人不是鬼，你不用害怕，和我們回去吧，你媽媽很躭心你深夜受了驚呢。』

天！這明明是來抓我回去的惡魔，我詛咒他們，痛罵他們是可惡的東西，爲什麼好好的人不做，要做專制魔王的走狗。

任我如何咒罵，他們總是置之不理。起初是很客氣地帶着懇求的語氣要求我回去，後來見我的態度太頑強，又亂罵了一陣，於是他們就動起武來，兩個人一同把我拖了走。

快走近家門了，我才發現前面還有一條黑狗，迅速地向牠的主人那裏奔去；原來能找到我的所在的，不是他們兩個，而是一條小黑狗的功勞。

家裏所有的人，除了小孩，統統都起來了，堂屋裏的神燈也點着了，亮晶晶地像過年似的熱鬧。

『你們在什麼地方拖了一個鬼來了，趕快把她摔出去，不要嚇壞人！』

母親兇惡的臉孔，比閻王還可怕；可憐的三娘，眼皮紅腫地呆望着我發抖，我用感激與悲憤的眼光囘答了她。雖然我又囘到了牢獄；但能實現我的計劃做第二次逃奔的，我却不能不感激她。

第三次逃奔

距結婚的日子，只差二十天了，蕭家去了好幾個電報，催促蕭明即刻囘家；他因爲接到了我那封抵藍田時，發給他的哀的美敦書，所以不敢囘來碰我的釘子。兩家的父母都很着急；尤其母親簡直像熱鍋上的螞蟻一般，白天行坐不安，飯也吃不下，連最愛的酒也不喝了；晚上，更是通宵失眠，不是咒罵我，便是找父親埋怨，說他不該送我讀書的，否則她早已做了外婆，何至於到現在還沒有把我嫁出去。她最擔心蕭明不要我了，她就非自殺不可！

嫁粧和一切的日用品，吃的，用的，甚至連小到去厠所用的草紙，都準備好了。在父親面前，我已好幾次很坦白地告訴過他：

『卽使硬把我抬到蕭家去，也只有兩個前途給你看到……不是自殺，便是逃走，永遠不歸家。爸，你絕對相信我的話好了，所有東西都不要抬去，免得白白地送給人家。』

聽說，這些話父親也曾對母親講過，而且根據我兩次逃奔的事實證明，他也相信我的確不會和蕭明結合的；但母親堅持着她的見解：

『自殺？她是故意說來恐嚇你的；逃走？她嫁過去，一個人守着這許多東西，就會捨不得離開了；何況女人只要到了男人手裏，無論她怎樣強悍，也會像小羔羊一般溫柔的。假若蕭明是聰明的，待她特別好一點，我怕她永遠也不想往外面跑了。』

唉，母親是這樣被聰明誤了！她根本不了解女兒的思想和性格；她以爲豐富的物質，可以引誘我，甚至改變我的思想。在距離結婚期只有十天的那一日，把部份嫁粧預先送到蕭家去了；我却暗暗地嘆息她的失策，因爲她把自己辛辛苦苦地積聚了十餘年的財產，無條件地送給人家去享受，未免太可惜了！

第三次，我又逃奔了！

誠如姐姐所說，任我怎樣飛，也飛不出母親的籠子。

這囘來趕我囘去的，不是母親，也不是農夫；而是穿着紳士長衫，搖搖擺擺走着大步的大哥和姐夫。當他們在一間舖門口攔住我時，我立刻從懷裏取出早就預備好了的小刀架在自己的頸項上，向他們嚴重地抗議：

『這次如果你們再把我拖囘去，我就立刻死在你們的面前！』

大哥連忙從我手裏把刀子奪過去，也像我剛才一般架在他自己的頸項上說：

『如果你這次囘去還受虐待，不許你出來，你可以用這刀子殺了我！』

『而且也殺了我吧！』，姐夫又從大哥的手裏奪過刀子來：『兩條性命，總可抵得過你一條吧。』

他們的話，雖然說得十分堅決；但我仍然懷疑，我再也不願入他們的圈套了，我有自己的主張，寧可死在路上，不願再囘家。

他們知道和我講道理是講不通的，惟一的對付方法，就是要那兩個預先雇好了的壯丁，用武力抬了我囘去！

圍着看熱鬧的人，越來越多了，路上簡直擠得水洩不通。因爲我這次是化裝一個中年農婦逃走的，所以來看熱鬧的男男女女，沒有不哈哈大笑的。年老的婦人，有些看到我含淚的愁容，也有陪着我流淚的；不過這並不是說她們了解我的苦痛，同情我的境遇，她們是在一剎那間，見到了我的苦痛的表情，所發生的感情反應而已。

經過兩小時的糾纏，終於又被他們拉囘去了。

奇怪，這次回去，母親半句話也没有說，父親只用氣得發抖的眼光望了我一下，便低下頭來默不作聲。房子裏，堂屋裏，處處都可聽到像老鼠剝谷似的竊竊的私語；然而她們見了我這種化裝農婦的模樣，誰也不敢笑出聲來；只有芸寶在問她的母親：『媽，姨媽爲什麼穿這樣的醜衣服？』姐姐連忙搖了搖手，孩子也就不再說話了。

這次我再也不能緘默下去！只等誰先開口罵我，我就要和他大罵一場。自己的生命，決定在這次最後的掙扎中犧牲；我寧可給社會駡我是叛徒，是逆女，却絕不願屈服在舊禮教之下。我的膽量很大，絲毫也不顧慮什麼，我靜靜地候着那一幕流血的慘劇到來；誰知什麼都没有，大家靜默到像啞子一般，我吃了一碗飯後，便躺下休息去了。

結婚的日子快到了，蕭明還没有歸來。他家裏雖去了好幾個電報，據說得到的答覆老是『電悉，緩歸。』

蕭家已決定先將新娘子接過去，等新郎回來後再舉行婚禮。起初我滿以爲母親會答應這個要求的；誰知她害怕我一到蕭家便溜走了，對於她的名譽有損失，所以一定要候蕭明回來才許迎親。

三天以後。

『新郎回來了，恭喜恭喜！』

媒婆坐着轎子來催親了！全家都忙得像火線上作戰的兵士一般，姐姐和三嫂常常偷偷地跑來我房裏流淚，嘆息；她們的內心充滿了恐怖和憂愁，誰都害怕那一幕意想得到的悲劇，也許會發生在洞房花燭之夕。

『唉！如果有什麼變故，可惜丟掉了一肚子好書。』三嫂嘆息着說。

姐姐也嗚咽地哭起來了，她們這時雖坐在母親的房子裏，但她的淚水，好像都流進了我的心窩似的感到難受。

大嫂，姨母，六祖母都來婉勸我，恭賀我，說着什麼『菩薩保佑你』的話，有時我聽得討厭起來，就恨恨地回答她們一聲：

『菩薩保佑你們吧，我自己也快要做菩薩了。』

孩子們在掛着彩燈的堂屋裏跳着，笑着，小嘴裏塞滿了蕭家送來的糖果，快活得像過年一般。

謝鐸山的每個人，都在等着看一幕又喜又悲的趣劇。一個怪物—叛逆的女性，做了他們茶餘酒後的話題。整個的鄉村，都被這怪物轟動了！他們批評着，討論着，猜想着她未來的命運和前途。

翔也被母親請來吃喜酒，她見我每次逃奔都失敗，所以對我居然說出這樣沒有志氣的話來：

『嗚叔，這一個月來，你也太苦了，照一照鏡子吧，看你現在瘦成了什麼樣子！我勸你這次過去，還是算了吧！』

『你不想逃走了嗎？好一個没有勇氣的弱者！』

我望望房子裏只有我們倆個，所以大聲地責備她。

『我不想奮鬪了，就這樣活活地讓封建家庭毀滅了吧。』

『爲什麼你這樣懦弱？』

『一個人的力量有限，我不能奮鬪了！』

『好，那麼你就服服貼貼地屈服了吧，能夠服從父母之命，媒妁之言的，真不愧是一個舊禮敎的忠實信徒！』

我以這樣的話來刺激她，滿以爲她也許會起一點反應；誰知她只冷笑了一聲，同時帶着譏諷的語氣問我：

『你奮鬪了這麼久，有什麼結果没有？』

『哼！結果？你看吧！』

兩個從小在一塊長大的好朋友，至此便完全失去了感情，彼此都看不起對方，認爲對方的理想與行動都是錯誤的。

沉默支配着我們，各人的目光，集中在熊熊的火爐上。

這是我們最後的見面，當我做了第四次的逃奔者，離別了故鄉，一直到現在，這位被舊禮敎摧殘了的翔，聽說已做了三個孩子的母親，我時時都在懷念着她，可憐她。

第四次逃奔

我做了傀儡戲的主角，一幕有趣的悲喜劇，終於開演了。

這並不是我投降了封建社會，也不是爲着好奇心的驅使，故意要玩這一套把戲；而是我看到母親太苦了，我可憐她，不忍使她太傷心，願意給她一點暫時的安慰。當然，最大的原因，還是在我根本認淸楚了，我反對的並不是母親，而是整個的封建思想，只要最後的目的能夠達到，短時的忍痛犧牲，是沒有什麼不可以的。

誰相信呢？我竟做起新娘子來了！到現在回想起來，我只覺得有趣，好玩，一點也不覺得那是一種曾經我認爲最痛心，最恥辱的投降了封建社會的行爲。

唉！真要詛咒鄉間的偏僻，連攝影師都找不到一個；如果把我那天戴鳳冠，披紅綢，坐花轎子的照片攝下來，我想比我所描寫的一定要有趣萬倍。

我穿的是一件淡藍色的綢衣，裙子是紅緞的，比做學生時穿的要低很多；一雙綉花的紅緞鞋，只許新婚的那天穿，第二天就只能送給別人用。這是我們鄉下的風俗，說這雙鞋，會踏破一切不幸的遭遇；但在另一方面，却有很多人搶着穿這一雙「吉利鞋」，真是可笑的矛盾。

我的頭髮，雖然蓄了半年，仍然是那麼短短地不能覆額，這是使母親最傷腦筋的一件事；被請來替我開臉❶裝飾的就是翔的母親，她在用香油把我的頭髮梳得亮光光之後，就開始替我畫眉，施起胭脂水粉來。

『這些都用不到，度嫂嫂，讓我保持着本來面目吧。』

我嚴肅地說着，很不客氣地推開了她的手。

『無論誰在做新娘的這一天，照例都要來這麼一套的；何況你這個漂亮新娘，假如再加上些胭脂水粉，簡直像仙女下凡呢，哈哈！』

我知道這是她諷刺我的話，因爲我的皮膚在當兵時早就曬黑了的，兩頰上已有少數黑斑，她要替我施粉，無非想使我成爲舞臺上的丑角，我覺得太受侮辱了，始終堅決地拒絕了她的好意；倒是母親聰明，她連忙說着：

『好的，好的，就讓她是本來面目吧，自然之美，比人工美還要可愛得多呢。』

於是這一場爭執，總算和平地解決了。

我戴上笨重的鳳冠，披上大紅的綢巾，整個的頭部都被罩着了，視線從綢子裏透出去，一切都是渾紅的。度嫂像牽瞎子似的挽着我走到堂屋，先參拜天地祖宗，再拜別父母及其他親族。

普通一般新娘子上轎，都是先要哭紅眼睛，纔算是個多情的姑娘。我本來可以不哭的，因爲我對於這充滿了封建思想的家庭，不但沒有絲毫留戀，而且我十二分痛恨這個家，自然沒有眼淚可流；但是不知怎的，在上轎門的一刹那，聽到姐姐和嫂嫂她們的哭聲，我也不知不覺地痛哭起來了；這哭聲，一直繼續到十餘里外，與其說這哭是爲了悲傷我自己，毋寧說我是在哀哭母親將從此看不見她的愛女了！

轎子由四個人抬，門是鎖好了的，四面都用紅綢子遮着，每經過有村落或市鎭的地方，便有人放鞭炮；凡是放過鞭炮的人家，就有權要求放下轎來看新娘；最討厭的是，有些不講理的女人，她揭開轎頂，一手就把我低着的頭捧起來，說着各種各樣批評新娘子的話。好幾次我想伸手刮她兩個耳光；但又怕惹出事來，阻礙了那些浩浩蕩蕩的行列，只好忍受着說一聲：

『請不要動手，你們儘管用眼睛看好了。』

『好傢伙，你這新娘惡死了！』

有時聽到她們的回答，我忍不住暗笑起來。

由我家到蕭家，約有三十里路程，要經過許多小市鎭和山坡。那天抬嫁粧的，抬轎子的，連同音樂隊，總計大約有七八十人，一路吹吹打打，倒也十分熱鬧。我坐在轎子裏，把綢巾揭開，用吊在胸前的小鏡子照了一照，覺得自己完全變成了戲臺的丑角，我幾乎要笑出聲來。再看看這雙曾經穿過四個多月草鞋底脚，如今却穿上了綉花鞋，實在太看不順眼；尤其這雙握過槍柄來的手，現在套上這些金戒指，玉手鐲一類的東西，真是庸俗不堪！最討厭的，還是扣子上掛着那兩個一斤多重的古銅錢——她們說這個古錢就是照妖鏡，帶着可以驅除一切邪魔的，壓得我簡直抬不起頭來。

坐在轎裏，有時我的心情很平靜，覺得這些有節奏，聲音抑揚的古樂，非常好聽，這是個難得的機會，我應該靜靜地欣賞，不要想到別的事情；但這只是一刹那的感覺，另一種心情又來襲擊我：

——爲什麼不弄一枝手槍來，假若今天我突然從轎裏放起槍來，一切人都會嚇得魂飛魄散，抱頭鼠竄，那時我不是可以從從容容地逃走了嗎？

——最好在他們舉行「拜堂」儀式的時候，我突然從人叢中跑出來站到桌子上去，用演說的聲音和姿勢，痛駡他們一頓，也可發洩發洩胸中的悶氣。

——最麻煩的恐怕還是今天晚上的這一關難過，對方假使是個不講理的蠻子，說不定今夜就有慘劇發生。

——是的，爲了我未來光明的前途，目前一切痛苦我應該忍受；不過他若強迫我成婚呢？怎麼辦？我絕對不能忍受，我要反抗，我不能做這種無謂的犧牲。處女的貞操，不能爲一個與他毫無愛情的男人而犧牲，我寧可和他拼命，絕不能屈服！

——逃走嗎？也許此後更困難了，我應該隨時觀察環境，好好地運用我靈活的腦子，我相信只要有決心，有勇氣，終有達到目的之一日！千萬不要害怕，不要灰心，以你的機警和勇敢，難道還會失敗嗎？

我這樣自己勉勵自己。

在所有的人都以爲我到底還是投降了舊禮教的時候，我却又在計劃着第四次的逃奔。紅轎抬進了蕭家的門，鞭炮響得更熱鬧了，這時任我如何鎭靜，也禁不住心頭亂跳。一位四十多歲的穿着新衣的女人，開了轎門把我攙出來，先在華初的屋子裏坐了一會，然後再鳴炮「拜堂」。

華初是媒婆的女兒，她曾經隨着她的母親在大同女校唸過書，我很喜歡她，一見面就談起話來，使得許多觀衆都驚奇。她們說：『到底是當過兵來的新娘子不同，大大方方，一點也不害羞。』

我没有違背他們的意思，也不使送我來的父親，受到難堪，我完全像一個木偶，任他們搬出演戲；只有三跪九叩首的儀式，我用三鞠躬來代替，其餘按照他們要我表演的節目，我一一都做到了。

『到底是讀過書來的明理，並不反對這種舊的結婚儀式呢！』

蕭明的父親很高興地向別人誇耀着說。

夜，在熱鬧的空氣中來臨了。房子裏擠滿了鬧新房的來賓，照例没有女人參加，只有兩個五六歲的小姑娘，夾在他們裏面湊熱鬧。在這一羣人當中，有一半是親戚，一半是蕭明的同學，我用了很巧妙的方法應付他們：起初任他們如何瞎鬧，我總置之不理，像一塊木頭似的不說也不笑；等到他們說那些使我討厭的無聊話時，我便板起鐵一般的面孔來，大大地敎訓他們一頓，結果他們感到没趣，不到十二點，就大家自動地溜走了。

我故意把燈心弄得很小，房子裏顯得黑暗陰森。我坐在將要熄滅的火爐邊，默默地想着蕭明方纔一個人溜出去，許多人追趕的一幕；從他那勉強苦笑的表情上看來，可以知道他的心也是很苦痛的。

他像幽靈似的，輕輕地推開門進來了，我的視線仍然注視着火，頭低得幾乎要碰着膝蓋了，他用火鉗添了些炭在爐子裏之後，就坐在我的旁邊。

『今天太委屈你了，不要難過吧，遇着這樣頑固的家庭，也真没有辦法。』

他的聲音是淒慘而顫抖着的，這時我忽然有點可憐他的感覺。

『本來社會就是一個大舞台，人生就是一幕悠長的戲劇，每個人也都像舞台上的演員，有時演喜劇，有時演悲劇；不管這主演者認爲這劇是值得演或不值得演，只要劇中的情節，不論是現在，或者將來，能夠使觀衆受到刺激，得到教訓的都可搬上舞台來演。』

我像說教似的回答他。

『那麼，我們今天演的戲是悲劇呢，還是喜劇？』

『在你看來自然是悲劇；我看却是喜劇呢。』

『這話怎麼講？難道你始終要想逃走嗎？』

『對不起，我們還是平心靜氣地談談怎樣結束這幕傀儡戲吧。』

足足有十分鐘，兩人都沉默着，連一聲輕微的嘆息都沒有。到底是我的頭腦清醒，我開始把沒有愛情而結成夫婦的苦痛，從頭至尾又詳細地說了一遍；起初他像很同情我似的點頭，等到要他表示意見時，他却堅決地說：

『你對我沒有愛情；可是我是從小就愛着你的，我不能離開你，隨你用什麼冷淡殘酷的手段對待我，我始終是熱愛着你的。』

『愛情不能帶有絲毫的強迫性，她是絕對自由的。不能強迫一對沒有愛情的男女結合，也不能強迫一對有愛情的男女離開。你愛我，那是你的自由；我不愛你，也是我的自由，我不能禁止你愛我，正如無法勉強我愛你一般。爲我們的前途打算，還是很理智地解除婚約，你去娶一個你理想中的妻子，她能永遠地安慰你，幫助你成家立業；我去和我理想中的愛人結婚，過着甜美幸福的生活。這樣，對個人對國家都有好處，不要固執着你的見解，而誤了兩人的前途。』

整整地談判了一夜，仍然沒有結果。外面有幾個人在偸聽；不過我們都是說的長沙話，那些鄉下女人，是聽不出什麼來的。

第二夜，仍然沒有睡，繼續談論這個有關終身大事的問題。

他的母親，開始責備他了，說他太蠢，不應該把寶貴的時光，犧牲在談話上面。

『她既然坐紅轎子來到了我家，那麼生是蕭家的人，死是蕭家的鬼；你是她的丈夫，要怎樣，就怎樣，難道她還敢有什麼不服從的嗎？只有死貓纔讓老鼠子從牠的嘴邊逃掉。』

說良心話，蕭明是個善良的人，他並不兇惡，也不想強迫我成婚；他了解我的個性，了解我的思想和堅強的意志，知道如果用壓迫的手段對付我，只有把問題弄得更嚴重，更難解決。

『難道你真的這樣無情嗎？我們連朋友的感情都夠不上嗎？我不是強盜，更不是猛虎，我不會吃掉你或傷害你的！請你相信，我是絕對地愛護你的名譽，顧到你的前途的；而你就不肯給我一點愛情的安慰嗎？即使你可憐我，施捨給我一點點愛情，我也需要；不！即使是你暫時欺騙我的愛情，我也需要！嗚，你真的這麼殘忍嗎？……』

他說着，亮晶晶的淚珠從他眼裡流下來了，我心裡非常難過；但堅強的意志，絲毫也不爲他的眼淚而動搖。

『愛情不能施捨，更不能欺騙！我可以把你當做是我的好朋友；然而我絕不能給與你超乎友誼的愛情。我不能犧牲我的主張，不能做你的妻子；你如果想要享受人間的幸福，就請趕快和我解除婚約，另娶一個女人吧！』

他的淚越流越多，我遞給他一塊手帕，他擦了後又退還給我。

『假如在你沒有來到我家就解除婚約，還沒有什麼關係；現在我們已拜過天地祖宗了，他們正在歡天喜地爲我們慶祝，你的父親也還在這裏；倘若真的發生離婚事件，不太使我的面子難看嗎？我即使能忍受，我的父母也一定不答應的！一個好好的新媳婦，剛接上門來就跑掉了，你要我的父母此後如何作人？何況你這一走，對於你的父母，以及自己的名譽，也有很大的損失；倒不如我們勉強同居一個時期，等到了實在不能忍受時再說吧。』

聽了他這段話，我對他無形中起了一種很大的反感，知道所謂什麼面子名譽也者，不過是他在想苟延封建勢力的殘喘。我這時並不和他爭辯，腦筋突然變得聰明起來，我想：我不應該老是那麼強硬，爲了要爭取最後的勝利，現在不妨運用一點手腕，於是就很誠懇地答應他：

『好的，暫時忍受着吧，問題總有辦法解決的。』

第三天，父親回去了，他已經知道我們兩晚來都沒有睡覺，整夜都在討論那個問題，他假裝不知道的，臨別時，特地來我房裏坐了一刻，他再三地囑咐我：

『再不要鬧出什麼事來了，安心地住下去吧；過了年，你就可以到大同女校去教書。』末了，又對蕭明說：

『你是知道的，她的個性很強，你將就一點吧。』

送別父親走後，我回到房裏，忽然大哭起來，連自己也不知道今天怎麼感情衝動得這樣厲害，我害怕從此再也看不見父親了。平心而論，父親到底是愛我的，不像母親頑固不講理……越想越難過，終於迷迷糊糊地哭暈了。

這一夜，我的精神再也支持不住了，就鋪開那條翠綠的綢被和衣而睡，留下那床粉紅的緞被給蕭明用；我像偵探似的等着觀察他的動作，出乎意外地，他是那樣尊重我的人格和自由。他悄悄地睡覺了，我一面感激他，一面覺得他也應該如此的。

後來我仔細研究他爲什麼待我這麼好呢？原來是另有作用的：他知道我在家裏奮鬪了半年，接連着逃走三次，精神上受的刺激太多；倘若再不順從我的意志，一定會演出可怕的慘劇來。故鄉的風俗，新婚後三日，新郎新婦要雙雙回到娘家，這叫做「回門」。在家住了兩天，母親一點也不知道我和蕭明只是名義上的夫妻。兩天後，又回到了蕭家；這時正是舊曆的新年，幾乎每天都有人請吃飯，一天到晚，都是那麼忙忙碌碌地過日子，倒也不覺得太痛苦。蕭明是在用一種軟的方法對付我，他有他的自信力，以爲只要暫時犧牲一下，我終久是屬於他的。

由長沙打來兩個催他去的電報，（那時他在公路局服務）他母親堅決地挽留不許他走；他知道在家只有苦受，何不跑出去呼吸自由的空氣，讓我將來有一天自動地去找他；這是他的夢想，然而由此可知他用心之苦。

『我是絕對尊重你的自由，我正像你一樣，被家庭逼迫着，不能不同來演這一幕戲，現在一切由你去處置吧，反正我是永遠地愛着你的。』

當他臨別的晚上，這樣向我說時，我決定同他一路走。他母親生怕我在半路逃走了，無論如何不答應。我爲了要實現以退爲進的計劃，索性就順從她的意思，決定好好地在家做一個賢良的媳婦。

事情決不是我想的那麼簡單，蕭明的不侵犯我，給與我暫時的自主，原來是有極大作用的；他走，以後，把看守我的責任，鄭重地交給他的母親。那位老太太，在表面上看來，的確是很慈祥的；實際上她的厲害，並不亞於我的母親。她藉口躭心我寂寞，找一個小姑娘來陪我睡，卽使我去厠所，小姑娘也要跟着，眞是討厭極了。還有比這更氣人的；有一天晚上，我因失眠，想開了門出去看月亮，誰知門被鎖着了。當時我並不驚訝，我覺得這只是鄉下人的愚蠢，可憐。能鎖住我的軀殼，不能鎖住我的靈魂。一顆愛好自由的心，時時都在天外飄盪；不過家庭監獄的滋味，我又第二次嘗到了。

我完全改變了生活的方式，極力模仿鄉下人的一舉一動，整天幫着他們餵豬、養雞、掃地、拭几；只有生爐子這件工作，學了好幾次都失敗了。老太太並不責備我，有時看着我收拾盌筷來洗時，她連忙說着體貼的話：

『你在學校，從來沒有做過這些事的，少操點心好了；你還是個新娘子，不做事，也沒有人敢說話的。』

雖然蕭家是個土財主，也像我家一樣只僱男工，不用女僕；因此做飯洗衣一類的事情，都是自己動手，好在我是從小就勞動慣了的，一點也不感到辛苦。

短短地一週的生活，過得非常平靜。我是抱着奮鬥到底的決心，在忍受着目前的遭遇，媒婆每天都到老太太那邊來坐，有次她特地提高了嗓子說着誇耀的話：

『我早就說過的，新娘子過了門就好了，你瞧，有誰比得上她的能幹！不但文武雙全，連家庭的瑣事，她也件件都會，眞不知你老前世積了多少德，纔得到這麼一個好媳婦。』

『哈哈，這要感謝你這位好媒人，讓我們得到一位這麼好的媳婦，我們真沒想到她也會治家呢。嘿嘿嘿！』

老太太的嘴都笑歪了。

『唉！不得了，不得了，土匪來了！趕快逃呵！』

有一天，正在吃早飯，忽然聽到外面人聲鼎沸，跑出來一看，只見有的提着箱子鋪蓋，有的扶老攜幼，叫的叫，哭的哭，匆匆忙忙地都向後面的山坡上奔去。我只將一本日記塞在口袋裏，鎖上門就跟着她們一起逃難。老太太和蕭明的嫂嫂都是小脚，走一步要退囘兩步，真是可憐極了！我這時右手扶着老太太，左手牽着一個孩子，好容易走到了王家坳一個佃戶家裏休息。從那些密密的竹林裏，很清楚地看見土匪在村莊上來來去去，至少也有三四十人。

『完了，完了，你的嫁粧都要被刼了，唉！一點也沒有搬出來。』

老太太着急得全身發抖，我連忙安慰她：『俗語說，留得青山在，不怕沒柴燒，只要人逃出來了，東西丟了不要緊的。』她又掛念着她病了的丈夫，和那個快要生產的三媳婦。我爲着要安慰她，就在土匪退後十多分鐘，冒險走下山來，看護病人和產婦。老太太滿以爲我趁着兵慌馬亂的時候會逃走的，囘來一看，那知我正在爲他們準備午餐。

『她實在太好了，逃難的時候，處處照應我們，自己餓着肚子，連忙向莊家買了雞蛋來煮給我們吃，知道我掛念你和三媳婦不能逃走，又悄悄地跑下山來；不怕艱難，不怕危險，真是個有情義有俠氣的人。』

老太太很興奮而又感動地，向她的丈夫說着稱讚我的話，這時我倒覺得慚愧起來。從這次以後，我在蕭家建立了很好的信譽，老太太和全家大大小小的人都喜歡我、信任我，再也不害怕我發生意外；自然，門上的鎖早就取消了，小姑娘再也不做我的義務侍從。

我知道時候已到，先把路費準備好，只要我得到一個比較妥當的機會，就可實現我的願望了。

機會實在再湊巧也沒有，正在想着不知要採取什麼方式逃走纔適當的時候；突然我父親着人送來一紙聘書，打開一看，是大同女校的吳校長聘我去當六年級級任的信。我真是狂喜得跳起來，連忙煮好飯菜給工人吃了，打發他走後，就拿着聘書向蕭明的父親請示：

『方纔家父特地着人送來大同女校的聘書，吳校長找我去當級任，每年有二百四十元的進款。那邊離家裏很近，我可常常回來照料兩位老人家；何況一年至少也可餘存一百多元回來，買點補品孝敬兩老，因此我特地來徵求你老人家的意見，不知道允不允許我去？』

遲疑了約莫有兩三分鐘的光景，老太太皺着眉頭問他的丈夫：

『你說她去不去？蕭明那孩子該不至於反對吧！』

『他有什麼可反對的？教書是好事；何況又是她的母校，今天親家翁②特地着人送聘書來，自然不好拒絕。』

我真不知要說什麼話來感謝這兩位老人家，他們很放心地答應我走了。是一個明朗的春天早晨，太陽剛從雲端裏露出半個臉來，我便收拾好了行裝，孩子們都用留戀的眼光望着我問：

『嬸嬸，你幾時回來？』

淘氣的華初，也蓬亂着頭髮來送行，她說了一句令我不高興的話：『嬸嬸，你該不會一去不返吧？一定要回來喲！』

『瞎說，我一個月會回來兩次的。』

老太太並沒有留意我們說的話，她正忙着煮雞蛋，炒豆子給我帶到路上去吃。

『再見吧，媽！』

當我跳上轎子，用最親切的聲音叫喚這一聲「媽」時，我發現老太太在用袖子擦她的眼睛。

唉！可憐的老太太，你將永遠見不着你名義上的媳婦了！

我也有點感到惜別的難過；可是不到五分鐘，我又爲自己那快要降臨的光明底前途而微笑了。

我去得太早，學校還沒開課，除了兩個校工之外，教員學生一個也沒有來。

唉！機會實在太妙了，難道這是上天特地爲我安排的嗎？

對着那所空洞洞的房子，我快樂得連眼淚都流出來了。

從校工那裏，得到一個關於校長明天就要由鄉下回來的消息，我想，要走最好就在今夜，他一來，就麻煩了：一來我們過去是老同學，這次他要我擔任畢業班的級任，自然是希望我至少能敎完這一學期；假若我還沒有敎就開小差，不但對不起他，蕭家找他要人，又怎麼辦呢？還有，我若是在他來了之後逃走，即使他不着人來追趕，至少也會把這消息通知我家或蕭家的。走罷！再不能容許我猶豫了！

就在這天晚上，我親自去僱了兩個年富力壯的轎夫來，趁着黑夜，從錫礦山那邊繞着小路向長沙進發。

第二天清早，我下來步行，讓轎夫跟隨在我的後面，我像一個詩人，在翠柳依依的提岸上散步似的，慢慢地走着，嘴裏輕輕地哼着沒有韻的調子：

永別了，我的故鄉！
美麗的故鄉呵，
有翠綠的青山，
有潺潺的流水，
杏桃如畫，
垂柳如絲。
美麗的故鄉呵，

曾陶醉了我兒時的心靈，
葬送了我寶貴的青春。
到現在，只剩得心坎上的血痕深深。
封建社會的猛虎，
想要吞沒這顆黑暗中的明星。
奮鬪呀！
只有奮鬪才能得到最後的成功。
永別了我的故鄉！

❶把臉上的汗毛除盡，叫做開臉。
❷親家翁，就是指我父親。

解除婚約

到了長沙，我第一件大事，便是寫信給蕭明，徵求他同意登報解除婚約。一星期後，他的回信來了，說了許多不願意的話；接着我又去了一封長信，我一面請求他成全我的志願，一面也爲他未來的幸福着想，希望他仔細考慮，不要再蹈痛苦的覆轍；最後，他同意了，當我們那個解除婚約的啓事在報上登出來之後，我高興得好像瘋了似的，連忙買了兩瓶酒來，一個人躲在大哥的廚房裡喝個爛醉。想到蕭明看了報，說不定正在愁腸百轉，悲憤萬分，唉！一喜一憂，這眞是無可奈何的事！

大哥對於我這次的突然離家，非常不滿意，當他看了報上那個啓事的時候，他似乎很不高興地對我說：

『你這種獨斷獨行的作風，我實在不贊成；關于和蕭明離婚的事，爲什麼事前不和我商量一下呢？』

『我根本沒有和他結婚，爲什麼要說離婚？事情已經過去了，請大哥再不要提起吧。』我大膽地回答他。

『妹妹有她自己的主張，用不着你干涉。』

大嫂這兩句話，暫時使我們沉默下來。

住在大哥這裡，雖比家裡自由，仍然感到有一種說不出的壓迫。每次吃飯的時候，他總要說幾句敎訓我的話；加之這位大嫂是新化縣城裡一位相當有名的太太，（這是第三個大嫂，前兩個早就去世了。）她長得又矮又胖，臉龐倒很豐滿，皮膚又白又嫩，口齒非常伶俐，卽使是一句罵人的刻薄話，到了她嘴裡，也會變成贊美的詞句了。我常把她比成紅樓夢裡的鳳姐，眞是嘴甜心苦，厲害萬分。有時她愈說着恭維我的話，我便愈感覺她在挖苦我、諷刺我，催促我快點離開這個家。

——唉！人海茫茫，何處有我揷足之地呢？

我迷惘了！每天從早晨起來一直到晚上，我總在不停地給朋友們寫信，她們也和我一樣沒有辦法。唉！工作，工作！我究竟要到那一天，才能找到一份自食其力的二作呢？

小學教員

『好了，現在機會來了，張先生是省立第五中學的校長，他要找一個附小的國文教師，我已將你介紹給他；因爲他是父親的學生，所以很樂意幫助你，明天你就收拾行李和他一同去衡陽好了。』

大哥報告我一個快樂的消息，關在籠子裏的小鳥，明天就可自由翱翔在雲端了；天呵，這該不是夢吧？

這是民國十七年的春天。

本來我的志願是這樣的：不是做工，便是進學校求點有用的知識與技能。雖然升學在我簡直是個夢想，明明知道決不能實現，我却死心塌地去追求，一直到連夢都沒有了，我的求學的心還是那般熱烈，始終不變。

自然，一來是為了要獨立生活，不願倚賴家庭或朋友；二來也為了一時逼着沒有路可走，才去當敎書匠，過那可憐的粉筆生涯。

真想不到開始過着「自食其力」的獨立生活，就受到一個打擊；可是我並不難過，因為我已得到了用金錢買不到的經驗。

起初校長介紹我和那位小學部的主任認識時，便看出了他對我的印象不好；他想不到張校長會請一位這樣年紀輕輕的女先生來。本來社會上一般人的心理，都以為年輕人是沒有學問只會搗亂的，自然他也不能例外。

當敎師了，我是多麼感到害怕喲！我的寢室就在敎室的隔壁，這是六年二期和五年二期的合級敎室，也正是我敎的那一班。

『天呵！明天我就要當敎師了，怎麼好呢？』

那天晚上我站在欄杆邊，這樣仰望着灰暗的天空歎息。

一夜沒有睡好，我只是害怕着明天到來，雖然天真的孩子們是我所最愛的，這時我却完全忘記他們了，只感到深深的悲哀。我不懂為什麼不能像別人一般去升學，而來這裏敎書？「有什麼能力和資格做孩子們的老師呢？」我又自己怨恨起自己來了。

記得在船上，校長先生就告訴我，這次我擔任的是級任，每天舉行朝會時，一定要到場監督學生；遇到我值日的那天，要負責早晚點名，查寢室，教室，寫教務日誌；而且那天整日不能離開辦公室。學生之間，如果發生糾紛，他們需要什麼，都要我來解決的。

我很留心地聽着他的話，心裏却在想：這些事情太麻煩了，我不能過這種生活；然而有什麼法子能逃避呢？

朝會。

我像木偶一般站在操場上，「稍息」的叫子已經吹了，孩子們一個個都在傾聽那位值日教員的報告；奇怪，突然他們的小眼睛都緊緊地盯住了我！這使我頓時感到難爲情起來，臉像火燒着一般，於是我掉過頭去望着東邊的籃球架。

——不對，校長不是要我行朝會時監督學生的嗎？於是我又移過頭來。

呀！更可怕了，三百多雙眼睛，都在注視着我，我莫名其妙地害怕得週身顫抖起來，恨不得立刻離開這裏。

又是一聲叫子吹，整齊的步伐開始走動了，這才稍爲恢復了我的意識，我盲目地跟着五六年級的學生，走進了教室。

踏上講台，看到有三個比我還高的學生，我的臉又紅了，這是我感覺到的，因爲我燒得厲害。

『同學們，我是初從師範出來的大孩子；其實我並沒有畢業，因爲去當兵，還差一年，就犧牲那張文憑了。以我的學識，能力來說，實在不配做你們的老師；不過我可以做你們一個很忠實的朋友，有什麼不知道的事情，我們大家來共同研究，共同討論，因此我希望你們都以同學待我，不要當我做先生。』

我這樣謙虛地說了之後，孩子們都望着我微笑。從這時起，我便做了孩子的老師，做了生活的奴隸了！我開始了社會生活，也開始了解人生。

還好，雖然教書剝奪了我讀書的時間，可是精神上得到了另一種安慰，孩子們的一擧一動，都是可愛的，天真的，他們的心是多麼純潔而坦白啊！

我不會應付環境，更沒有學會敷衍，虛偽和滑頭。我對什麼人都是忠實，坦白。唉！一個天真純潔，初入社會的少女，那裏懂得什麼世故人情呢？

於是，不幸的事就發生了，那是我到學校的第三個月。

原來全校的敎員，只有我一人是女的；加之我又特別年輕，敎的又是高年級，自然有點令他們不服，特別是那位小學部的黃主任。

因爲我的樣子像個小孩，整天和他們玩在一起，所以學生特別喜歡我，尊敬我，聽我的話；對於我所敎的幾門功課，也格外用功。

他們最高興和我談話，說起一年前，北伐時代的故事來，就眉飛色舞。那時小小的童子軍，還到過衡山講演，他們告訴我帶他們去的是那幾位老師。從這裏，我知道了王先生的思想是比較正確的，他認識時代，理解現實，於是慢慢地和他攀談起來。他也是級任，舊文學很有根基，新文藝也看過不少。的確，在這學校裏，除了他，沒有可與我談話的人；只是可憐我每星期擔任二十八小時的功課，還要每天改日記，看習字，筆記本，改作文，再加上自己看書，預備功課，那有閒談的時間？

爲了我是孩子們的級任，自然時時關心他們的生活：比方圖書館，體育場，游藝室，是必需要擴充的，我們要儘可能地多買些書籍，體育用具……以供他們使用；而那時學校的圖書館是多麼可憐，除了幾本少年雜誌，小朋友，七俠五義之類而外，什麼都沒有！體育場只有兩個破爛的球給孩子們踢着滾來滾去；游藝室更不要說，連乒乓球的拍子，都是學生自己買的，爲了他們的利益，我也曾和黃主任說過；誰知這就觸怒了他，於是便發生了要我「升學」的事。

這是多麼嚴重的一件事呵！校長找我去談話了。

『黃主任對你有點不滿意，也許因爲你做事太負責任的緣故吧？本來年輕人是到處吃虧的，何況你又是這樣心直口快，做事認真，性格豪爽的人！』

他很憂鬱地對我說，聲音有點不自然。

『什麼？不滿意我，是因爲我做事太認真，太負責，性格太爽直嗎？那麼，我應該要怎樣才好呢？』

的確，校長的話把我弄糊塗了，我只知道在學校裏得來的敎訓正是：做事要認真負責，爲大衆謀利益，犧牲個人的幸福；處世交友，都要忠誠坦白。

『這個倒很難囘答你；不過最好你還是馬馬虎虎過了這學期再說吧。』

『他要我走嗎？』

『嗯，有這個意思。』

『什麼理由？』

『他說你和某先生時常來往，太開通了，在這風氣閉塞的地方是不允許的。自然，這不過是他的藉口而已；主要的，恐怕還是……』

『還是什麼？』我連忙打斷了他的話問。

『他怕你比他能幹，做事負責，受學生歡迎……』

『是的，現在凡是受學生歡迎的敎員，都是不好的！』我氣憤地說着：『不過太不成理由了！既然是男女同學的學校，爲什麼女敎員不能和男先生來往呢？何况我僅僅和王先生談過兩三次關於文藝方面的話。』

『忍耐一下吧，不理他好了；最好你能辦到這一點：和學生很接近，但不理睬任何男敎員，看他把你怎樣？』

『哈哈！這當然辦得到！』於是我大聲笑了。

從第二天起，眞的實行了我的「閉關主義」，我不但不和任何男敎員談話，而且連敎務室我都不去了。開什麼教務會議，級任聯席會議也不出席，原因是爲了他們都是男人；男人是不能見面的，見面就會出鬼；談話，就是有傷風化。我這種突如其來的擧動，使得他們都奇怪起來，甚至來我房裏借書看的，我都不理他了，慢慢地，大家都知道我爲什麼這樣「杜門謝客」。這時王先生大爲我打抱不平，還有別的幾位先生也很同情我；然而我始終没有對任何人說過一句話，只是咬緊牙根敎我的課，改我的卷子。

一天晚上，那位主任來到我的房間裏，本來我想下逐客令的，不料他已經坐在凳上了。

『黃先生，有何見敎？』

我故意這樣堆滿着「虛僞」的笑容問他。

『没有什麼，隨便談談。』

『對不起，我這裏是不招待男賓的。』

『哈哈！那麼，我就走吧。』

虧他還能夠張開嘴笑，天曉得我那時是怎樣的心情。

『先生學問高深，敎授法良好，學生得益很多，只是自已犧牲太大了！』

他一開口，我就知道他說話的用意；我故意像傻子似的，假裝不懂。

『犧牲？從何說起！我已經得到了工作的代價，卽使没有，爲國家盡義務，也是應該的！』

『好說，好說，像先生這樣聰明能幹的人才，正好深造，前途眞未可限量！』

他在繞着彎子說話；我却直截了當地告訴他：

『是的，本來我是要去升學的，只因蒙張校長「垂青」，一定找我來貴校敎課，情在世交，不能拒絕，只好受命；不過暑假一到，我就要走了的，謝謝先生關心！』

話是有點酸溜溜的味道，說過之後，我的心却輕鬆了許多。

他走後，我又去校長那裏談了許久，原來黃主任一位親戚正待解決飯碗問題，因此他希望我快些走。我也實在忍不下去了，爲了我不會和有手段的搶飯碗的人爭鬪，爲了我同情那位比我更可憐的人，我決心走了！就在離我敎的那班學生畢業的前十天，悄悄地離開了學校；可是，奇怪，學生都知道了，他們整隊跑來江邊送行，有很多都哭了。

『後會有期，祝你們努力！』

我的眼睛也紅了，說不出更多的話，最後深深地望了他們一眼，便上了船。

還有一個月的薪水没有拿到，我身邊只帶着二十元鈔票，就這樣匆匆地離開了衡陽。

船一開動，我的眼淚便忍不住滾下來了；孩子們還呆呆地站在那裡，有的用衣袖擦眼睛，有的向我揮手，可愛的小天使呵，我們什麼時候再見呢？

恐怖之夜

一雙脚剛剛踏進社會之門，就受到一個這麼大的打擊，我明白了社會的黑暗，人心的可怕！呵，虛僞，笑裏藏刀的虛僞，是多麼陰險呵！由於這次在衡陽五中附小的事，使我深深地了解現社會是什麼東西；我尤其明白了在舊勢力籠罩着的中國社會，女子——特別是獨身的少女——是不能立足的！然而我並不灰心，我覺得這是給我一個好教訓，我應該更多受些苦，受些打擊。我不能逃避現實去過隱居的生活，我更不能消極，或者投降在舊勢力之下！去吧，地球是這麼廣濶，只要我能吃苦，什麼地方沒有我的出路呢？

走！我決不讓任何人知道我的行蹤，我要一個人靜悄悄地開始過飄流的生活去了。我恰像秋天的落葉，風吹到那裏，那裏就是我的歸宿。

但是愛珍怎麼辦呢？她不是每天來信要求我救她嗎？我應該同情她，幫助她，我要寫封信約她和我一同到上海去。仁君先生是艾斯的好朋友，他是同情我的，我也應該告訴他我是坐的什麼船，以便做一次最後的話別。真的，此次離開長沙，不知要何時才能回到故鄉，也許永遠沒有回來的希望了吧？

大哥，我是決定不去找他了！他是封建思想的繼承者；如果我去見他，豈不是自投羅網？牢獄式的生活，我已過得再不能忍受了，我還甘願把從死裏脫逃出來的生命，送到墳墓中去嗎？不！決不讓他或他的朋友知道，除了仁君和愛珍外，連樹蓉珊珊她們都不通知；可是曼麗呢？可憐的孩子，得到我走的消息，將不知怎樣地悲傷呵？

黃昏，我們三個人就來到船上了。

愛珍活像一個逃獄的囚犯，生怕家裏的人趕來；仁君也明知這回我們的行動，帶有幾分危險性，爲了安慰我們，他老是說些有趣的故事給我們聽，使我們暫時忘記了恐怖。

『靜一點，聽，是不是檢查的來了？』

我聽到外面有喧鬧的聲音，立刻要求仁君和愛珍停止談話，我的兩隻大眼睛，緊緊地貼在船艙的縫隙裏張望。房間裏立刻靜寂下來，愛珍連忙從上面的鋪位跳了下來，擠向我的身邊來窺視，仁君也有點慌張似的緊鎖着眉頭。

『不要怕，我們商量好了再說。』

仁君究竟是個老於世故的人，心裏明明知道假使檢查的來，多少有點麻煩；但他的態度非常鎮靜。

『商量什麼？』愛珍低聲地問。

『商量一個對付檢查的辦法。』

仁君燃上了一支香煙，我們坐下來開始談話了，他的聲音是那麼低細，不特別留心，便聽不淸他說些什麼；在短短的十多分鐘內，我們把應準備說的話都想好了。

不知怎的，我忽然想起了四個月以前在這兒發生的那件事來，我害怕仁君和愛珍受我的連累，我思索了很久，然後毅然地對他們說：

『仁君先生，你還是早點回去吧，愛珍也不要同我走了，因爲恐怕那些檢查的來，萬一發生不幸……那是很不值得的。』

我咬緊牙嚴重地說着，愛珍突然哭了起來。

『不要我同你去嗎？我立刻跳在湘江裏自殺！姐姐，你好忍心，我不是早已告訴你了嗎？除了你救我之外，擺在我眼前的，只有死路一條；你難道肯忍心看着我的家庭毀掉我這條弱小的生命嗎？姐姐，無論生……生也好，死……也好，總之我是要跟着你一路去的。』

愛珍的淚流進了我的心窩，我難過得說不出話來，我默默地想：究竟怎麼辦呢？

『不要哭，茶房聽到了會來打門的。』

仁君用恐嚇的語氣命令愛珍。

『當然，』我想再繼續說幾句解釋的話：『我是爲了救你，才通知你和我逃走；你看，除了仁君先生知道外，誰都不曉得我這回的行蹤。這雖然一半是爲了自已要去上海找出路，同時也是爲了你，才這樣走得匆忙。我現在真有說不出的千千萬萬的痛苦壓在心頭，假若我發生意外，你們怎麼辦呢？萬一我能勉強度過這一難關，而你的家裏尋到船上來，我當然成了誘拐你逃走的要犯，仁君先生也有嫌疑，那時，事情就弄糟了！即使退一步說，前面兩個都不成問題，我的哥哥從什麼地方得到了我逃走的消息，他也會跑來船上拉我回家，那豈不是一樣的糟糕麽？』

愛珍還在嗚咽地哭着，仁君也有點覺得難過起來；幸虧他始終裝做很鎭靜的樣子，像老大哥安慰小妹妹似的說着：

『腦子裏不要想得太複雜了，平靜一點，實際上絕對沒有你想的那麼嚴重；也許今夜就這樣平安地過去了，明早汽笛一響，你們就踏上光明之路，脫離苦海，得到自由了。』

『砰！砰！砰！』忽然響起了一陣緊急的打門聲。

『那一個？』

我用長沙腔問，三個人相顧失色。

『檢查。』外面的聲音。

門開了，走進來兩個背着槍上有刺刀的憲兵和一個長官，還有十多個兵，以及水手；搭客都擠在門外看熱鬧。僅僅只能容兩個鋪位的房間裏，頓時擠得水洩不通，仁君略略地向外邊移動一下，却被一個麻臉的憲兵叫住：

『不要動，你難道想逃走嗎？』

『我爲什麼要逃走？』

『你動什麼？』

『你管我動什麼！』

仁君氣得幾乎要動拳頭了，幸而那位軍官還知趣，他罵了士兵一聲：『鬧什麼？好好地檢查。』才免了這場武劇。

『你叫什麼名字？那裏人？』

在箱子，被窩，小提籃……一切都檢查完畢之後，那位高個子，比麻子和氣一點的憲兵這樣問我。

『我叫薛英芝，長沙人。』

『她呢？』

『我的妹妹。』

『妹妹？』高個子將愛珍從頭到脚仔細地打量了一番，似乎表示很不相信的樣子：『她怎麼比你高？』

『天下有多少兒子比父親高的！』

我的同答，引得外面的人都笑了。

『既是姐妹，爲什麼半點也不像？』

那軍官故意與我爲難起來。

『俗語說：「十個兒子十個相」，人又不是用模子塑成的，自然是各人一副面孔。』

『好刁滑，你敢這麼膽大麼？』

痲子怒氣沖沖地擠上前來，仁君見勢不佳，忙偷偷地在我的手上碰了一下，暗示我當心危險，立刻我的臉色便變得很和悅了。

『她們和你是什麼關係？』

那個高個子兵又在轉問仁君了。

『她們是我的表妹，家裏住在漢口濟生三馬路，這回來長沙看家母，住了兩星期，今天送她們回去。』

雖然仁君的腦海裏充滿了憤恨，受了他們的侮辱也只好忍受；比方『她們和你是什麼關係』一句，問得再豈有此理也沒有了，他的語氣是那麼兇惡，好像疑心仁君不是正經人似的。

『你在那裏做事？』

『鹽務局。』

說着，仁君把徽章給他們看，痲子走攏去斜視了一下，呶着嘴悄悄地走了，其餘的幾個也跟了出去；軍官留在最後，臨走時，留下了這麼討厭的一句：

『同兩個這麼年輕的表妹在屋子裏，不應該關門，懂得嗎？』

當他向愛珍瞟着迷眼時，我幾乎罵出聲來；仁君更氣得滿臉通紅，然而不敢發洩，只好忍氣吞聲。

『過了一關了！』愛珍完全像個孩子，她這時居然快活得跳起來。

『輕一點，他們還沒有走。』

仁君連忙搖手。

『真的，這是比鬼門關還難過的一關，居然也平安地過去了，阿彌陀佛。』

我也笑了。

『還有兩關。』

愛珍悲苦的臉色又沉下來了。

『我那一關是不要緊的；只有你，要等船開了，才能算是脫離了虎口。』

我說話時的語氣，好像有點故意刺激愛珍似的，這使她生氣了。

『我也並不害怕，正如你方才說的，充其量不過是一個「死」字而已；但「死」又有什麼可怕呢？』

『仁君先生，謝謝你，現在快十點了，將是戒嚴的時候，請你早點回去休息吧。』

我要求仁君立刻走，他似乎不放心我倆在船上過夜似的：『我再坐一會兒吧，我擔心還有什麼人來找你們麻煩。』他從圓窗裏望望外面，又望望我們。

『不要緊，戒嚴了，他們不會來追了的，你還是早點回去吧。』

我除了用懇求的語氣請他走外，什麼感激的話都說不出來。錶的長針只差三分就到十點了，仁君在無可奈何中告別了我們。

『祝你們一路平安，到漢口立刻來信。』

仁君走了出去，又回轉頭來說了這兩句。

夜，沒有星光的黑暗之夜。

已經十二點了，岸上寂靜得沒有半點兒聲音，因爲戒嚴的緣故，連賣水餃，餛飩，油巴巴的小販也不見一個，整個的長沙城，被籠罩在漆黑的夜色之下。一盞盞星光似的電燈，也顯出昏黃的顏色。雖是夏天，但更深夜靜的淒涼景色，正像深秋一般。洞庭丸上的水手們，搭客們，統統都入夢了；醒着的，只有十三號房艙間的我和愛珍，還有外面統艙裏，一個正在咳嗽的老太婆，和一個剛哭了幾聲的孩子。

風吹着水打在船頭上，發出洞洞洞的響聲。

熱氣已經完全退了，從江裏吹上來的晚風，帶着清涼的意味，我翻了身，伸出頭來，望着睡在上層鋪上的愛珍說：

『珍，你又醒了嗎？好好地睡一下吧。』

『我……我……我不……不能睡；我，我……我害怕家裏趕來。』

『怎麼？你又在哭嗎？告訴你，哭是沒有用的，既下了決心逃走，就不要害怕，難道你還留戀家嗎？』

『不，絲毫不留戀，我是怕他們趕來又將我捉回去了；你要知道，如果被他們拉回去，非強迫我結婚不可，那時，我一生就完了！』

『何必這樣害怕？我想他們一定以爲你到姑母家裏去了，所以没來找你；假使知道你上了船，早就趕來了，怎麼還能等到現在？』

『不，也許他們以爲我搭火車走了，因爲我是今天下午三點多鐘離開家的，他們一定乘夜快車趕到漢口去了。』

『如果真是這樣，那我們上碼頭的時候又危險了！』

我們真像一葉孤舟，黑夜裏駛在渺茫無際的大海裏，過了一個風浪，又是一個風浪，看不見燈塔，辨不出東西南北，多麼危險呵！愛珍是一個剛滿十六歲的小姑娘，自幼嬌養在祖母的懷抱裏，十三歲才開始送入衡翠女校去學習美術。她很聰明，不到一年已經學會水彩畫了，第二年改習國畫，成績很好，每個教員都誇獎她的天才。她在一般同學的愛慕裏，過着天使一般的愉快生活，不知道人生有痛苦，有憂愁。從她的眼裏看去，整個的宇宙是個燦爛的春天，一幅美麗的圖畫，宇宙間每個人都是春天裏的快樂之神。她歌頌人生，歌頌美。她覺得愛與美是人們生命的兩大要素：離開了愛，簡直不能生存；缺少了美，正好像没有靈魂的骷髏。她說「愛」與「美」是她生命的維繫者。在十五歲剛滿的那年，學校裏請來了一位年約廿二歲的美術教員，他是近代美男子的典型，有強健的身軀，瀟灑的風度，卓絕的藝術天才，性情溫柔得像古代的淑女，而勇敢的精神，却又像沙場的戰士。

就在他來到學校的那天，早熟的愛珍便愛上他了；可是那位先生是個有志的青年，僅僅只敎了半年，便到上海升學去了，愛珍從此成了一個單思病患者。弱小的心靈開始嘗到苦痛的滋味，她詛咒人生，說人類生來就是苦惱的！快樂，幸福，這些都是騙人的名詞；人，根本只有苦，自從她愛人走了的那一天起，就想毀滅自己。

這是多麼令人注目的新聞呵，一個十五歲的小姑娘投河自盡！當捕魚的救出她來送到警察所再轉送到她的家裏時，愛珍已是奄奄一息了。

她的全家，除了父親一個人知道她自殺的原因以外，誰也不明白她究竟是受了什麼刺激，而下死的決心。

『不要問她爲什麼要投河，且待她精神恢復了再說吧。』

父親這樣地囑咐他的妻和母親，心裏苦痛到說不出的地步。他是敎育界的名人，自己創辦了一個中學和小學；現在女兒弄出這樣的事來，給社會上的人，做爲茶餘飯後的談笑，批評資料，簡直羞辱得無地自容。他下決心要在這年的冬天，將愛珍嫁給十三年前就許配給他了的許玄宗。

許是一個花花公子，他父親是新化縣有名的紳士，有錢有勢，提起他的名字，誰都知道的。生長在那樣環境裏的玄宗，自然是揮金如土；他的性情，暴躁如虎，粗黃的皮膚，矮小的身段，除了吃喝嫖賭以外，什麼都不懂，這自然沒有資格得到歌頌「美」和「愛」的愛珍。

漸漸地她的精神恢復原狀了，出乎一切人意料之外，她經過這一回刺激之後，人生觀突然改變了；她積極地追求「生」，她痛恨自己為什麼這樣懦弱，竟幹出那麼愚蠢，而給自己永遠留下恥辱的事來。

愛珍的家裏，本來打算在第二年的暑假，替她解決那件終身大事；可是現在又想提前舉行了，因此愛珍急於要離開長沙。想到她這次跟隨我逃走，她的父母一定會恨我入骨的；可是我能親眼看着一個人掉在苦海裏，也不伸出援救的手嗎？

『唉！媽呀！我不回去，我寧可死……我怕，我怕回去呀……』

愛珍哭哭啼啼的夢囈，驚醒了我，我連忙爬起來，用力揑住她的鼻子，大聲叫醒她。

『我，我害怕，姐姐，你看看窗外，是不是我媽趕來了？』

突然她一骨碌地坐了起來，一面用手擦眼淚，一面戰戰兢兢地指着窗口，哀求我去探視。

『沒有，什麼都沒有。大家都睡了，你不要吵醒他們，靜靜地躺下吧！』

話雖如此說，我剛才向窗口望時，好像看見有一個黑東西在搭橋上走着，我非常害怕，猛然一陣風吹來，我不覺打了一個寒噤。

——也許是我的哥哥趕來了，也許是她家裏的人；這恐怖，這懷疑，只能藏在我的心裏，表面上是不能露出絲毫來的。

靜悄悄地我開了房門出來，生怕被剛躺下的愛珍覺察到了，又縮囘去，走近她的身邊仔細聽聽。還好，她已經睡着了，眼角和兩頰上，還留着未乾的淚痕。臉，呈着慘白色，像死屍似的令人害怕。

夜是靜靜的，除了江濤滾滾的聲音外，只有風的呼號，和由統艙裏傳來的鼾聲。半輪淒冷的明月，在天的西邊徘徊；稀疏的星星，閃出螢火似的微光，大地漸漸沉寂下去了，陰森黑暗得異常可怕。風，一陣緊一陣地迎着我瘦弱的身子吹來，要不是有欄杆擋住，也許被它吹倒在江中了。

——要是我哥哥趕來的話，我是跳水還是逃走？跳水，犧牲太大了；逃走，不可能！不但警察會幫忙他，就是船上的任何一個人，也會拉住我的。唉！倒不如跳下水痛快；不過萬一水急而淹死了時，那豈不犧牲得太没有代價嗎？

我所以這樣恐怖，是因爲剛才在窗洞裏看見的那個黑影，似乎躲到船頭上去了，我斷定那黑影一定是來抓我的魔鬼。

『喂，站在這裏做什麼？』

這突如其來的聲音，嚇得我魂飛天外！一個巨大的黑影，站在我的面前，我睜大眼睛看了一下，認出是那位賣船票的胖子帳房。

『房子裏太熱，出來吹吹風。』

我勉強地笑了一笑。

『外邊的風很大，你妹妹沒有出來嗎？』

『小孩子不曉得熱，她睡覺了。』

爲了這位胖子問及我的妹妹，我神經過敏地生怕他有什麼野心，卽刻回到房間裏，關上門躺在床上。

『砰、砰、砰砰砰！』

又是一陣緊急的敲門聲。

『媽呀，我怕！』

愛珍大叫起來了。

打門聲更來得厲害。

『誰？』我從容地問。

『找姓王的。』外面的聲音。

『沒有，這裏沒有姓王的。』

『請你開開門讓我看看。』

『有什麼可看？告訴你這裏沒有姓王的。』

『開門，開了再說。』

我想，這一定是愛珍家裏來人抓她回去；所謂找姓王的，不過是他們的藉口。唉！到了這個地步，害怕也沒用，只得不顧愛珍的拼命拉住自己，走上前去將門開了。

立刻一道紅光射了進來，兩個穿長衫的男子，用手電筒在我的臉上照了一下後，連忙陪着笑容說：

『對不住，打擾了你。』

『沒有關係。』

兩個男子又去敲廿三號的門去了。

『姐姐，你摸摸，我的全身都被汗濕透了，頭也冰冷，剛才我還停止了呼吸，我以爲那是來抓我的人。』

愛珍氣喘喘地說着，我苦笑着回答她：

『唉！我們彷彿感到風聲鶴唳，草木皆兵，這時無論什麼動靜，都使我們膽寒；但願船快點開行，要不然，真受不了！』

不久，鐵鍊錚錚地響着，我知道這是在收錨。

一道魚肚色的光，射進了小小的窗口，我站起來往外一望，只見許多人在手忙脚亂地工作，原來的確到了開船的時間。

『快活呀！我們得到自由了！』

我抱住愛珍的頭狂吻，愛珍也快活得流出淚來。

『姐姐，是我們的世界了！』

巨大的機輪開始轉動了，汽笛在嗚嗚地向天空示威，河水像千兵萬馬般怒吼起來，船漸漸地向東邊轉舵，由慢而快，一刹那便駛進了湘江的中央。

別了，長沙！在一輪紅日初從東邊的水裏升起時，我和愛珍手牽手地站在甲板上，含着微笑歡迎晨光，歡迎初出的太陽，歡迎未來的新生命。

奇遇

洞庭丸走了一天一夜才到漢口，當晚我們就在慕棠那裏住下；她也是個女兵，不過這時已是建人的太太了。

第二天晚上，我們買了一個統艙的吊鋪，兩個人合用，慕棠她們也很窮，連水菓都不能買一點，就這樣步行着送我們上了瑞和輪船。

這是我第一次坐大船，搭客很多，連走廊上，甲板上，都統統坐滿了，有幾處簡直是人上堆人；我們好容易才從人山人海中擠進去，找到了自己的鋪位。

由每個統艙客身上發出來的汗臭氣，比阿母尼亞還要薰人。

『兩個人一個鋪位怎麼睡呢？還是買個房艙位置吧？』一個胖子茶房，笑嘻嘻地走來招攬生意，他看到我們穿着整齊的學生裝，又有朋友送行，似乎不應該坐在這樣齷齪的統艙裏；其實他那裏知道我們的全部財產只有七元呵！

這是一間最大的統艙，裏面有三百多個鋪位，每排有上中下三層鋪。我們是靠河邊的那一排，有一個小小的圓窗，可惜鋪是最下一層，光線黑暗得可怕。靠近我們對面的隣居，正在擺着盤子大抽其鴉片，一股奇臭的氣味，突然刺進鼻孔裏，害得我幾乎要嘔吐出來。

『慕棠，你們回去吧，這裏的空氣太壞，又沒有地方坐，太受罪了。』我希望他們快走，自己好休息一下；可是他們一定要等船開時才上岸，不得已，只好大家彎下腰擠在吊鋪上坐着閒談。

一會兒，收鋪錢的人來了，我交了四元錢給他。

『這次客人太多，統艙鋪位都賣完了，本來這是我睡的地方，因爲你們兩位是女客，只好相讓；不過這鋪只能晚上放下，白天仍然要吊起的。』

當茶房這樣對我們說時，大家都吃了一驚：

『怎麼？白天不能放下，她們怎麼坐呢？』

慕棠質問茶房。

『是的，這是過道，每天開飯，都要以這個地方爲中心，因爲人多擁擠的緣故，這副板子必須吊起來。』

茶房不慌不忙地解釋着。

『白天我們坐到什麼地方去呢？』愛珍着急地問。

『哼！坐嗎？姑娘，想坐要買官艙，搭統艙的人，十個有九個都是站着的。』

『你要我們一直站到上海嗎？』

愛珍帶着生氣的口吻問。

『對不起，站到上海，我們也沒有辦法幫助你們。』

『退錢吧，這樣的鋪位要它幹什麼？』

建人一定要我們搬回去，明天再搭別的船，可是我們堅決反對；爲了害怕愛珍的母親趕來，所以要急於離開漢口。

——一切苦痛忍受着吧！到了上海就自由了。

我以這話安慰自己和愛珍。

開船的鑼聲響了，建人夫婦才握別我們到碼頭上去。

我從網籃裏拿出枕頭和線毯來，擺在鋪板上；愛珍問我：

『這樣的小板子，怎麼可以睡兩個人呢？』

『試一試吧，萬一不方便，我們輪流着睡好了。你睡半夜，我坐半夜，那麼這個難題馬上就解決了。』

『坐到什麼地方去？』

『牀板上。』

『這樣矮的地方，怎麼好坐？你看，我的腰不是要彎斷了嗎？』

愛珍苦痛地說着，我連忙安慰她：

『不要緊，晚上熱得很，橫豎不能睡的，月夜的景緻最美，尤其在渺茫的長江裏面，我陪你到甲板上看月亮去吧！』

真的，這晚上就實行了我的話，我們沒有睡，只是站在欄邊望月亮，看星星。

月亮是如此皎潔，兩岸的風景，像在晴天似的一目瞭然；那兒是高山，那兒是田隴，那兒是村莊，樹林……什麼都看得清清楚楚。月夜的江水，簡直像萬傾金波，從天上瀉下來一般地美麗。機器的聲音愈響得急促，由船頭打過來的浪花，便愈加雄壯而美麗。那些擁擠地躺在船邊的人，他們大半都是難民，每個人身上的衣服，都是破爛不堪；男孩子完全裸體，女孩子也只穿了一條破褲。大多數的人都坐在那裏，低着頭打鼾；月光照着他們枯瘦慘白的臉，一看就知道這些都是爲生活而受難的人們。

愛珍因爲前昨兩晚都失眠，所以先回去睡了，我仍然癡癡地望着月亮和白雲賽跑，流星偷偷地渡河。

愛珍一睡下去，就像死去了一般的喊不醒，我不忍使她難過，寧可自己多受一點苦。我蜷曲着睡在她的背後，兩隻脚吊在地板上，不到十分鐘，全身都麻木了。

奇怪，在這樣的鋪上，我居然走進了夢鄉。

在一個很大的日本紗廠裏，我做了粗紗間的女工，在拼命搖着機器的時候，忽然斷了一根紗，機器立刻停止了；我正在接紗，猛然間一條鐵棍落在我的背上，呵！原來是工頭來了，我想趕快接好紗頭開始工作，誰知因爲害怕工頭，心裏慌張的緣故，手指被捲進機器裏面去了！一時鮮血染紅了白紗，三個指頭不見了。

『唉喲！』

我大大地叫了一聲，由夢中驚醒，原來上鋪那個老頭兒因爲不小心，掉下一只飯碗，恰好打在我的頭上，一時鮮血淋淋，連衣服都染紅了。

我不由自主地痛得大聲叫喊，驚醒了許多人，愛珍也爬起來了。這時那位老頭連忙拿他自己的洗臉手巾替我揩血，一位學生模樣的青年，責備他太不小心了，茶房都來圍住我慰問，他們都說着對不住我的話。我痛得抬不起頭來，老實說，他們說的什麼，我並沒有聽清楚；祇有一位圓臉，大眼珠的茶房跑來看我時，使我吃了一驚，因爲他是那樣地像一個偵探似的特別注意我，他的兩條視線，不住地向我的週身掃射；最後他痛駡了那老頭兒一頓，命令他立刻搬開，把這鋪位讓給我睡。

『對不起，這是我的粗心，並不是有意打了她，請原諒我吧。』老人顫抖着聲音向他哀求，本來這怎麼能怪他呢？我的頭要不是伸在外面，也不會遭到這樣的不幸，誰叫我沒有錢，買不起兩個鋪位呢？

『你打破了人家的頭，不是好玩的事。』

這位俠客似的茶房，又在打抱不平了，愛珍輕輕地附在我的耳邊說道：

『這茶房真奇怪，為什麼這樣幫你的忙呢？』

我忙向她使了個眼色，她就再不敢做聲了。

『沒有關係，現在不痛了，謝謝你們。』

話雖如此說，其實這時，我的傷處正痛得像用鐵錘一下一下地在捶着。

『我到帳房那裏拿點墨魚骨頭灰給你敷上，立刻就會好的。』

那個茶房走了以後，我的心突然害怕起來。

——為什麼他這樣向我獻殷勤呢？難道有什麼野心？

愛珍又睡着了，只有我兩手抱着受傷的頭，眼睜睜地坐到天明。

開飯了。

統艙照例每天只有兩頓沒有菜的粗米飯吃，在每次開飯時，茶房提着一桶像髒水似的茶來，給搭客當做湯用。我買了兩塊豆腐干，愛珍還嫌太少，她質問我爲甚麼不買鹹蛋和炸桂魚，我告訴她整個的財產只有三塊錢了，還要給茶房小賬。

這天吃晚飯的時候，那個圓臉大眼睛的茶房，忽然端了兩碗雪白的飯來送給我們，還用一張紙包了些鹹魚榨菜之類。

『不要菜，請你拿回去吧。』

我不敢接受他的好意，我始終不明白爲什麼他這樣殷勤地招待我們。

『沒有關係，不要你們算錢的。』

他很快地上樓去了，聽說他是招呼官艙的。

『他拿來的菜裏，該沒有放毒藥吧？』

愛珍吃了一口，又連忙吐了出來。

『傻瓜，他要毒害我們幹甚麼？我們又不是有錢的人。』

這一頓我們吃得很好，那麼大的一碗飯，吃得一顆也不剩。

最怕的夜又來到了。

愛珍簡直像一條瞌睡蟲，天還沒黑，就呼呼地睡着了；我雖然感到萬分疲倦，也不忍心叫醒她，來吃這種站崗的苦。起初我因爲頭痛，倒下去睡了半小時，她在外面站着；可是不知什麼時候，她已經睡在我的身上了，兩隻脚壓在我的胸部，像塊石頭一樣。被她壓醒以從，我發覺滿身是汗，對面那個烟鬼又在開始工作了。爲了那種臭氣太難聞，我只好立刻走到外面去吹風。奇怪，本來這是空的過道，此時忽然擺了一條長的竹椅，我看見沒有人，便坐下了。

『對不起，對不起！』

我一眼望到了那個圓臉茶房走來，趕快站起來很難爲情地向他道歉，心裏感到一種莫名其妙的恐怖。

『我知道你昨夜太辛苦了，所以今晚特地擺了一張竹椅給你睡；剛才我跑去看你，你睡得很好，不敢叫你，現在你就在這裏睡吧。』

他這時的態度更使我懷疑；但經我仔細地觀察，又好像曾經在甚麼地方見過似的。

——不要瞎猜，這輪船是我第一次坐，當然過去沒有見過他。

『謝謝你的好意；我不想睡，你搬開吧！』

我正言厲色地囘答他。

『你也許是不敢睡，那麼坐一坐吧。』

他笑了一笑。

我真的坐下來了。

他開始叫我先生，並說出他在峯口曾經見過我。

『珍，告訴你一個好消息，那個圓臉茶房是我在峯口行軍時認識的，難怪他這樣關心我們；

現在不用怕了，他可以送我們到孫先生那裏。』

我輕輕地將愛珍推醒，告訴她一個可喜的消息，她高興得叫了起來。

『那好極了！好極了！』

一個旅行在沙漠中的人，忽然得到了別人給他的一杯甘露，不管這甘露是不是毒害自己的藥液，也會喝下去的。無意中，遇着了一個熟人，當然能得到暫時的安慰。

三天三夜的輪船生活，快告結束了，當船要駛進吳淞口時，我的心是多麼感到茫然呵！

我像一隻失了舵的孤舟，飄浮在波濤洶湧的大海裏！我像一匹弱小的羔羊，失落在虎豹怒吼的森林；我像一隻失羣的孤雁，整天在空中哀號，飛過了太平洋，飛過了喜馬拉雅山，飛遍了天涯海角；但，何處是歸宿啊！天！

一陣陣的寒流，祇是向我的週身襲來。

——到了上海又怎麼辦呢？

凝視着白茫茫的長江，滾滾的波濤，給與我以新的啓示。流吧，只有像水一般地流去才有出路！不論前面是險灘也好，礁石也好，你只管像流水一般不斷地，猛烈地衝去，隨時都可創造你的新生命，實現你的志願的！

汽笛像衝鋒號似的喚醒了我，船將靠近怡和碼頭了。電車，公共汽車，馬車，摩托車……高聳的烟囱，整齊的洋樓，一切都會的文明都呈現在眼前。

『到了，我送你們上岸去吧！』

那個圓臉茶房，笑嘻嘻地走來替我們提行李，我們懷着一種新的希望，離開了充滿烟汗臭氣的統艙，踏上了黃浦灘頭。

來到了上海

那個茶房，把我們引進了平安旅社三樓一間很闊氣的房子裏，行李還沒有提上來，他把門帶關後，便匆匆地下樓去了。

『愛珍，他把我們送到這裏來是什麼意思？爲什麼不直接送我們到孫先生那裏去？』我又懷疑他不是好人了。

愛珍連忙跑去開門，奇怪，門像上了鎖似的，無論如何也打不開。

『糟了，糟了，外面上了鎖，這傢伙一定是個人販子；要不然，爲什麼把我們鎖起來了？』

愛珍嚇得大哭！我的心裏也起了劇烈的變化。我想他如果不是人販子，也一定是偵探，現在既然來到這裏，就只有想法脫逃。

我從窗口向外探視，距離地面大約有五十多丈高，跳下去，一定會粉身碎骨的，不能冒那樣的危險，暫且再等候半小時，看看茶房究竟玩的什麼把戲。

我在板壁上用手指敲了幾下，隔壁没有回音；再大聲地喚了幾聲『茶房！茶房！』也没有人理會，愛珍越來越害怕，她使勁地抱着我不放。

『姐姐，我害怕呵，那人假使是壞人，怎麼辦呢？』

我再三安慰她，告訴她在幾分鐘之內，想到的好幾種對付強暴者的辦法。

『怕什麼？有兩個人，用牙齒咬，也要咬死他。』話是這麼說，我的心早就發抖了。一點鐘過去了，還不見那茶房來開門，我斷定我們進入了虎口，料想到前途一定是吉少凶多。

正在我們着急得毫無辦法，決心跳樓的時候，忽然聽到外面有人在開我們的房門，而且有好幾個聲音在議論什麼。

『喂，小姐，請開門！』

這明明是那個茶房的聲音。

『外面鎖了開不開。』

『外面没有鎖，這是「斯普林」，從裏面開的，你把那圓東西向右邊旋轉一下，門就會打開的。』

我這個鄉包姥並不懂得「斯普林」是什麼東西，只依據畫葫蘆，照着他的話那麼轉了一下，果然門真的打開了。

『對不起，累你們久等了！我方才去打聽路線，有公共汽車可通哈同路；但不能直達孫先生那裏，我還是叫洋車送你們去吧。』

直到這時，一顆充滿了恐怖的心，才算平靜下來。一想到兩人因爲不知道開門，而鬧出那麼大的笑話，不由得打了一陣哈哈，弄得那茶房莫名其妙地望着這兩個鄉下姑娘出神。

坐在洋車上，我老是回轉頭來望愛珍，生怕我們分散了，或者被車夫拉到那些僻靜的可怕的巷子裏去。在沒有看到孫先生以前，我始終放不下心，明知道我這猜疑，不應當用在一個好人身上；可是方才那一幕實在太嚴重了，社會的黑暗，怎不叫純潔的少女們處處躭心呢？

『哈哈，你到底逃出來了！我們慶祝你！從今天起，你獲得了自由，開始了新的生活！』

在明亮的電光下，孫伏園先生興奮地站了起來，高舉着玻璃杯向我敬酒，我很豪放地將滿滿的一杯紹興酒一飲而乾。

『好，再來一杯吧，這一年來，你的生活實在太苦了！應該慰勞慰勞。』

孫先生的同情，引起了我無限的傷感。這一夜，我足足喝了兩瓶酒，車子把我們送到艾斯替我們租好的亭子間時，我已經醉得昏迷不醒人事了。

入獄

是到上海後的第十天早晨，我剛起床穿好衣服，還沒有洗臉，先把稿紙打開來繼續寫那篇昨夜未完成的小說；忽然聽到一陣劇烈的敲門聲，打開一看，只見一羣巡捕衝了進來，他們同時用手槍瞄準我，下着最嚴厲的命令：

『舉起手來！』

我好像在做一個惡夢，機械地舉起手來，又隨着他們走下樓去；好在愛珍昨天到她的朋友家裡去了，否則，更不知驚嚇到什麼地步。

另外幾個巡捕，跑去前樓逮捕艾斯時，他還在睡覺沒有醒來。我們的手都被鐵鍊鎖着，押上了那輛停在弄堂口的大卡車。

『這是怎麼回事？』到了法租界巡捕房的候審室，乘着看守不注意，我悄悄地問艾斯。

『誰知道？』

他的臉色變得很慘白，看樣子，他心裏比我還要着急。

『怎麼你也來了？華君！』

我一眼望見穿着舊布長衫，頭髮蓬鬆，新認識不久的華君時，不覺驚訝地大叫了一聲。

『真倒楣，我去看你們，無緣無故地被抓來了。』

他氣憤憤地說着，巡捕用皮鞭重重地抽了我們兩下。正在這時，詩人老孟也被押着走進來了。

『真碰鬼，我去送稿費給你，沒想到會遇着這樣倒楣的事！』

不用說，他也挨了一皮鞭；于是我們幾個人索性大談起話來，使得那個看守氣得要死，連忙把我們分開禁閉。

在潮濕，黑暗的牢房裏關了兩天兩夜，沒有人送飯來，也不提出審問，我簡直如墮五里霧中，在過着被苦痛熬煎的日子。我真不懂，沒有犯法，爲什麼我成了囚徒？

牢房裏連我一共關了五個女人：有一個是殺人犯，兩個是綁匪，另一個年約三十的女人，是爲着丈夫賭博，欠了人家的錢沒有還，所以連帶着和孩子一同入獄。

我們不但沒有飯吃，而且連一滴水都沒得喝，我問她們：

『巡捕房是不是想把我們餓死？兩天不吃東西怎麼行？』

『到了這裏還想吃？不殺掉你就是好的！這是關重要犯的牢房，你究竟犯的什麼罪？殺了人還是綁票？』

聽了那個中年婦人的話，我全身起了一陣痙攣，連忙嚴肅地回答她：

『沒有！沒有！我並沒有殺人，也不是綁匪。』

『笑話，他們爲什麼把你抓來？』

『是呀，真是笑話，我不知道他們爲什麼把我抓來？』

那個年老的女綁匪，輕蔑地笑了一聲說：

『不要緊的，我們又不是法官，你說出來也沒有什麼關係。』

『真的，我並沒有犯罪呀！』

看守走過來了，大家都閉住嘴不敢出聲。

到了第三天，我飢渴得實在不能忍受了，向着正在用橡皮管洗走廊的獄卒說：

『請可憐我，給我一口水喝吧！』

『打開嘴巴來，猪玀！』

我真的張開嘴，誰知上了一個大當；他把橡皮管一鬆，像瀑布似的水噴在我的臉上，連眼睛都打不開，但從頭髮上滴下來的水也勉強可以解渴。

我絕望地候着死神的降臨，心裏的焦灼，一分鐘比一分鐘地加重了！那三個女人也餓得骨瘦如豺，眼珠突出，她們蜷伏在一個角落裏呻吟。兩歲的小孩，整天整夜地哭個不停；加之大小便都撒在地上，臭得令人簡直活不下去！成羣的蒼蠅，在這裏做了遊戲場，一到黃昏，像馬蜂似的蚊子，成羣結隊地襲來，叮的我整夜不能合眼。

——完了，我的生命將寃枉地葬送在這兒了！

在靜寂的深夜，我老是想着這悲苦的，多災多難的命運而垂淚到天明。

這是我永遠忘不了的一件事，我居然吃起孩子的大便來了。

事實是這樣的：

那個中年婦人的丈夫提出過堂了，他們明天就可釋放，男的託看守買了個糯米做成的飯團來，從鐵窗外丟給他的妻子；那飯團剛剛落在孩子的大便上，女人拾起來連忙分了三分之一給我。「太髒了！」下意識告訴我是絕對不能吃的；可是飢餓之手，已經從喉管裏伸出來了，我本能地接了過來，當做沒有看見方才一幕似的忙往嘴邊送。

哈哈！美極了，這點飯團的味道又鮮又甜，在我所有赴過的宴會當中，從沒有吃過這麼好吃的東西，那滋味真是形容不出的美。至今回憶起來，我還覺得嘴邊仍然保存着那次的餘味，對於那位婦人，直到現在還深深地感謝她。

已經審問過一次了，始終沒有告訴我們究竟是什麼罪，只聽說非常嚴重，恐怕活不了幾天，就要槍決了。好在老孟先被釋放出去，他連忙把我和艾斯入獄的消息告訴孫先生，請他營救。孫先生知道我們會挨餓的，於是買了許多水菓和麵包送來；不料可惡的看守不許他接見，也不讓送東西來。聽說如果希望能達到目的，至少要送三十元以上的賄賂，孫先生一氣就把東西提回去了，他在想出種種方法保釋我們。

第五天，果然獲得了自由，隨着孫先生離開了巡捕房，又回到他的家裏來大笑大喝。

『你們這次真危險，差一點寃枉犧牲了兩條命！住在綁匪的家裏都不知道，真是糊塗蟲！』孫先生說着，不住地搖頭。

『怪不得他們把我和殺人犯，綁匪關在一起；倘若你慢來兩天，也許我就没命了。』

『可不是？』他連忙接着我的話說：『若是別的糾紛還不要緊，綁匪這罪名，實在太可怕了，這真是要命的事！』

接着他又告訴我營救的經過是相當麻煩的，他用法語直接和那個法官談了兩個下午；同時以他的生命擔保，才算了結這場風波；至於另外幾個被牽累入獄的朋友，也先後釋放，只可惜我那些簡單的行李和書籍，最要緊的是幾篇稿子，統統在入獄後遺失了。

開始和窮困奮鬬

在上海，我知道同情我，而又能夠幫助我的人，只有孫先生。當我和他商量出路問題的時候，他極力贊成我進大學，並且允許替我去學校交涉，可以免收學費；至於膳費書籍費，由他負完全責任。

對於求學，我是日夜夢想着的；然而要別人負擔費用，實在太過意不去。我素來主張自食其力，不要倚賴家庭或朋友；我情願暫時去當一個工人，等到將來稍有積蓄時，再繼續讀書。我再三請求孫先生介紹我進工廠，他說：

『工廠方面，我是沒有門路的，怎麼辦呢？小姐。』

『那麼，我就隨便找個地方去當丫頭吧，反正倒馬桶，拖地板一類的工作，我相信可以做得很好的。』

『那麼，就在這裏當丫頭好了，晚上還可替「當代」寫點文章；哈哈，好一個女兵丫頭！』

他以爲我說來玩的，大笑了一陣之後，又去改他的稿子去了，那時他正主編「當代」月刊。

爲了做工的問題不能解決，我又陷在苦悶中了；幸而楊華來，他介紹我去投考上海藝大，他說：

『這學校的教務主任，訓育主任，還有幾位教授，也都是文化界有名的，進去可以免收學費；此外膳費和書籍零用等費，可以靠賣點文章來補助。』

就這樣，我大膽地考上了上海藝大中國文學系二年級。還記得很清楚，那次考試的國文題是「藝術與社會之關係。」和我同時去的，還有位在中學時代認識的女友王克勤，也就是後來曾一度做過電影明星的王瑩。那時她和林小姐住在一道，似乎不大理會別人的樣子；所以我就一個人先住到學校裏去了。

我們的宿舍，在霞飛路一〇一四弄，我住的那間房子，大概可以容納八個人；因爲距離開學還早，只有我獨自一個人在那兒享受着寂寞的清福。

住在那樣清潔明朗，整天有溫暖的陽光曬進來的房子裏，我似乎一切都滿足了。我有時回想到家庭監獄的生活來，彷如隔世；有時我會神經過敏地胡思亂想，我好像此刻是在做夢似的，也許過不了多時，又會被母親壓迫着我回家。

我開始和窮困奮鬪了，兩天來都是用四個小小的燒餅，來代替着三餐飯食。每天日夜能夠看我喜歡看的書，真是再沒有比這還快活的了。

第三天晚上，正當我躺在床上看書的時候，突然校長太太，引一個穿黑衣的小姐進來了，她的臉是那麼慘白，在電燈光的照耀下，真像個蠟人一般，戴着一副黑邊的深度近視眼鏡，整個面部的輪廓和身段，都長得非常美麗而苗條；要是嘴唇再薄一點，眼睛不近視的話，簡直是個標準美人。

『搬來了很久嗎？』是她先含着微笑問我。

『不，前天剛搬來的，府上是上海嗎？』

『不！我是杭州人，你呢？』

『湖南。』

簡單的寒暄敍過後，她整理行李，我仍然看我的書。從她的服裝上看來，是個相當富有的摩登小姐；真想不到她居然和我一樣是個逃亡者，我們一見如故，後來竟成了最知己的朋友。

這真是出乎我意料之外，我們剛剛相處一天，她竟願意將她的奮鬪歷史，和家庭的狀況，統統告訴我：

『我的父親和哥哥都是在杭州做官的，家裏很闊，我從小就過着嬌生慣養的小姐生活；可是我的思想是新的，進了中學以後，就開始參加各種活動。我擔任過杭州婦女會的總幹事，後來我悄悄地離開了家。我從小就被父母之命，媒妁之言，註定了命運。未婚夫也是個官僚的大少爺，整天只知道游蕩，不務正業，我決意和他解除婚約。』

『這次跑出來，我永遠也不想再回到杭州去，假若我的婚姻沒有得到最後勝利的話。』

爲了這幾句話，和我離開家時所說的完全一樣，我竟高興得連忙抱住了她：

『曼曼，怎麼你的遭遇，也完全像我一樣呢？』

兩顆受了無限創傷的心結合了，從此我們便成了深交的密友。

過了整整一星期的快樂生活，宿舍裏突然搬來了三位操着四川口音的太太；她們都穿着令人一見就搖頭的怪服裝，那些大紅的旗袍，滾着淺綠顏色的邊，真是俗不可耐的難看。她們每個人的臉上，都塗着一層厚厚的胭脂水粉；高跟鞋的後底，至少也有三寸；走進來就要我們搬到亭子間去，把這間大房子讓給她們。我和曼曼都覺得我們先進來，應該住在這裡；她們這種不講理的要求，我們決不答應！不久，校長太太也替她們說起話來了，我想到和她們在一起，一定沒有好日子過的，於是就和曼曼讓步，立刻搬到那間又矮又狹，光線很暗的亭子間去；可是開課後，五個人都在學校廚房包伙食，吃起飯來仍然在一桌，這就糟了！我們常常會發生吵鬧的事，原因是她們並不上課，每天只到學校去打一轉，有時根本不去，只穿着花花綠綠的奇裝艷服去看電影，吃西餐；倘若遇着雨天，她們就開了留聲機，三個人在房子裏練習各種跳舞。廚房開了飯來，不等我們下課回來，就把菜吃個精光，等到我們來吃飯時，只賸一點殘湯冷飯；氣得曼曼大駡她們是沒有良心的強盜。

『窮到連衣服都做不起，就不要進大學，乾脆去做叫化子還來得漂亮；你看她一身真髒死了，再不要她和我們在一道吃飯吧。』

有天我在晒台上眺望，聽到那個高個子妖精的聲音，就氣得我發抖，她明明是在指着我駡，我很想下來揍她幾拳，曼曼叫我不要理她，只當她是個從沒有受過敎育的潑婦看待；從此我們把伙食分開，於是小小的亭子間，又做了我們的食堂了。

亭子間的悲劇

曼曼告訴我，明天這亭子間裏又要增加一個同學；這位小姐叫真真，是曼曼的朋友，也是她的情敵。

『因爲崔要她和我住在一起，以便他來就可看到兩個愛人。』

曼曼說時苦笑了一聲。崔是男主角，也是玩弄她命運的劊子手。

『你能忍受這種生活嗎？』

『當然很痛苦；但我愛崔，有什麼辦法？只好忍受一切……』

『將來呢？』

『將來？不是我失敗，便是她犧牲，反正不能兩全，隨命運之神，去主宰我們的生命吧。』

第二天，她告訴我的那個姑娘果然搬來了。高高的個子，身體很結實，皮膚黑黑地有點像個體育家，她說着和曼曼一樣的杭州話；眼睛很靈活，但並不大；走路說話，都比曼曼來得快，好像很精明能幹的樣子。她雖然没有曼曼的天真美麗，還算活潑可愛。她入的是音樂系，每天早晨，都去練習鋼琴。曼曼告訴我，她最不高興看什麼文藝一類的書籍，也不喜歡參加任何文化活動，她是贊成賢妻良母主義的。

『那麼，崔的思想呢？他是贊成什麼的？』

『他是一個汎愛主義者。』

『同一時間，而且又是同一空間，愛兩個人是絕對不可能的！』

我說這話時，曼曼苦笑了，她帶着悽涼的聲音說：

『悲劇，將來我們一定要鬧出悲劇的。』

果然還不到一個月，悲劇便開始了：我記得很清楚，那是一個非常寒冷的冬天晚上，我從外面回來，走進門，就看見他們三個人擁做一堆，每個人的臉上都充滿了苦悶與不安的表情。我連忙退出來，跑到曬台上去躲避，心裡正在計劃是站在這裏吹風呢？還是去找一位朋友談天的時候，忽然一陣劇烈的樓梯響，真真飛也似的跑上來，一手抱住了我，嘴裏不住地叫着：『阿姐，阿姐！』

我像是她底愛人似的那麼緊緊地抱住她，溫柔地說：

『不要難過，真真，你們在鬧什麼呢？』

『我……我……我要崔放棄我去愛曼曼，他不允許，唉！唉！太痛苦了，太痛苦了……』

我不知要說什麼話安慰她纔好。的確，崔是太自私了，好幾次我想責備他，這種思想，根本是錯誤的；又覺得戀愛是人家的私事，我何必討人厭呢？

又是一陣劇烈的梯子響，曼曼突然也跑來曬台了，她要真真下去，崔也連忙追上來，拖她們下去；曼曼緊緊地抱住我不放，兩眼裏充滿了亮晶晶的淚珠，呼吸異常急促，把頭枕在我的左肩上，我很清楚地聽到她心跳的聲音。

『曼曼，不要太自苦了，想開一點，人生還有比戀愛更重要的事要做呢！』

我又把我的戀愛哲學搬出來了，曼曼長嘆了一聲，顫抖地回答我：

『我已經下了放棄愛的決心，我想從情網中得到解脫；只是崔死也不肯放鬆我，阿姐，你給我想個辦法，我要脫離這種環境，再這樣苦痛下去，我非自殺不可！』

『自殺，那才是傻瓜啦！為了愛情而自殺，真是太不值得了！』

在這時，我只能這樣刺激她，明知道她聽了我的話也許不高興；不過我的確是反對自殺的。接着崔又來把曼曼拉下樓去，我仍然站在曬台上眺望上海市的夜景，心裏想着她們這一幕三角戀愛的悲劇，將來不知如何結束。大約過了四五分鐘，三個人又匆匆地一同走下樓到馬路散步去了，臨走時，崔說了一句向我道歉的話：

『謝小姐，對不起，今晚累你受凉了！』

『沒有關係，只希望你們很好就得了。』我淡淡地答覆他，就囘到亭子間去睡覺。

她們一直到十二點過後纔囘來，兩人都沒有說話，就脫下衣睡了。第二天，真真還是那麼起得早，她去練習鋼琴，曼曼就和我在家閒談。

『曼曼，昨夜有什麼結果沒有？』

『結果？什麼也沒有，我已下了最後的決心，再不和他們演這沒有結果的悲劇了！』

『好的，曼曼，祝你理智戰勝情感，從苦海裏拔救出來！』

她點了點頭，視線落在那本日語自修讀本上面，我勸她把感情寄託在學問上，在未來的事業上，她是個理智很強的女性，果然一步步在實現她的計劃了。

然而最後結果呢？唉！太慘了！她終於逃不出情網，受了崔的騙，犧牲了她寶貴的青春和前途……

唉！誰料到呢？我自己居然也做了小說中的主角，一幕短短的悲劇，也在亭子間發生了。艾斯，莫林和奇三個人都是軍校時代的同學，因為我們都是愛好文學的，不久便成了好朋友。三個人當中，艾斯年齡最大，奇最小，莫林是很善於交際的，常常喜歡寫論文，開會時，老被推為主席；艾斯是個研究童話的，他專門喜歡交朋友；奇是個青年詩人，不大說話，性情比較深沉，憂鬱，他們三個人都很喜歡我，我也把他們當做自己家裏的哥哥弟弟一般看待，曾經有一次我們談到將來的問題：

『將來最好大家不要結婚，我們就像兄弟姐妹般組織一個大家庭，好好地生活着，各人都有工作，早去晚歸，遇到星期日，就一同去看看電影，或者到郊外去旅行。』

這是我們幾個傻子的理想，自然永遠也不會實現的。

離開學校後，大家都分散了，在我被母親監禁的那年，艾斯曾帶着一位女友，冒險從江西去新化看我，他是追求我最厲害的一個。那時奇雖然常和我通信，却沒料到他也像艾斯一般熱烈地愛着我。

就在曼曼她們的悲劇發生不久，奇突然從軍隊裏請假來上海看我，當時艾斯也住在上海，而且幾乎每天要來看我一次。我知道總有那麼一日，我會使他苦痛的；因為他太熱情，不，他簡直是個戀愛至上主義者，好像離開愛，就不能生活似的；而我那時的求學興趣非常濃厚，眼看着曼曼的痛苦，自己早有了戒心，決不捲入情渦，以免精神受到打擊；然而事實呢？理智是理智，感情又是一回事，我終於愛上了奇。

這是有原因的：當奇在行軍時，寫了許多美麗的詩寄給我，無論走到什麼地方，總要摘下一片樹葉，或是一朵花，從信中寄來。日記上的字，小得像芝蔴似的；可是一點也不潦草。他把自己熱戀着我的愛情，盡量向我傾訴；却從來沒有問過：「你愛不愛我呢？」。他的家庭非常窮困，父親早就死了，一家四口都要靠他一人維持生活，他是個很能吃苦的青年。其實我愛他的動機很簡單，希望我將來能有力量幫助他；同時也爲他那美麗的詩句而陶醉了。艾斯知道了我在愛奇，他簡直痛苦得發瘋。有天早晨，我去看奇（他就住在艾斯那裏），艾斯一句話也不說，祇是那麼呆呆地坐在那裏望着我們談話。我知道情形不對，祇簡單地談了幾句就回學校；艾斯連忙從後面追來了，他一手把我拖住，用兇惡的態度問我：

『你爲什麼愛上了奇？你知道這是絕對不可能的嗎？你如果遺棄了我，我就要殺掉你！告訴你，我愛你愛到這個地步，你再也不要想逃脫……』

底下他還說了些什麼，我也無心聽下去了；我祇覺得他太豈有此理了，愛情絕不是用掠奪，強迫的手段可以得到的；更不能使用任何權威和壓力。她愛了誰就是誰，別人沒有力量可以干涉，也沒有權利可以干涉；我明知他因受了刺激才像瘋人似的向我撲來，但在理智上無論如何也不能原諒他。

這時恰好有一輛空的人力車經過，我跳上去，要車夫快點拉走；他却一手拖住車子，用着似乎要一口吞下我的神氣命令着：

『不許走！在你沒有答覆我之前，我決不放你走！』

『答覆你什麼？』

『你發誓不愛奇，祇愛我！』

『不，我誰都不愛，祇愛自己！』

說來說去，我還是那兩句話，這使他感到大大失望。這時他沒有別的方法對付我，只好看着車子拉着我飛快地走了。

不用說，這一天的課，我是聽不進耳的，曼曼看出了我的難過，她也找出許多話來安慰我。我知道如果艾斯知道我在愛奇，他一定會發生慘劇：不是殺人，便要自殺，未免太危險，太可怕；我決定忍痛放棄奇，要他立刻離開上海，我仍然把精神集中在學業上，和艾斯保持着友誼，不要使他太傷心；同時防止他對我的愛情突飛猛進。

像和奇預先約好了似的，黃昏時候，一個矮小的影子，悄悄地闖進了我的房間，我把今天早晨在馬路上，艾斯攔車的事，統統告訴了他，他沉默了一會，然後堅決地說：

『那麼，我今晚搭快車赴南京轉漢口，決不在這裏使你爲難。』

『……………………』

我不能回答他什麼，我的心像針刺着似的劇痛。

『讓我在心裏永遠地愛着你吧，不要因爲我的突然離開你而難受。』他含着淚說。

聽到樓梯響，他以爲是艾斯趕來了，連忙跑下樓去，我站在涼台上望着他的影子，在遠遠的電線桿下消失了。

當天晚上，奇並沒有走，他喝了四五瓶酒，醉得一塌糊塗。朋友林熹告訴我，他那晚是萬分地渴望我去看他一次的，然而失望了。

第二天，我正在熟睡的時候，忽然曼曼把我推醒，打開眼睛一看，原來艾斯流着淚，跪在我的床前，手裏還拿着一張他自己畫的畫，那是一個犯罪的人，跪在十字架前懺悔的像，扶着十字架的是一個短髮的女人，不用說這張畫的含意，一看就了然的。

我棉衣也來不及穿，連忙把他扶起來，勸他不要這樣發癡，免得給人家笑話。他不管曼曼在旁邊，一定要我答應赦免他昨天在馬路上的罪，他才起來；我只好說：

『好吧，我原諒你昨天的過失。』

我洗完臉後，他要求我和他散步去，一路來都是說的懺悔話，我知道他的神經有變異了，生怕他瘋狂，於是說了許多安慰和鼓勵他的話，他的情感這才慢慢地平靜下來。

人是往往同情於弱者的，奇被逼着離開上海之後，我無時無刻不在想念他。接到他發自南京，九江，蕪湖一帶的來信，知道他在船上的悽苦生涯，心裏萬分難過；同時想着他那茫茫的前途，更感到不安。他像是我的弟弟，唱起「棠棣之花」來時，我老把自己比聶瑩，將奇當作聶政；我應該用全副的愛去愛他，用全副的力量去幫助他，表面上我和奇是遠離着，而靈魂却一天比一天更接近了。

很自然地，我對艾斯的情感漸漸冷淡了，他深深地感到悲哀，常從曼曼那裏打聽我的心境；曼曼說：『她近來很理智，她好像害怕愛似的，她每天用功研究學問，你還是把情感壓制一下，不要老是去糾纏她，使她不安。』

一直到現在，我都懷念艾斯，想不到那麼富於熱情的人，居然理智也這麼堅強，他終於有一天跑來告訴我：

『我覺得我們都太年輕，不應該整天沉醉在愛的幻想裏，我被你讀書的精神所感動，決定明天赴天津轉北平求學，今天特地來向你辭行；再見吧，後會有期。』

這時我倒感到悽涼起來，想不到他是那麼堅強而乾脆的。當晚我就送他上船，在船上整整地談了一夜，他仍然做着未來的戀愛勝利夢，並未想到我這方面，早就只有友誼的存在了。

破棉襖

說起來，這是一件很有歷史而值得特別紀念的棉襖。

克勤在長沙湘雅醫院當護士時，就和我成了很好的朋友。她每次來信，總要寄些美麗的畫片，或者從外國雜誌上，報紙上，剪下一些小巧美麗的洋娃娃寄給我；而我也對這位天真，美麗，多情的小姐，發生了深刻的友誼。來到上海，因爲兩人的思想，興趣不同，她喜歡跳舞，很快地她成了交際場中的紅人；我呢？正開始過着窮困的流浪生活，我們兩人的感情，雖不及在長沙時的好；然而老朋友究竟是老朋友，彼此的生活時時都在關懷。

『冬天來了，你還穿着單衣，怎麽過日子？』是一個朔風吹得人抖索的早晨，克勤那麽關心地扯着我的衣問。

『沒有錢做棉衣，就讓她凍一凍吧。』

『只要你不嫌舊，我這裏還有一件薄棉襖，你拿去穿上吧。』

就這樣，毫不猶豫地，我從她的手裏接過來一件輕軟的，面子是淺黃色條子花的棉襖。也許她曾經不單外衫穿過許久的緣故，所以顯得很髒，裏面已經破了好幾個洞，外面倒是很新的。我把棉衣抱在手裏，立刻覺得增加了體溫似的，加速了脚步走回宿舍，進門就笑着告訴曼曼：『我有棉襖了！你看這顏色多麼漂亮。』

『可惜太舊了一點。』

曼曼只淡淡地回答了一句，我知道她的心裏正在想別的問題。

從此我不再感到寒冷了，雖然一直到雪花飄滿了大地，整個的上海成了白銀世界，人家穿了狐皮大衣還嫌冷，而我只穿着這件薄薄的棉襖，在馬路上跑來跑去。真的，我一點也不感到冷，有時路跑多了，反而嫌棉衣太熱，恨不得脫下來，仍舊換上單衣。

只有我的脚，的確在當時受過相當的苦，一雙布鞋，整整穿了半年，無論天晴，落雨，下雪都靠它保護我的脚，已經到了空前絕後的地步，常常雪花從脚前面鑽進來，又從脚後跟擠出去。襪子雖有兩雙在換洗，也已補上加補，爛得簡直不像話；遇着雨雪天，老是一雙濕脚回來，等到第二天仍然是一雙濕脚跑出去；因為脫下了襪子沒有火烘乾，索性就穿着濕襪子睡到天明。在這種情形之下，被窩裏和脚上的臭氣，自然不可避免，好在除了挨前樓那三位四川太太的謾罵外，曼曼她們是從來不嫌我骯髒的。

本來我還有一件短外套，那是瑞華去國之前送我的。他是一個充滿了熱情的大孩子，外套面子是黑呢，裏面是羊毛的，非常輕暖；在他給我披上的時候，還說了幾句這樣的話：

『我希望你做個男孩打扮，所以纔送這件衣給你，三五年後我回到祖國來，如果你還保存這件衣，那你夠得上做我的朋友。』

我曾不顧人家的譏笑，居然把這件短外套穿了半個多月，後來因為一位朋友窮得簡直活不下去了，就要求我把這件衣給他送進當舖。此外還有一個金戒指，那是我那位「名義上的未婚夫」送我的，也被他拿去當掉了；如今只剩下這件破棉襖是我唯一的財產，白天當大衣穿，晚上當被窩蓋，我永遠忘不了克勤，也永遠忘不了那一段忍饑受凍的生活。

飢餓

說出來，有誰相信呢？我已經四天不吃飯了。

起初是一天吃四個燒餅，或者兩個小麵包；後來由四個減成兩個，再由兩個減成一個；最後簡直窮得連買開水的一個銅板也沒有了，口渴時就只好張開嘴來，站在自來水管的龍頭下，一扭開來，就讓水灌進嘴裏，喝得肚子漲得飽飽的，又涼又痛，那滋味真有說不出的難受。

爲什麼會窮到這個地步呢？那時學校裏發生了問題，有些同學被抓進捕房去了，許多同學搬了家，也有一部份同去了；廚房不肯賒賬，他再也不願意開飯給我們吃了。

實在餓得不能忍受了，纔跑去春潮書店借錢，如果遇到負責人夏方兩人在，還可借給我三塊五塊；但他們在店裏的日子是很少的，夥計們自然不敢做主，因此去十次總有九次是落空的。

那是我最快樂的一天，「從軍日記」出版了！春潮書店的大門口，貼着一張用各種不同顏色寫的又鮮明又動人的廣告。我懷着一顆好奇心走了進去，也像顧客一般，從書架上抽出來一本封面鮮紅，是豐子愷先生的女公子畫的小兵騎牛的「從軍日記」來看；我用不着買它，因爲我知道至少可以無條件地得到十本的。

『我没有錢用了，請你付幾塊錢的版稅給我好嗎？』

趁着店裏没有買主的時候，我這樣含羞地輕聲問那位管帳的。

『不能，版稅一年只能結算兩次，現在還不到時候，我怎好付給你呢？』

『我等不到結算版稅的時候了，今天非預支幾塊不可；我不到萬不得已的時候，決不會來借錢的，你難道不相信嗎？我連回去搭電車的錢都没有，來的時候還是跑路的。』

餓饑之火在我的腹內燃燒着，我忘記了什麼是羞恥，這樣訴苦時，好像一點也不覺得難爲情。對方聽了我的話，只是冷冷地一笑，似乎並不同情我；倒是一個小夥計對我很好，他說：

『你多等一會兒吧，買你底書的人一定不少，等下收進多少錢，你就統統拿去好了。』

管帳的用着怒眼斜視着小夥計，因爲我在旁邊，他不好說什麼，只是重重地打着算盤。

這時我自動地充當臨時店員，進來買「從軍日記」的青年，我都願意親自將書遞給他；自然對方並不知道我就是那本書的作者。有幾個雇客嫌我包的不好，表示很生氣的樣子，小夥計正想告訴他我是誰，我連忙使了個眼色制止了他，弄得那位青年莫名其妙地打量了我很久，然後悻悻地離去。

快到黃昏的時候，我居然拿到了五塊錢歸來。我不再搭三等車了，趾高氣揚地跑進了頭等車，那位售票員忙指着前面一節車說：『到三等去吧！』他大概看見我穿的衣服太破舊，以爲一定是個坐不起頭等車的窮光蛋，我忙把五張鈔票拿在手裏故意向他示威：

『喂，找錢來吧！』

他這纔低下頭不做聲了。

意外地遇着一個青年拿了一本「從軍日記」坐在我的旁邊看，他向我宣傳，要我去買一本來看看，我故意同答他：

『我不贊成女人當兵，所以也不喜歡看這本書。』

他聽了非常不高興，竟駡我思想頑固。

『廿世紀時代的女性，不應該這麼開倒車的！』他氣憤憤地說。

車子駛到卡德路，我就下來了；懷着一顆興奮的心，跑去找光光。她和元真正窮得没法過日子，見我去時很高興，猜想我一定拿到了錢，連忙向我瓜分，我立刻給了她們兩元；其餘的兩元多，就花在請她們吃飯的小館子裏；等到同去，又只剩幾毛錢了。我並不憂心，我覺得吃了一頓飽飯，至少可以挨餓三天。

學會喝酒，也是在這個時候。一個人到了越窮困的時候，對於金錢便越視爲糞土。我常常奇怪一般視錢如命的守財奴，爲什麼要這樣刻苦自己，半文錢也不肯花。我只要精神痛快，物質生活那怕再苦些，也不能絲毫影響我的思想和意志。有錢時，我分些給窮朋友用；或者跑到館子裏大吃大喝一頓；或者買許多我愛吃的蝦米，牛肉乾，鴨肫肝和糖菓同來。窮困時，就一個人跑去馬路上喝西北風，躲在亭子間裏喝自來水，或者索性蒙在被窩裏睡兩天，看看有趣的小說，以消磨這可怕的長日。

如果有人問我：『飢餓的滋味怎樣？』我立刻乾脆地回答他：『朋友，請你四天不吃一點東西，餓一下試試吧。』老實說，飢餓的確比死還要難受，比受了任何巨大深刻的痛苦還要苦；當你聽到腸子餓的咕咕地叫時，好像有一條巨蛇，要從你的腹內咬破了皮肉鑽出來一般；有時你餓得頭暈眼花，坐起來又倒下了；想要走路，一雙腿是酸軟的，拖也拖不動；有時一口口的酸水，從肚子裏翻上來，使你嘔吐，却又吐不出半點東西；更有時餓得實在不能忍受了，想在自己的胳膀上，咬下一塊肉來吞下去，這時我纔相信古時「易子而食」，和現在有些地方，把死人的肉煮來當飯吃的慘事是真的。

雖然窮到這個地步，我這副硬骨頭却始終不屈服，不向有錢的人低頭；更反對女人的出路是找個有錢的丈夫。

「飢餓只有加深我對現社會的認識，只有加強我生的勇氣。」這是飢餓給我的寶貴敎訓。

學校被封了

再沒有這樣倒楣的了，兩年前曾經遇到一次學校解散，如今又輪到第二次了。

其實誰也沒有犯罪，不應該受到這種無理的摧殘；可是當時的情形却嚴重極了，好像不解散學校，這三百多個男女青年，都會變成強盜土匪似的。

事情的起因是這樣：法租界的電車罷工了，有人說這是藝大的學生在鼓動。當時藝大學生會辦了個平民夜校，學生非常之多；又成立了一個文藝研究社，加以壁報也出得很起勁，於是這許多活躍的現象，就使那些巡捕房的偵探們看得眼紅。他們認爲藝大的學生都是「反動份子」，需要大事逮捕搜查一下，顯一顯他們的威風；同時也可借此立功得賞，步步高升。

『快不要去了，學校被包圍，連教授和學生捕去了兩大卡車；平民夜校的牌子，油印機，小學課本都被載走了，你說氣人不氣人？』

當我正從宿舍出來走向學校的時候，一個同學這樣慌慌張張地告訴我。

『又是法租界的巡捕來抓人嗎？』

『是的，「破褲子」這回幸而逃走了，他真好運氣；如果被捕，他難道還想活麼？』

提起「破褲子」，在藝大真是無人不曉。他的名字叫李特，平時不大說話，做起事來却很負責認真。他是平民夜校的校長，第一次學校被搜查時，正遇着他們在開會，別人都被捕了，只有李特一個人用飛簷走壁的本領，從窗口逃出去了；他的褲子被巡捕撕下了一大塊，當時他們互相大聲地喊道：

『那個破褲子逃走了，趕快去追，不要放走他！』

於是從此「破褲子」成了有名的人物，連校役都叫他破褲子了。

『巡捕快來搜我們的宿舍了，趕快把書藏起來！快！快！』

曼曼也氣喘喘地從對面走來，我只好趕快和她一同回到宿舍，兩個人都不知道應如何處理那些小說和文藝理論一類的書籍；把她燒了吧？太可惜了；藏起來吧？連床鋪底下，他們都要仔細檢查的；那麼藏到什麼地方去呢？最後我想到了一個好方法，用繩子把書綑起來由窗口吊下去，再丟下去兩件衣裳覆在書的上面；假使被他們看到，以爲是晒的衣服被風吹落了，一定不會注意到下面還有書的。果然這方法奏效了，他們來檢查時，真以爲是衣服，沒有注意它。

『不得了，同學們在獄中飢寒交迫，受盡了看守們的虐待和侮辱；他們用自來水管拼命向女同學的身上噴射，克勤凍得簡直大哭大叫，再不想法營救，他們都會有生命的危險。』

晚上，「破褲子」和老劉他們，在我們的亭子間開會，商量營救他們的辦法：第一步，先給在獄的同學，送食品和衣服進去，以免他們受飢受寒；第二步，調查被捕者是否有朋友和家長在上海，通知他們聯合營救；同時未被捕的同學，趕快進行募捐運動，以便請律師出庭辯護。

事情愈來愈嚴重了，學校的大門上，都被巡捕用條子交叉地封閉了，偵探也在加緊工作，像一隻飢餓的獵犬，四處尋找對象。學校當局也不知爲什麼緣故不負責任，我們去請求他營救，並且告訴他被捕的並不只限於學生，還有幾位老師，校長皺着眉頭，很不高興地回答我們：

『連這次已經是第三次被他們搜查了，現在是帝國主義的時代，我們住在他們的租界裏來反對他，自然要遭他們的痛恨；我有什麼辦法呢？他們不許我們開辦，只好就關門罷。』

這真是晴天一聲霹靂，誰聽了這消息不痛心呢？中國人在自己的國土內，爲什麼連辦學校的自由都沒有呢？

回到冷清清的房子裏來，我和曼曼相對默坐着；她的手表聲有規律地響動着，打破了這可怕的沉寂。

『幸而你運氣好，如果早走幾步，你這時也在受冷水潑頭的苦刑了。』

曼曼微笑着爲我慶幸。

『真要感謝我的三哥，要不是他滙錢來了，我不會這麼快回信；如果我早走，當然免不了又要坐牢；不過曼曼，現在我們怎麼辦呢？』

『真的，我們怎麼辦呢？學校關門了，我們到什麼地方去呢？』

誰想到我的命運是這麼多災多難，滿以爲進了藝大，至少可以安心讀兩年書；那知半年都不到，又要捲起鋪蓋開步走了。

『你打算怎麼辦？』

『我只好去當女工。』

『不可能的，你是受不了那種苦的，我看你還是想法繼續讀書吧。』

這時我們兩個人的心，都像亂疵似的，不知如何是好。藝大，的確是令人留戀的，那三百多個富有熱情的男女青年是那麼活潑，勇敢，親愛，有朝氣；尤其我和曼曼的感情，特別真摯純潔，我不能少了她，她不能沒有我；可惜她有那位崔在糾纏着不能離開，否則我倆在一起，該是多麼快樂呵！

『女人同女人做朋友，總不能長久的，因爲她們都要嫁人。』

不知是誰說過的句子，又悲哀地襲上了我的心頭。

學校解散之後，我像喪家之犬似的，整天在馬路上徘徊。同學們陸續被釋放，大半都回家去了，曼曼也到了崔的懷抱中；我呢，寒冷的深夜，對着一盞五支光的電燈，伴着壁上的孤影，凄涼地埋頭在書本上尋找安慰。

偷飯吃

正在愁着出路問題的時候，突然由孫先生轉來一封三哥寄自北平的掛號信，裏面還有一張三十元的滙票，他希望我立刻到北平去補習功課，好預備暑期投考女師大；還介紹童先生給我認識，因爲他不久便到北平去，在路上多少可以照顧我。

照理，這該是多麼使人高興的事，我又有讀書的機會了；可是當時的心境是很矛盾的，對於亭子間裏的窮困生活，感到莫大的興趣；因爲這裏的一切都是活躍的，進步的。比方你幾天不到四馬路去，那些書店裏又擺上了一些新出版的書刊，對於讀書寫作的興趣也非常濃厚。上海在當時，的確是文人薈萃的地方，也是文人們快樂的搖籃。

其實我應該深深地感謝允許負擔我學費，救我於窮困的三哥，他因爲看到我在上海的流浪生活太窮困了，所以勸我到北平去升學。起初我還有點遲疑，孫先生說：『你這人太古怪了，有機會讀書，爲什麼要放棄？何況你三哥又是這麼愛護你。』

我被這句話說服了，我終於登上了開往天津的海船。記得很清楚，那天是五月三十日，送行的只有宋君一人。

到了北平，最初住在河北省婦女協會，一星期後，便搬到民國日報去了。我和小鹿兩人輪流主編副刊；誰知不到兩個月，報紙停辦了，只好又回到婦女協會去住，每天只看些文藝方面的書，並沒有預備投考學校的功課。

記得那時我最喜歡跑到文化書店買書，這是楊氏兄弟開的，專售新文藝書籍，楊曾向我宣傳要我買「從軍日記」看，後來我們終於成了朋友。艾斯原在師大讀書，聽說後來他的精神反常，拼命追求一位周小姐，有一次還打破了周家的玻璃窗，不久被送進瘋人院，唉！可憐的他，最後到底爲戀愛犧牲了！

周大姐也到北平來了，我們同住在一間小房子裏，過着自己洗衣服，做飯吃的生活，非常有趣；不久她到天津去了，我也考上了女師大。

提起女師大，我總忘不了那件丟臉的事。主考的先生們，都知道我的地理成績只有四分，本來決定不錄取的，因爲那位地理先生說我在卷子上駡了他，他非常生氣。

『她還沒有考上就這麼調皮，居然敢罵我，將來進了學校豈不要打老師嗎？』他在開考試會議時，這麼氣憤憤地對大家說。

原來他出的題目太古怪，與考的人對於外國地理十有八九回答不出。我只答了一個題目，就在後面大發起牢騷來；我駡他不該出些小而不被人注意的題目，這自然使他看了生氣；後來因爲國、英、算三門功課還不錯，同時擔任國文系主任的黎錦熙先生極力主張錄取我，這才使我有機會踏進紅樓之門。（註：紅樓卽女師大的別稱）

奇那時在天津的招商局做事，我們的感情像春天的草木似的，一天比一天成長了；可惜這只是一個短時間的夢，像曇花一現，不久我們又陷於痛苦的深淵，喜劇還沒開幕，而悲劇緊接着上演了。

在女師大過了半年很太平的日子，這裏是不收學費的；膳費、書籍費，以及零用錢，三哥都爲我準備好了；而且有一件我夢想不到的事，他還替我做了一件大衣，雖然這是一件並不怎樣禦寒的外套，但比起在上海下大雪天，也只有一件破舊的薄棉襖穿在身上來，不知溫暖到什麼地步了。

似乎命運註定我，生來就要受苦似的，三哥突然要回長沙教課了；因爲他每月的收入，沒有北平的多，他停止供給我求學的費用。這打擊，使我不知如何是好？不讀書吧，又覺得丢掉一個機會，實在太可惜了；讀吧，卽使賣文章可以弄得每月的吃飯錢；而穿衣買書，以及零用，從什麼地方來呢？何況我又有了家的負擔。幸而好，有兩個朋友，他們見我窮得太可憐，於是自己讓出功課來給我教。我還記得安徽中學是每小時一元，大中中學只有七毛五。我每星期擔任十二小時的國文，改作文簿九十五本。一面讀書，一面教課，有人說這是教學相長，對於自己很有益處；然而我那時覺得這只是一句話而已，實際上是非常痛苦的。自己犧牲了功課不上，去教人家，已經損失很大了；何況改卷子這件事是最麻煩的，常常改到半夜還不能睡。說也奇怪，我那時的身體，簡直像鐵打的那麼結實，一連幾晚睡不好，也不感到疲倦。爲了有一次，半夜爬起來去偸開電燈的總機關而觸電，此後就不敢冒險了，只好自己買洋臘燭來點着工作。我的習慣是這樣：晚上十二點以前改卷子，十二點以後，整個宿舍都寂靜了，我就開始寫文章。提到文章，實在太可憐了！爲了我喜歡發牢騷，一些大報紙的副刊，都不敢登我的作品，有位在華北日報當編輯的友人，曾經幾次對我說：『你寫一點軟性的文章不可以嗎？』

『不可以！我離開真理是不能生存的！』這是我給他的答覆。

那時只有一家小報歡迎我寫稿，唉！可憐得很，每千字只有五毛錢；不過從不拖欠，按月有發。我當時的筆名很多，如紫英，鄉巴姥，英子，格雷，林娜……等等；有時寫得多，每月也可拿到十幾元稿費，連薪水合起來，有四十多元一月的收入。從表面看來，我的生活應該還可以過得去；但是光就車費一項來說，就得花七八元一月；還要僱老媽帶孩子，幫助周大姐；我自己當時的生活情形是怎樣的呢？

我和超人，雲仙三個人同住在一間寢室、每次吃飯都是一同到食堂裏去的。爲了我們的食量太大，（我那時除了每餐吃三大碗飯之外，還要吃兩個饅頭，爲生平最能吃飯的時期。）而又没有這多錢付飯錢，只好做出不道德的剝削厨房的事來。每囘吃完了飯，照例要喊厨房算帳。（這是零食部，每頓結算一次，有的寫在帳簿上。）

『幾碗飯？』

『五碗飯，兩碗稀飯。』

『喝！三個人吃的那麼少？』

矮子厨房老是帶着譏笑與懷疑的口吻說。

『什麼話？難道吃了你的飯還少報嗎？』

究竟是我們威風，他終於含着寃氣低着頭走開了。

大概像我們一樣揩厨房油的小姐太太們不在少數，忽然有一天，發現食堂裏每隻飯桶的旁邊，都有一個人在站崗了。起初大家都不知道這是怎麼囘事，等我拿着空碗走近飯桶時，立刻這崗警就恭恭敬敬地，將我們手裏的碗接過來盛飯，這時大家才恍然大悟了。

『他們眞厲害，明天我們去買個大碗來吧！』

超人說着，我們笑得連飯都噴了出來。

有一次，我欠了厨房七塊多錢，他天天跟在我的後面討債，爲了害怕他，我連食堂門口都不敢走近，一連過了四天吃紅苕和燒餅的生活。

那是民國十九年過陰曆年的時候，我偷偷地跑到靜芬那裏去躲債，同來雲仙告訴我，厨子已來找過我十多次，他甚至要陳媽把我的箱子搬給他做抵押，後來經她擔保我同來就有還的，他才不鬧了；其實他那裏知道我的箱子裏只有幾件破衣，一些稿件和書信呢？

多天，雪花飄滿了大地。

女師大的會客室裏，擠滿了手提溜冰鞋的西裝少年，他們在恭候着小姐們出來一同去北海公園溜冰；我呢？縮着頸，夾着講義在冰道上候電車。雪下得更大了，全身都變成白色，鼻孔裏流下的清水，如果不立刻拭淨，很快便會變成兩根小冰柱；有時連電車也不能開行了，就一步一步地踏着雪走去。記得有一個下雪的早晨，我由石駙馬大街步行到北新橋的大中中學去，進大門便聽不到一點聲音，我知道已經上課了，生怕躭誤了學生的時間，連休息室也不進，直向教室奔去，如果在平時搭電車去，我還有幾分鐘休息，可以烤一下火，暖暖手；這天我的手指正像死人的手一般僵硬，簡直不能拿粉筆，我把它放在嘴裏呵了一陣暖氣，拿起粉筆又掉下了，學生們看着我那副凍得可憐的模樣，他們都喊着：

『老師，你去把手烤熱了再來上課吧。』

我走向火爐邊，兩隻手抱住了鐵爐也不知道痛，結果有幾隻手指皮都烤成了焦黃色。

晚上，紅樓的宿舍更熱鬧了，小姐們都圍着煖氣管替情人織絨線衫，開留聲機，唱「夢裡情人」，打哈哈，吃巧克力糖，談戀愛故事，快樂得像天上的安琪兒；我呢，幾顆蠶豆，一杯白開水，喝着嚼着，也自有無窮的樂趣。

夜深了，小姐們都入了甜蜜的夢鄉，只聽到我的筆在紙上沙沙地響。

寫，拚命地寫吧，爲了生活，我像一隻駱駝那麼負着重擔，在沙漠裏掙扎着勇往前進！

我愛作文

那是我初進女師大的第一年，國文老師對我們說：

『現在你們是大學生了，作文題目可以由你們自己擬，每學期至少要繳七八篇文章，多多益善；但是有個條件，篇篇都要好文章，不可敷衍。』

『老師，不會作的怎麼辦呢？』

有位不知姓名的同學忽然這樣問。

『不會作，怎麼考進大學的？你們的文章，在中學時代應該早就寫通了，到大學校來，老師不過是指導你們做更深一層的研究；文章寫得好不好，還得你們自己努力，我是無能爲力的。』

『老師太客氣了。』

是另一位同學低微的聲音。

『老師，我們的作文是在課堂上作，還是在課外作呢？』

這是我這個鄉下姑娘發出的愚問，有幾位同學望着我笑了；可是我並不感到難爲情，反而覺得她們的笑是多餘的。

『隨便，愛在課堂上作的，就在這裏作好了，寫你們最愛寫的題材，我走了。』

望着老師的背影，消逝在長廊的轉彎處，於是有三分之二的同學也跟着走了；一位坐在我右邊的同學悄悄地問我：

『你作什麼題目？』

『望斷天涯兒不歸。』

我毫不猶豫地回答她。

『是小說嗎？』

『不！是一篇抒情的小品文。』

我高興極了！真的，做了大學生的第一個好處是：有了許多自由，譬如作文，就是一個例子。記得我在中學讀書的時候，最感到傷腦筋的是：國文老師臨到作文課時，才在黑板上出一個題目，有的一次出兩三個，可以由你自已選擇；有的只出一個，什麼「溫故知新說」；「國家興亡，匹夫有責論」；「國慶感言」……一類的題目，叫人一見便頭痛。我喜歡老師在作文的前幾天就把題目預告，而且最好多出些抒情、描寫、記述一類的題目，少作議論文；因爲青年人最熱情，他歡喜讀抒情、描寫一類的文章，也喜歡發揮自己的情感和抱負。我們只有寫自己真實的感情，真實的思想，忠實的生活，才能把文章寫得好；如果硬要由腦筋裏壓榨出一些什麼空空洞洞的理論來，不但文章寫不好，而且對於這些學生，簡直是一種無形的精神虐待！在學生時代，我喜歡寫自己最愛寫的東西；後來到了我當教師的時候，就深深地記着「己所不欲，勿施於人」的格言，我絕不傷害他們的腦筋；有時一次出二三十個題目，由他們自由去選擇，或者乾脆由他們自己作主，愛寫什麼就寫什麼。他們寫的情書，偶然也給我修改；說真話，那比他們平時的作文寫得流利多了。

前面說過，我當了大學生之後，別的沒有什麼高興，最使我覺得快樂的是我有了寫作的自由。這個時期，我的生活苦極了，又窮又忙；窮的連坐電車的錢也沒有，忙到夜以繼日地改卷子，預備功課，還不能把工作完成。原來當我在大一的時候，就兼了兩班中學國文；說起來真太冒險了，自己還是個剛跨出中學不久的鄉下姑娘，去教那些又高又大的北方青年，怪不得他們要叫我「孩子先生」了。

愛與恨的爭鬪

說起來，這是十六年前的事了，我曾主演過一幕悲劇；現在無論什麼時候，只要一回憶到當時的情景，全身的細胞，都會不由自主地顫慄起來。那是我有生以來第一次演悲劇，因爲傷痕太深，我的心至今還是酸痛的。

首先讓我向那位替我製造悲劇的主角鴻靜默三分鐘誌哀，他離開人間整整地十四年了，我不敢想到他死時的慘狀。當我在申報上發現他死的消息和他的照片時，我竟暈倒了，如今，墓廬上想已白楊蕭蕭；但不知埋葬何處，幾時能有機會讓我去憑弔孤魂？

囘憶起來，好像做夢似的，關於和奇破裂的經過，我眞不願再提；可是很多認識我們的朋友，尤其是同學，一直到現在還在好奇地問我；所以我還是簡單地敍述一點關於那次悲劇的經過吧。

鴻是我二哥最好的朋友，他愛我還在奇之前。人長得魁梧英俊，有演說的天才，體育很好；其實在師大時，他是學國文的。他是個精明能幹而又富於熱情的中年男子，我也曾有一個時期非常愛他；後來聽說家庭的環境太複雜，周大姐又在熱烈地向他追求；同時他的性格也和我不相同，他不喜歡我學文學，但我絕對不能放棄文學，寧可犧牲愛情。

自從漢口分手以後，我們一直沒有見過面；而且彼此不通音信，直到十九年的多天，他打聽我在北平，就決定從廣州去看我。經過香港時，曾有一位我們的好朋友告訴他，說我已和奇結婚，而且快要生孩子了，勸他不要去北平看我，以免擾亂了我平靜的心緒；他爲了思念我太深，終於不聽勸告地去了。

世間再没有比這還巧的事了！他和奇竟乘同一時間的特別快車由天津去北平，而且同一時間來看我，其中只差幾分鐘。

當傳達遞給我一張會客單，上面寫着鴻的名字，我大大地怔了一下，竟不知如何是好。去會他吧？恐怕更增加對方的痛苦；不會他吧？又覺得他是從遙遠的廣州來的，連面都不見，未免太殘忍。我既然不能愛他，就應該以很好的友情待他；加之味虛也說：『你們是老朋友，爲什麼不去見他呢？』於是我就決定向會客室走去。

剛剛坐下没有幾分鐘，突然發現奇也來到會客室了，我真像晴天霹靂似的又怔了一下；但立刻鎭靜下來，忙替他倆介紹。其實在漢口，他們曾見過面的；不過在腦海中，也許各人都認爲對方是情敵，假裝不認識而已。今天我是主人，所以首先提議請他們去吃飯。

『我請，我請。』

奇連忙搶着說，臉上的微笑，顯然地多少帶點勉強。

『不，我請你們倆人去吃，北平是我的第二故鄉。』

鴻也搶着說，他的態度比奇要自然多了。

出了大門，我領着他們逕向絨線胡同的「且宜」飯店走去，這是一家四川館子，菜做得清爽可口，朋友們常常請我去吃的。

在吃飯時，三個人隨便談談，一點也看不出有什麼不同的態度來；到了中央公園散步的時候，就看出兩人的心境都起了異樣的變化。奇老是沉默着不說話，步子走得很慢；鴻的兩眼老是看看我又望望奇，他像在羡慕我們，又像是嫉妒我們，有時也低下頭來半晌不說話。我知道他心裏的難受，比奇也許還要厲害，儘管我找些與感情無關的事來說，總不能引起他們的興趣。在公園所遇到的男男女女，不是成雙，便是單個，很少有像我們這樣的愛人朋友在一起散步的，我提議他們在車上太辛苦，應當早點回去休息，這才使空氣由緊張而變得和緩起來。

『後天是陰曆三十，我請你們過年。』

臨別時，鴻這樣向我們說。

『不要過年，改天我們來看你。』

看見奇的眼睛正在望着別的方向，知道他心裏一定不高興，所以我趕快拒絕鴻。

『我們三個人在一起的機會太難得了，還是決定在一塊過年吧。』

鴻又做了最後的要求。

在這時，我就決定了態度，寧可讓鴻失望，決不能使奇難受，我堅決地拒絕他的好意，就挽着奇的手，回到東城他的弟弟那裏去了。

爲了怕奇疑心我還在愛鴻，我犧牲了女師大的課不上，就住在那間小房裏，整天日夜陪着他。到了第三天，正是舊曆除夕的晚上，有一個文藝座談會需要出席，同時還要參加同學的聚餐，所以就告訴奇我要去西城，附帶又聲明一句：如果時間來得及，我還要去看鴻一下。他同意了，不過希望我在九點以前囘來，因爲他的弟弟買了鷄和酒，準備在家裏過年。

這是一個很忙的晚上，會議結束時已經是七點了，走進女師大，傳達交給我幾張會客單，知道鴻來找過我好幾次。我想既然取得了奇的同意，就順便去看他一下也無妨；於是匆忙地去打了一轉，又囘來參加聚餐。滿以爲只要十分鐘就可囘到家裏，相信決不會超過九點的；那知事情偏偏那末不湊巧，電車因爲除夕的搭客少，又加之正下着大雪，已經停駛了。我只得叫了一輛洋車；没想到恰恰又遇到一個跛子車夫，等他一拐一拐地拉到目的地時，早已過了約定的時間。

唉！誰想到悲劇就這麼開始了？

一走進房門，房子裏黑漆漆地只聞到一股刺鼻的酒臭味，地上堆滿了破碎的酒瓶和碗碟之類的碎片；奇已經呼呼地在打鼾，好容易我摸着火柴盒把燈點起，一看模樣，就知道奇是生了最大的氣。我後悔不該去看鴻，後悔没有步行囘來——那要比跛子的車快多了；更後悔没有拉着奇和我一同去鴻那裏，現在還有什麼可說？大錯業已鑄成，我只有求奇的寬恕與原諒！

『你這女人，不是好傢伙，一切我都明白了！你明明愛着鴻還欺瞞着我；他比我漂亮，能幹，比我有錢，有地位，你去愛他吧！』

天呵，由奇嘴裏怎麼會說出這樣的話來呢？起初我還以爲這是他喝醉了的囈語，所以並不十分責怪他，我仍然不住地向他懺悔，請求他原諒我的過失。漸漸地他的神智越來越清醒，言語也越來越刻薄了。没法，爲了要表明我的心跡，我決定一死了之；當我拿起一把菜刀想要向頸子上亂砍時，突然刀被奇一手搶去了；當我想狂奔出去臥在鐵軌上讓火車輾死時，也被奇的暴力拖住了。總之：在這個時候，我心中的痛苦是無法表白的，除了立刻把自已的生命毀滅，實在無法使奇明瞭我的心跡；更不能使他相信我是愛他而絕不愛鴻。可憐我當時根本沒有死的自由，任我如何詳細向奇解釋其所以遲歸的原因，他絕不相信，而且憤憤地說：

『我連自已都不相信，都不了解；何況要相信別人，了解別人？』

就這樣，他終於誤會我了；這誤會，竟造成了我倆決裂的悲哀，留下了千古的遺恨！

『既然不了解我的人格，也不相信我的說話，你刺破了我的心，糟踏了我的愛情，那麼就讓你永遠地去誤會吧！我再也不能和你共同生活了。』

在最痛苦，最悲哀的時候，我只簡單地說了這幾句話。

從此，我們的心靈上有了深深的傷痕，我的精神經過了這一次打擊之後，真是萬念俱灰，再也沒有半點人生的樂趣了；後來雖然我得着了勝利，奇向我懺悔了，他承認對我的誤會是一時情感衝動，希望我能原諒他。不料幾天之後，他又一連從天津來了三封命令我立刻去天津的信，那時他還以爲鴻在北平，其實他早已走了。爲了他第二次的誤會，我更傷心！我不但不去天津；而且發誓不和他見面，於是四天之後，他又從天津跑來北平，演了一幕寫血書的悲劇，後來我們勉強和好；不幸最後又決裂了。

做了母親

鴻要回廣東去了，我沒有把我們因爲他的緣故而演出的悲劇告訴他，也沒有送他上車，只在他向我告別的一刹那，告訴他永遠不要給我來信，我們的友誼關係從此斷絕了！當然，他是聰明人，一定能了解我說這話的意義和苦衷，他真的再也不來信了。

眼看着肚子一天比一天大起來，我知道孩子快要出世了，心裏萬分焦灼。爲了她，我應該先預備一點錢，所以託云章在大名女師找了個國文敎員的位置，那時她是女師的校長。檢查身體的醫生，極力反對我去大名，她說只差兩三個月就要生產了，路上的顚簸，一定使胎兒受不住，說不定有小產的危險。於是我寫信給奇，要他代替我去掙幾個錢回來養孩子，而且這也是作父親應盡的義務；沒想到暑假回家，他只剩下三十元交給我，試問，這點點錢能夠做什麼用呢？

他回到北平的第二天，孩子出世了，是一個美麗的女孩，一對烏溜溜的大眼睛，一張小小的嘴，哭起來時，聲音特別宏亮。起初他很高興，每天來看我，都要親自交給我一封粉紅色的信，打開一看，有時是一首詩；有時是一封情書。隔床躺着的張太太，有一天她帶着羡慕的口吻對我說：

『這麼年輕的一個學生，我還以爲是你的弟弟；誰知還是孩子的爸爸。』

我微笑了，我感到幸福而驕傲。我們過去的誤會，都在孩子的哭聲中消滅了，從此我們只有快樂的日子過了吧，我祈禱着。

回到家了，生活突然來了一個轉變，爲了那三十元早已用完，我連該吃的鷄和蛋也不能得到了。沒有錢雇女工，自己的髒衣服和孩子的尿布，只好全由自己洗；做飯掃地的工作，當然全靠自己動手。由於營養不良，我的奶水一天比一天清淡，孩子因爲吃不飽，整日整夜哭鬧；沒法，只好去買罐代乳粉來餵她。

是我病倒後的第二天晚上，我請求奇在十一點鐘的時候，來冲代乳粉給孩子吃；他因貪戀打牌的緣故，早已忘了這件事。孩子哭得連隔院的人都聽到了，我又打發隔壁的楊媽和士楷去叫了他兩次，他居然置之不理。

究竟是女人心軟，士楷走來冲了一碗代乳粉，不知是冲的太淡，還是孩子有意淘氣，她竟一口也不喝，就一直哭了兩個多鐘頭才疲倦地睡去。當晚我寫了封很長的信給奇，請求他爲了可憐孩子，暫時把牌犧牲一下；我還以爲他會向我道歉，那知只在信的後面批了這麼一句：「此後不再打牌了。」

究竟不知是什麼緣故，奇的精神越來越不高興，對我的態度也越來越冷淡了。

我不敢望他這冷鐵一般的面孔，當他和別人談話的時候，總是滿臉笑容；而一到了我的面前，似乎我就變成他的敵人了！無論和他談什麼，他總是皺眉頭，勉強地敷衍着。最奇怪的，一到晚上，他常常坐到十二點鐘或一點鐘還不睡，有時呆坐，有時聽到筆尖觸在紙上發出沙沙的聲音；可是不到十分鐘，又聽到他把紙撕成碎片的聲音。幾次我想偷偷地拾起這些碎紙來看，是否是他寫給我要和我決裂的信；然而爲了怕更惹起他的反感，我只好忍耐着不去理會。

無論我怎樣苦苦地求他早睡，他只答應一聲：「唔……」我每晚都希望他在未入寢以前來看我一次，或者瞧瞧孩子的睡像也好；然而每次都使我失望。

唉！這樣沒有愛情的生活，我還勉強繼續幹什麼呢？

我在內心裏這樣苦痛地叫喊起來，於是自殺的念頭，又來到腦海中了。

——死吧！十二點半從天津開來最後一班特別快車，趁着這時我丢下孩子去躺在鐵軌上吧，讓火車駛過來把我壓成粉碎，等他去看明早鐵軌上一副血肉模糊的女屍招領的新聞吧！

——或者就用繩子吊死在這房裏吧，橫豎他是不會進來的，只要將繩子結緊一點，身子懸在空中，至多十分鐘以內一定可以斷氣。

——好，就這樣決定吧，這比去鐵軌上自殺還方便得多呢。

就這樣，我用那根粗大的捆被窩的繩子，套在我的瘦得像枯柴的頸項上，正想去掛到樑柱上時，（我住的只有一底的瓦房，沒有天花板，開眼就看到樑柱。）忽然望望熟睡在床上的孩子是這樣美麗，恬靜；當她微笑的時候，那兩個小小的酒窩，是多麼可愛呵。她引誘着我俯身去吻她，眼淚又滴在那又嫩又白的小臉上。想到也許我死後不久，她也會隨着我赴黃泉，於是我立刻消失了自殺的勇氣。

——孩子是我生的，我應該好好地撫養她，不要使她初來到人間，就做了無母的孤兒；卽使要自殺，也應該先把她安置好了再說；否則，奇是不會照管孩子的，將來他有一天另娶了，遇着這女人又不喜歡孩子的話，那麼孩子的前途還敢想像嗎？

這樣一想，死的念頭又漸漸冷下去了。

可是當我從蚊帳裏望到他還在安心地看書，儘管聽到我的哭泣聲，嘆息聲，他連頭都不回轉來望一下的時候，我的自殺念頭又堅決了。

——唉！你已經是個被愛人遺棄的女人了！還留戀人間幹什麼？你看，自已是這樣過着痛苦的生活；他却還能安心地看書，天呵，男子難道真的是鐵打的心腸嗎？

——孩子，管她做什麼？橫豎她是國家的人，生也好，死也好，何必這樣痛惜她；我這麼大了，社會都不能保障我的生命，何況她是一個這麼弱小的嬰兒呢？

——死吧，就這麼不顧一切地死吧！

當我第二次離開床要上吊的時候，我又想和奇做一次最後的吻別。

說句良心話，我實在愛他；雖然他對我這麼冷淡，我仍然愛他！我想人生不是這麼簡單的，他這幾天的心理變化，一定是愁着我們的生活問題；愁着他家裏母親和弟妹的生活問題。是的，一定是爲了這個。愛情不能當飯吃，我們不是唯心論者，他的冷淡我，我應該原諒他，我們在困苦的環境裏更要相愛，不要製造些苦痛來給自己受；放冷靜一點吧，一時的感情衝動，往往會造出不可挽救的悲劇。

這麼一想，於是一根索子，又輕輕地從我的頸上取下來，丟在地上。

這天晚上生與死的鬪爭，一直延長到黎明。

因爲流淚過多，眼皮浮腫得像個小核桃。當強烈的陽光射進眼裏時，像被針刺着一般地痛；頭也暈痛得抬不起來，全身的骨節都酸痛了。

唉！女人，女人的一生都是痛苦的！

探監

「入獄，速來援救。」

是一個炎夏的黃昏，從郵差手裏接過來一張明信片，上面寫着那麼簡單的六個字，要不是旁邊蓋着第×模範監獄的印章，我幾乎懷疑是誰在和我開玩笑；但一認筆跡，明明是奇寫的。這究竟是怎麼同事？剛剛去天津四天，就發生了這樣不幸的事，叫我如何處理呢？

晚上，一個朋友從天津來了，他告訴我奇被捕的經過：

『實在太不幸了，他一到天津就跑去北方書店，正遇着憲警來檢查，逮捕經理，他也就一同被牽累而入獄了。』

孩子生下來，還只有二十天，就發生這樣倒楣的事，我當時心裏的着急和苦惱，可想而知。我曾苦苦地留他在家多住些時，以便幫助我照料孩子，他堅持着要立刻去天津尋找工作；誰知工作沒有找到，却寃枉地被送進了監牢。

難道這真是命運在捉弄我嗎？一波未平，一波又起……。

一步步走近了那所高大的，門禁森嚴的監獄，我的心便怦怦地跳個不休。我不待親自看見，可以由想像中，知道奇的生活，是如何地焦灼煩惱，而感到深深的苦痛。我已經看過他三次了，每次見了面都沒有話講。

『可以請律師替我保釋嗎？』

『那裏來的三百塊錢呵！』

這是我們的對話，明知道他聽了會感到絕望，我也不能騙他。爲着請律師，我不知費過多少精力和時間，而結果總是等於零。錢，錢，萬惡的錢，我們的生命，也許就要葬送在你的手裏了！

這是誰也想像不出的痛苦，我是在探望一個和他沒有了愛情的愛人。如果是在半年前，我們還沒有破裂的話，那時的心情，決不像現在的慘痛，悽愴！對於他在獄中的生活，也許更要關心，更要每天都來探視。

由北平到天津，光只火車票就要三元多；何況到了天津又要坐車子，吃飯，還要買些鹹菜、鹹蛋、麵包、醬肉等食品送給他。所以每次去看他，至少也得準備十元至十五元的費用，這個數目在當時是相當大的。我在一星期以前，就要開始儲蓄，自己總是不吃米飯，每天只買兩個燒餅或紅薯充饑；到了天津，有時連電車都不坐，就提着買好的東西，一步步走到監獄去。

『他是你的什麼人？爲什麼每次看了他都要哭？』

有次，一個看守這樣好奇地問我。

『他是我的哥哥，因他沒有犯罪被關在裏面，我覺得太寃枉，所以傷心。』

我那可憐的態度竟感動了他，以後如果遇着他值日，總是多讓我和奇談幾句話，鐘點到了也不催促。

一個月之內，奇照例有兩張明信片給我，他告訴我在監獄中飲食太壞了，希望我下次去看他時，千萬多買些菜帶去；還希望我帶些文藝方面的書給他看。他有時也掛念着孩子，要我好好帶着她；可是我這時對他的情感是憐多於愛，我同情他不幸的遭遇，爲他那出獄遙遙無期的寃枉之災而不平，憤慨！在另一方面，我實在沒有力量幫助他；如果我是個心腸硬一點的女人，也許根本不會去看他，因爲他在獄中，並沒有反省他對我的態度，還在寫很長的諷刺詩，寄給一個在漢口編報的友人，說我是個如何有虛榮心，如何殘酷的女性，我之所以和他破裂，爲的要去和一個有錢有地位的人去結婚。那位朋友知道這是他在神經錯亂時寫的牢騷話，不但沒有發表，而且去了一封信責備他。那位朋友把這事告訴我，我並不生氣，我了解他的心情和苦悶。一個熱情好學，活潑天真的青年，一旦被囚禁，自然會發生種種心理變態的；何況在愛情上，又受到這麼大的打擊。至於我自己呢？無須解釋與辯論，總有一天，事實會證明我是個怎樣的女人。

我不敢想像我們將來的結果，爲着他太不了解我，不相信我，使我下了和他破裂的決心！爲着他那偏狹憂鬱，猶豫不決；有時又喜歡投機取巧的性格和我的豪爽，坦白，痛快，堅決，拿得起放得下的性格不相投，我情願忍痛和他做最後的絕交；然而當他正在獄中受難的時候，我能給他一個這麼大的打擊嗎？我不能，我決不能這樣做！看在人道上，我也應該爲他忍受，爲他犧牲的；何況我們還留下了一個孩子！一看見她，立刻就會想到她的父親，奇呵，世間還有比我更苦的人嗎？快樂幸福的生活剛剛開始，便被你的誤會和不了解全部葬送了！從此我的心中烙上了無數的血痕；我的精神受到了絕大的打擊，我再也沒有力量去追求愛了。卽使有，那也是殘缺的，痛苦的。奇呵，你破壞了我們的愛情；不過我並不怪你，只恨我們太糊塗，爲什麼要使兩個不同性格的人相愛，結果只落得一個這麼悲慘的下場！

回想起來，那是我離北平之前最後一次探獄了！冥冥之中，好像有預感似的，我這天特地多買了幾樣吃的東西送給他。一見到他，就好像此後永遠見不着似的那麼傷心，還沒有開口說話，淚珠便繼續不斷地滾下來了。

『爲什麼那樣傷心，是不是你要離開北平？』

他是不容易流淚的，那麼平靜地問我。

『不，我想帶着孩子住到監獄附近來，因爲每次來囘花錢太多了；而且孩子也應該帶給你看看，她實在太可愛了！』

奇也低下頭默默地不做聲，不知道他是否在囘憶我們初戀時的生活，還是在想着孩子未來的命運和前途？

『過去的，不要想它吧，好好地帶着孩子。』

他說這句話的聲音特別溫柔，我在這一刹那間，突然恢復了對他的愛情，我想抱着他深深地一吻，親切地說一聲：『奇，我們好好地愛着吧！』

然而鐵窗隔開了我倆，連手指都不能接觸一下，就那麼被逼着停止談話了。

『爲什麼還站在這裏？趕快出去！』

另一個守第二道門的看守，那樣惡狠狠地把我一推，我仍然呆呆地站在那裏，我要看着可憐的奇，親自把東西提了進去；當我望見他的影子在拐彎處消逝時，我的心突然狂跳起來。

——天呵！此生我還能見着奇嗎？

暈了，暈了，我的眼前冒出了無數的火花在跳躍，頭部沉重得像有塊千斤重的石頭在壓着，兩條腿像抽筋似的不由我自主地亂動着。

出了大門，我又像瘋狂了似的，走了囘來向接見室奔去。

『你不是接見過了嗎？爲什麼又回轉來？』

這時看守的臉孔比方才更凶惡了。

『我還有一句話忘記說，請允許我和他再見一面吧！』

『不能，你下禮拜再來好了。』

我被他推出來了，我忍受着侮辱，含着熱淚走出了大門，回頭一望，似乎奇也追出來了，他在呆呆地望着我的影子嘆息。

慘苦生涯的一斷片

我搬到沒水河來了，這裏離女師大很近。爲了自己一面要上課，一面又要教書，實在顧不來孩子，才下決心找了個劉媽。這時的勒吐精代乳粉，雖然只有一塊錢一磅，但我仍然沒有力量購買。有時朋友送來一兩磅，我就吩咐劉媽，不等到孩子餓得大哭特哭時，千萬不要隨便給她沖吃。她看出我的窮酸來了，好像有點不高與在我這裏做事；我以爲至誠可以感動天，難道我這種悲苦的遭遇，不能獲得一個女人的同情嗎？我想把待母親的感情待她，希望她好好照顧我的孩子，像照顧她自己的一般。結果呢？我的理想完全失敗了，普通一般佣人都是眼睛朝上看的，她們願意在有錢有勢的人家當牛馬，而不願替一個尊重她人格，把她和主人看得一般平等的人家裏工作的。

是一個暑假將要來臨的日子，我因爲在大中中學開教務會議，回來比平時晚了一個鐘頭，劉媽把飯菜都吃完了，剩下來的一點冷飯冷菜，我叫她熱好了再拿給我吃，她很不高興地回答我：

『這麼晚不見回來，我以爲有誰請你吃飯，所以我先吃了。』

『没有關係，你等餓了，自然可以先吃；方才我要你熱一下剩飯，爲什麼不願意呢？』

『不是不願意，而是想替你省一點柴呀！熱天是可以冷吃的，爲什麼一定要熱呢？你不知道今天房東又來要錢了，他說你已經欠了他三個月的房租，每月三塊，三三得九；如果在三兩天內再不繳，他就毫不客氣地要請你搬家了！』

她的態度也正像那房東一般可惡，我這時真氣極了，想不到劉媽會這麼欺負我的；再看看孩子的臉上，佈滿了淚痕；褲子濕透了也不替她更換，早晨換下來的尿布，仍然堆在屋角裏没有洗，我實在忍不住了，就大駡了她幾句。

『我就是這樣，你去找一個好的來吧，我不幹了，馬上就走！』

她真的一面說，一面去收拾她的衣服去了，我想糟糕！假若她真的走，我帶着孩子怎麼辦呢？我不能抱着她去聽講；更不能抱着她去教課；再找一個，那裏有這樣方便，說不定又遇着一個和她一樣的人。想了又想，爲了孩子，還是我低頭；於是懷着滿腔委曲，抱了孩子跑到她面前求情：

『劉媽，你也該替我想想，你是有良心的，你看我累了一天還沒有吃飯，也應該體諒我一點辛苦；卽使你不高興替我熱，也應該把冷飯拿來。再說，看管孩子是你的責任，爲什麼尿布濕了不給她換，昨夜的髒衣服，也不給她洗呢？你萬一要走，我沒法留住你，就請你暫時屈就兩天，等我另外找到一個人你再走吧。』

她見我說得這樣客氣，也沒有再罵她，於是就暫時打消了去志。

我把孩子交給她，飯也沒有吃，連忙跑囘學校去，躺在床上，用被窩蒙住了臉，痛快地大哭了一場；起來，眼睛難看極了，舍監先生問我是怎麼囘事，我告訴她因爲傷風，所以感到不舒服。

這種生活，我如何受得住呢？連劉媽都這麼瞧不起我的貧窮，怪不得房東一天到晚來逼債。我的性格又很特殊，輕易不向朋友借貸，寧可活活地餓死，也不肯向別人去訴苦；只是孩子怎麼辦呢？爲了她，我不能沒有一間房子和一個老媽，聽朋友的話，把她送到孤兒院去嗎？這是絕對不可能的，我將來不能領囘，那是一生的憾事；寄養到鄉下農婦家去吧，我也同樣不放心！

想來想去，還是沒有安置的妥當辦法。我擦乾了眼淚，又囘到浭水河去，這時肚子已完全不覺得餓了，囘到家點燃了煤油燈，又開始寫那一千字可得五角錢稿費的文章。

『太太，老爺幾時才能囘來呢？』有天晚上，劉媽突然這麼問我。

『今年冬天一定可以囘來，到那時候，我們就有錢了。』我只好這麼騙她。

『爲什麼現在不寄錢來？』她似乎有點不相信我的話。

『因爲他那個地方不通滙兌，所以不能寄來。』

我這樣敷衍她。

一才知道我帶了孩子在過着最痛苦的生活，他特地和他的太太小燕從天津來看我，和我商量一個解決孩子問題的辦法。

『由我們把孩子帶到天津去，雇一個奶媽住在我家裏，你可以在此安心工作，想念她時，每月或兩星期來看她一次好了。』

的確，這是個比較最妥當的辦法；一才還答應我奶媽的一切費用，和孩子的衣服，鞋帽，統統由他擔負，那麼我可以節省這一筆錢來寄給奇的母親了。雖然，在感情上，我實在不願意孩子離開我，因爲她的一笑一哭，都能影響我的精神，有好幾次我想要自殺，都是孩子的微笑救了我。

經過一天一夜的考慮，我完全接受他們的意見，決定第二天清早，把孩子交給他們帶往天津。

『奶媽已經雇好了，因爲怕你不肯把孩子交給我們，所以她還沒有來到我家，明天就可把她叫來；至於孩子在路上吃的代乳粉，瓶子和奶頭，我都準備好了。』

小燕怕我不放心，又這麼向我解釋。

『我當然很放心；不過孩子特別淘氣，常常在半夜裏醒來要大哭一兩個鐘頭，不妨礙你們的睡眠嗎？』

『那是小問題，主要的你不要太想念她，應該把感情放冷靜些。』

一才很關心地勸我。不錯，我應當完全接受他們的好意。說句良心話，我也實在太感情用事了；倘若理智再堅強一點，我能夠把家庭兒女看得淡一點，我相信在文學和事業上，或許還有一點什麼成就；現在呢？什麼都沒有，只是半生潦倒，苦不堪言！

晚上，我開始清理孩子的衣服；說也奇怪，平時她只要吃飽了奶，可以一連睡兩三個鐘頭；但今晚她突然不睡了，吃完了兩隻奶，就只想躺在我的懷裏，一放到床上，她就哇哇地大哭，抱起來，她又睡着了。

這樣，我一連試驗了十幾次，都是同樣的結果，我在極端憤怒時，就忍心在她的小屁股上打了幾下，以爲給她個警告，可以睡一個短時間，那麼十分鐘之後，我就把東西都清理好了；誰知越打越哭，越哭自然越不能放下；一躺在我的身上，她又呼呼地睡着了，難道她有靈感嗎？她知道我要把她送走，所以這樣留戀我嗎？

『怎麼？孩子這麼早就醒來了！她的衣服都收拾好了嗎？』

黎明，一才走來問我。

『沒有，我抱她一夜還沒有放下呢，她無論如何也不肯睡，因此衣服沒法清理。明明在我的懷抱裏睡得很熟，但一放到床上，就大哭起來了。』

『孩子有靈感，她一定不願意離開你，大概你也不願離開她，所以眼睛都哭腫了，那麼下次再帶她走吧。』

小燕說着，她也陪着我流淚了；一才堅決地主張還是今天把孩子帶走。

『俗語說，長痛不如短痛，你還是忍痛把她交給我們吧。你的孩子就是我的孩子，一切你儘可放心，有奶媽帶着，比在你這裏舒服多了。』

於是我又下決心把孩子交給小燕，自己開始清理衣服；真怪，孩子一到小燕的手裏，又傷心地大哭起來。

『得了，得了，這孩子長大了準是個怪物，僅僅半歲就這麼懂事；我不敢帶她走了，讓她還是隨着你受苦吧。』

一才似乎生氣了，小燕難受得呆呆地站在那裏，一句話也說不出來。我這時最痛苦了，真是進退兩難，不知如何是好？硬把孩子交給他們帶走吧？又怕她整天整夜啼哭，哭出什麼毛病來，將來我後悔無窮；不交給他們帶走吧？此後的生活更要艱苦，我如何養得活她呢？眼看着自己的奶水一天比一天減少，而孩子的食量，却正相反地，一天比一天增加；冬天快到了，又要一筆錢來替孩子縫寒衣，唉！苦呵！苦呵！

『孩子既然這麼古怪，一分鐘也不能離開你，她真有先知先覺的靈感，那麼我們就只好走了；等她什麼時候能離開你，你就什麼時候把她送來，好在我們始終是幫助你，同情你的朋友，你不要客氣，需要我們幫助你什麼，你可以來信說明。』

我只能用眼淚來感謝一才的臨別贈言。我抱着孩子默默地送他們到門口，連白開水也沒有請他們喝一杯，就那麼讓他們走了。這時劉媽還在夢裏沒有醒來，我的淚越流越多，終於把孩子滴醒了，她睜開眼睛望了我一下又閉着了。這時我故意把她丢在床上，她一聲不哭，我想趕快把一才他們追了回來，請他們把孩子帶走；可是剛走到門邊，我的腿一軟，心一酸，又沒有勇氣去追他們了。

南　歸

帶着一顆受了無限創傷的心，和我那可憐的孩子，剛下津浦車，就登上從南京開往漢口的輪船。儘管我是這樣窮得連飯都吃不飽，這回却因了好幾個朋友的幫助，她們有的把結婚戒指當了；有的把棉襖當了，凑數給我做旅費，爲了孩子，我終於買了一個房艙的鋪位。

好容易把孩子哄着睡了，我悄悄地從她的身邊爬起來，走向船邊吁一口氣。這房子原來是四人住的，碰巧客不多，只有我和孩子。這時我突然又想到自殺了，我想觸電也許是毀滅生命最痛快的方法；或者投水也好，葬在長江滾滾的白浪裏面，不留半點痕跡在人間，不更比觸電痛快嗎？

越望着洶湧的波濤，便越想自殺；的確，「生」是太痛苦了！我不知道要如何才能把以後的日子打發；我突然變得迷信起來，前生一定做了許多惡事，因果報應，所以今生應該受這麼多的痛苦。

在世間，我實在沒有甚麼留戀，別人都有希望，都有前途，都有理想；只有我甚麼都沒有。除了想着孩子的命運，除了想着一個這樣的念頭：「在深夜，抱着孩子一同跳江，只要幾分鐘，便可以結束兩條生命。」

可是當我回到艙來，想抱起孩子來實行我的計劃的時候，從內心裡又湧出一種矛盾的思想：我不應該殺害孩子，她是沒有罪，純潔的；她有燦爛的前途，她有無限的希望，憑甚麼她要做我的犧牲品呢？

過去的勇氣，不知消磨到那裡去了？我呆呆地望着孩子，眼淚像潮水似的湧了出來。想到前面只是一片黑暗，一片淒涼！我究竟用甚麼方法來處理孩子？帶到我的家裡去嗎？這是絕對不可能的事！不但母親不高興，就是全村子裡的人也會攻擊我，輕視孩子的；我怎麼生活下去呢？交給奇的母親，又怕將來不能回到我的身邊來了。唉！苦悶，苦悶！整個的心都被苦悶包圍着了。

我又怨恨起自己來了，爲甚麼這樣多情，這樣不能離開愛而生活；好容易把奇的問題解決，（這是以不了了之的辦法來解決的）孩子問題又橫在眼前了。

還有一件事，也是使我很痛心的，北平給我的印象太深，離開它，好像離開了心愛的人那麼難受。本來過慣了流浪生活的我，到處都可以安身，甚麼痛苦都可以忍受；只是北平，實在太使我留戀了，我不能形容當我抱着孩子爬上火車時的淒慘情狀，她因爲離開了奶媽拚命地哭；葉珍夫婦連忙上車來抱着孩子，我用開水冲了代乳粉給她吃，她絕對不肯張開嘴來呑牛奶，我自己又沒有一滴奶可以騙她；帶着奶媽走嗎？自然是絕對不可能的事。經過三天四夜的哭鬧，孩子的生命，已經奄奄一息了；幸而到了武昌，就遇到一個婦人給了一點奶給她吃，一條小生命，才算度過了一次死的難關。

囘到武昌之後，我住在一間又矮又黑暗的樓房裡，靠着寫稿，來換取生活。那時奇的母親待我很好，她還一點也不知道我們已經鬧了大亂子，永遠不能再恢復愛情。

青楓峽裡憶當年

在武昌只住了半個多月，我又囘到了長沙，像隱士似的，我一下火車，什麼朋友也不去找，只悄悄地一個人跑去嶽麓山的崑濤亭隱居起來。

看守崑濤墓廬的人，還是老朱夫婦，他們都含着微笑歡迎我，我一見他們，淚珠便滾滾而下。囘想四年前的春天，我陪着二哥在這裏療養肺病，早晨我看着太陽從湘江升上來，黃昏又看着太陽從山頂消逝；我在這裏度過了花香鳥語的醉人春天。還記得有天晚上，素華和瑞予過江來邀我飲酒，二哥氣得大駡，他說我們是有意搗亂的，明知他不能動，更不能喝酒，而我們偏要對酒高歌，及時尋樂；他駡我們是妖怪，是涼血動物，沒有一點同情心，我們只好笑着接受；等他完全睡覺了，才悄悄地跑到欄杆邊，瑞予吹簫，我和素華輕輕地唱着「棠棣之花」，直到四更過後還不想睡。誰知道就在這天晚上，二哥和瑞予之間結下了愛的孽緣。爲了貪聽瑞予淒婉的簫聲，二哥希望她整天陪着自己，從此對瑞予的愛一天一天高漲，對方不但不拒絕，而且每天照例有一封甜蜜的情書寄來。我和素華都等着喝他們的喜酒；誰知後來發生了突變，瑞予又愛上了她的舊情人，而忍心地拋棄了二哥，後來二哥的死，固然是爲了參加北伐，勞碌奔波，以致肺病復發；其實另一個原因，是爲了失戀。

我不願再看見這座傷心的房子；然而現在，除了這裏又有什麼地方可以棲身呢？只好忍痛地住到我從前住過的那間小房裏，隔壁那間大的是二哥住過的，我連跨進門檻的勇氣都沒有。

住在這樣寂寞的山林裏，最容易引起出家的念頭，也最容易使人回憶過去的一切。每天吃了飯，我總喜歡跑去青楓峽裏去聽濤聲，這也是一個最傷心的紀念地。回憶將「血潮」獻給那個初戀的影子時的情景，還歷歷如在眼前，我們坐在那條清澈的流到愛晚亭去的溪水兩邊，他仔細地看着那些，用一個少女最純潔的愛情，寫的日記和散文。

我有時仰望着從樹林裏射過來的陽光，幻想着我也許有一天，能夠和他在天堂裏生活；有時呆望着溪水裏的小蝦，隨着流水跳躍，想着我們爲什麼不是一對小蝦，自由自在地生活在水裏？

『喝！我只當你是個無情的鐵漢，看完了「血潮」，我才知道誤會了你，你是每個細胞裏面都充滿了愛情的，不知道上天是否允許我們……。』

『我們是沒有前途的！給你看「血潮」，不過是告訴你在茫茫的宇宙裏，有這麼一個純潔的少女熱愛着你，你應該感到安慰，感到驕傲！……』

『那麼我們將來的結果呢？』

『結果？也許我們從此不相見；但你應該相信，我的心永遠會想念着你的！』

誰知道當時的戲言，竟成了永久的讖語。

在心情悲痛的時候，來重遊舊地，是更加感到淒涼的；我又想到葬身在青楓峽裏，讓血紅的楓葉爲我作棺蓋，潺潺的溪流爲我奏出美妙的輓歌；然而爲了孩子，我又打消了死的念頭，重新回到那間小房裏，繼續着我的寫作。

慈母心

經過了無數次情感與理智的劇烈鬪爭，我終於從苦海中拔救出來了。理智告訴我，感傷是最容易使人頹喪的；一個有志氣的女青年，她不但要和萬惡的封建勢力奮鬪，而且要和妨礙自已學業，容易消磨勇氣的愛情奮鬪！世間有比愛情重要萬倍的事業待我去做，爲什麼不振作起精神來，再接再厲地向光明的前途邁進呢？

在嶽麓山住了十多天之後，三哥便催我回去看看母親。我本來很想念她；只是爲了爭這口氣，她不叫我回去，我總不願向家裏投降；幸好一個絕佳的機會來到了，父親滿七十歲，他老人家來信要我回去，我便乘船到了新化。

母親是個好勝的女性，儘管她心裡常常爲想我而痛哭流淚；但在表面上總是裝着不理我，討厭我，甚至不承認我是她女兒的樣子。當着許多來賓面前，我叫了她無數聲媽媽都不理會，晚飯後，我親手倒茶給她喝，她幾乎連杯子都摔破了。在聽到她一陣怒駡之後，我躺下床來，顯得很疲倦的樣子閉上眼睛假睡。

大約是十點鐘的時候，她從對面的床上悄悄地爬了起來，用火柴點燃了小小的煤油燈，衣服也沒有披，就輕輕地走到我的床前，把垂在地板上的被，拿起來重新給我蓋上。她摸摸我的右手，自言自語地說：「手是冰涼的，被窩一定掉下去很久了。」

我很想睜開眼看看她當時的表情，可是不可能，我應該假裝到底，看看母親還有什麼動作；果然，我看到了最精彩的一幕：

燈光愈來愈近了，它照耀在我的臉上，似乎有一股不可忍受的熱力在壓迫我，使我好幾次想用手去遮住眼睛。

母親用燈光呆呆地照着我，約莫經過了兩三分鐘，她才沉重地嘆了一聲：

『唉！瘦了，瘦了，比她離家時瘦得多了。』

她用柔軟溫熱的手，輕輕地撫摸着我的臉，我的額角，和散亂在枕上的頭髮；突然，一顆冰冷的淚珠，掉在我的嘴角上了，我把頭微微地移動了一下，表示我已被她的熱淚驚醒了。我想打開眼睛來用雙手抱着她的臉，叫一聲：「親愛的媽媽！」也不知是一種什麼力量在阻止我，絲毫也沒有勇氣這樣做；接着又聽到母親醒鼻涕的聲音，然後慢慢地移開脚步，回到她床上去了。

我用舌頭把母親的淚舐嘗了一下，那滋味不像平常一般的鹹，起初略帶苦味，過後又感到異樣的甜。我實在太受感動了，很想一骨碌地爬了起來跪在母親床前，求她寬恕我的罪過。四年來，我給她的痛苦太多了，僅僅只爲了自由和幸福，就使母親整夜爲我失眠，爲我的沒有音訊而求神問卦；現在呢？奮鬪了這麼多年，我得到了些什麼？從舊的婚姻制度下解放出來，又跌進戀愛的苦海裡去了。我想老實告訴她，四年來，我飽嘗了人間的酸苦，受盡了命運的折磨；我坐過牢，餓過飯，也生過孩子；現在還在過着流亡的生活，前途茫茫，母親呵！何日才是我真正得着自由和幸福的時候？

自然，我不能把這些告訴她，那會刺傷她的心的。我仍然裝着睡熟了的打着微微的鼾聲；足足過了一個多鐘頭，母親還在爲我流淚。唉！慈母的心呵……

回到謝鐸山了，見了每一個熟人，我都有兩種不同的感覺：一方面我非常驕傲，處處對他們表示我是個勝利者；另一方面回憶起坐花轎做新娘，幾次化裝逃奔的事來，我又感到無限的憤恨和羞恥。

翔來看我了，她的面容憔悴，兩眼無神，我看出了她內心的苦痛；爲了在許多人的面前，我們只互道寒暄，沒有談別的什麼。後來她悄悄地告訴我，蕭明已經和一個鄉下姑娘結婚，而且生了孩子，我默默地爲他祝福，心裏非常愉快。

『嗚叔，你是勝利了；只有我完全做了封建社會的犧牲品，我後悔沒有跟隨你走就好了。』

『翔，不要後悔，人生不是那麼簡單；我一直到今天，還沒有獲得真正的自由，我隨時都在艱苦、險惡的環境裡掙扎；翔，忍耐着吧，只要不灰心，總有出頭的一天。』

我安慰着翔，兩人同時發出一聲輕微的嘆息。

『到底是親生的女兒，儘管打她駡她，結果還是離不了家。』

六祖母那麼高聲地對母親說。

『我還以爲她真的不肯同家了；那知出乎我意外，她竟回來了！她的脾氣似乎也好了許多，此後大概不會再令我生氣了吧？』

這次在家雖然只住了短短的一星期，可是母親給予我的熱愛，（這愛是藏在她心坎深處的最高無上之愛，偉大的天性之母愛。）使我感動只想流淚。我如果從此不好好作人，整天在苦悶裏消磨日子，不僅對不起自己的良心，主要的是對不起母親！我下決心要到上海去尋找出路，把孩子交與奇的母親撫養，再也不爲她而折磨我的感情了。

這回母親不留難我了，她像我在中學時代離家去長沙一般，煑了許多臘肉，乾魚，鹹蛋之類的東西給我做路菜。我懷着滿腔的新希望，愉快地離開了故鄉。

黑宮之夏

我流着淚吻過了我那剛滿一歲的孩子，在一個漆黑的深夜，自己提着兩件破舊行李，孤零零地踏上了開往上海的瑞和輪船。

也許是上天有意在捉弄我，剛剛從愛的苦海裏跳出來，如今又墮入情網了；好在我的理智清醒，一點也沒有被感情蒙蔽，當愛神的魔手將要向我伸出時，我便怒吼一聲把它嚇退了。

能夠住到黑宮來，完全是叔的關係，他也是一個愛好文藝的青年，而且和奇曾有一面之緣。他很聰明，只是對於金錢異常重視；處世待人，非常世故而滑頭，這就是後來他和我之間連友誼都不能存在的原因。

『姊姊，奇負了你，他的誤會刺破了你的心，讓我來用這顆赤熱的心，醫好你的創傷吧！』

當我有一天，突然在桌上，發現一封字跡秀麗的信，打開來看，讀到這麼幾句話時，我的心顫動了，全身的毛孔都緊張起來。我用雙手緊緊地抱着我這顆破碎的心，我狠狠地把這封信撕碎丟在地上，末了還用脚重重地踐踏它幾下。

我的心，絕對不用別人的心來醫治，我要用自己的理智來安慰她，鼓勵她；用我的寫作填補她的空虛，用朋友來代替愛人，用友誼來代替愛情。說實話，我很討厭綴，恨不得立刻離開他，永遠不見他的面；可是第二天，當他站在我的面前，微笑着和我談話時，我又没有勇氣躲避他了。無用，無用，女人到底是個無用的人呵！她一輩子也逃不出愛的羅網。

憑心而論，我的理智是很堅強的；照理，我的心正在被奇蹂躪得彷彿鮮血淋淋的時候，突然有一個正熱愛着自己的人來安慰，我應該毫不猶豫地接受的；然而理智不讓我這樣做，它常常在暗中警告我：「不要因愛而誤了遠大的前程。」於是我恍然大悟，再也不敢走入歧途。

這是多麼幽靜的環境，無論白天晚上，整個的院子是靜悄悄的。我認識了好幾位終日埋首研究學問的朋友，他們都是復旦大學的學生，思庚是這些朋友中最熱情而又最忠實的一個。他常常和老雷賫咖啡喝，每次都有我在場；表面上我似乎很樂觀，同他們談起話來老是歡天喜地，有時也唱唱幾首不成調的歌曲；但一到晚上，我便過着枕上垂淚任它乾的淒苦生活了。

在黑宮，在那間永遠不能忘的房間裏，我花了不到三個星期的光陰，完成了兩部十四萬餘字的著作——「青年王國材」和「青年書信」。我整天日夜不停地在寫，忘記了睡眠，也忘記了飢餓。有時肚子叫了，我便去復旦大學的合作社，買幾個小麵包來，一面吃，一面寫。有時手裏還握着麵包，我的頭倒在桌上睡着了，老鼠跑來搶走了麵包，弄倒了墨水瓶，把稿子染濕了，我一點兒也不知道。在這個時間，朋友們來找我，我也不同他們談話，習慣久了，不等我同他們打招呼，或者我去他們房間裡談天，誰也不來打擾我。

有時我一個人在野外散步，腦子裏正在構思小說裏面人物個性的時候，突然紉走來了；他一開口就是約我去上海看電影或者去吃飯，我恨他打斷了我的文思，却又沒有勇氣責備他；我可憐自己，究竟還是個感情的俘虜。

想起來，上海真是一個可怕的地方。多少本來是善良的青年男女，來到這裡不久，便被物質的誘惑，走入了歧途。使我最傷心的一件事，兩個和我很要好的女友都整個地變了：愛珍原來是一個最愛幻想的孩子，沒有堅強的意志，對社會認識不清，她的頭腦簡單，只要目前能享受舒適的物質生活，叫她幹什麼都行。到上海不久，她就藉口住到一位朋友那裏學畫而離開了我；其實，聽說她那時被一位青年糾纏着脫不開身，他們過着糜爛的生活。我聽了非常痛心！唉！早知如此，還不如讓她嫁給那位許公子做少奶奶，反正她是沒有什麼前途的。

還有克勤，這位小姐也大大地變了：她一改往日樸素、勤儉、慈善的護士作風，喜歡化裝，穿最時髦的衣裳，愛跳舞，愛演戲。她有許多男朋友，有人知道我和她很熟，要我勸勸她；我去找她幾次都會不着，我想她決不會接受我底勸告的；假如她的心裡還有我存在，早就來看我了。那時我們住的很近，只隔三四百步遠的樣子，爲了她曾經送過我一件舊棉襖，我的心還在感激她，我不忍和她傷感情，所以一直沒有對她說那些使她聽了不高興的話。

在黑宮，還有一個最有趣的人物，那是房東家裏的啞吧。他雖然嘴裏不能說，心裏却什麼事情都明白。房東太太留着她的情人（丈夫早就死了的）公開地住在自己的家裏，兩人如膠似漆，一刻也不能離開，而對於兩個兒女却嫉視如仇。啞吧見了，老是愛打抱不平，常常氣得跑來我的房子裏流淚；有時大拍桌子，有時頓脚，有時痛哭失聲。他用各種手勢比給我看，我恨那個女人太自私，太沒有人性；然而沒有辦法幫助那兩個孩子。

我是多麼高興呵，兩部稿子居然拿到了六百五十元！這是一個相當巨大的數目，我生平還是第一次得到，我幾乎高興得將要發瘋了。晚間把錢放在枕頭下，還用好幾層紙包了又包，生怕被小偷盜去；我連覺都睡不好，就在短短的幾天裡，我決定這筆錢的用途——去東京留學，完成我讀書的志願。

我把這消息告訴紉，起初他不贊成，主要原因，是他正在熱戀着我，不能離開；後來知道我的決心已下，無論什麼理由，都不能使我動搖，也只好在無可奈何中，送我上了開往神戶的皇后號輪船。

驚人的新聞

我是從小就喜歡遊山玩水的，當皇后號把我從黃浦灘頭載着到了東海的時候，我高興得好像逃出了樊籠的小鳥。望着那茫茫一片碧綠的海，望着那滾滾的白浪，望着那和海水一般碧綠的藍天，藍天裏還有着和雪花一般的白雲，我微笑了。我的心也像那些海鷗似的一會兒升入天空，一會兒又沉入海底。雖然離開了自己的祖國，離開了許多最親愛的朋友，心裏總不免要感到離別的悲哀；可是當我想到未來光明的前途時，我又暫時拋棄了鄉愁，而感到無限的興奮。

同船的除了秦先生以外，一個熟人也沒有。他是廣東人，在早稻田大學攻讀文學；他殷勤地告訴我：什麼地方是日本有名的風景區，什麼東西最好吃，什麼東西最好玩；並且還告訴我日本人的性格如何如何，要我交日本朋友的時候千萬要選擇，要謹愼。

在船上，我第一次吃着純粹的日本飯，雖然不合口味，還可以吃得來。我和秦君的話特別多，常常引起日本人的注意；尤其當秦君替我盛飯的時候，日本女人都睜大了眼睛，驚訝地望了望我，又低下頭來，小聲地和她的同伴竊竊私語。在她們看來，這簡直是一個奇蹟；因爲在日本，從來只有女人侍候男人，絕沒有男人替女人盛飯的。船抵長崎了，我們很高興地上岸去玩，天！這是怎麼回事？難道我們的眼睛出了毛病嗎？爲什麼會見到這樣驚心動魄的句子：

『皇軍佔領瀋陽！

支那軍慘敗！

張學艮逃亡！』

『秦先生，這是怎麼回事？我們該不是在做夢嗎？』

我顫抖着聲音問秦，他是了解日文的，正在詳細看那張圈了許多紅圈的「號外」，和旁邊那三張朝日新聞。

『糟了！糟了！真想不到我們離開上海才兩天，就發生這麼大的變故；我們的軍隊爲什麼不抵抗？我們的東北，難道真的丟了嗎？』

他看完了那些大標題，不住地搖頭嘆息說：

『我決不相信有這樣的事，胡說，這簡直是胡說！』

我難過極了，眼淚幾乎要流下來；不過我又不相信這是事實，日本人是慣會造謠的。

我們再也沒有心思去逛馬路了，每個日本人，都是那麼興高彩烈地一面走，一面談話；尤其當他們的視線接觸到我們兩個中國人身上的時候，更加驕傲，更加趾高氣揚；而我們呢？只好低着頭，含着悲憤恥辱的淚，一步步走回船上去。

我們在空洞的房艙裏坐下來，討論到底是去東京，還是當天另換船回上海的問題；我主張回上海，秦君不贊成，他的理由是：「既來之，則安之。」回到上海，我們並不能馬上參加作戰，把東北奪回來；去東京，刺激是免不了要受的；但這麼多留學生在那邊，到必要時，一定會全體回國，用不着我們這樣着急。在年齡上他比我大，在學識經驗方面，也比我強得多，他把各方面的利害關係，都加以詳細的分析；尤其我這初次去日本的，他更主張我至少也要遊歷三五個月，才不寃枉跑了這一趟。

於是我聽從了他的話；然而從此我們成了日本人的眼中疔，不幸的遭遇，便接二連三地發生了。

多情的米子

抵東京驛，正是黎明時候。望着車站上堆着行李，和那些擁擠着下車搭車的人們，一陣陣刺耳的木屐聲，和尾音拖得很長而又稍帶尖銳的日本話，以及每一個陌生的面孔，我突然感到淒凉起來；加之自從在長崎和神戶這兩處地方，知道許多關於東北淪陷的消息以後，我更覺得每個日本人都是陰險可怕的。他們表面上儘管表現着十二分和善，溫柔，而心裏却藏着侵害別人，刺殺別人的利刃。我已經沒有在上海動身時的快樂和希望了；我只抱着一個旅行的志願，想在東京逗留一個短時期就回上海。

一輛小汽車，把我們連人帶行李送到了東中野的中野女生宿舍，舍監是一位老處女，名叫服部。還有一個年約二十左右的下女山邊米子，她老是含着滿臉笑容，除了侍候服部而外，還要打掃全宿舍樓上樓下的房間和過道，一天忙到晚，沒有片刻的休息。她是這樣耐勞，我從來不見她有怠工或不高興的表示；她的性情特別溫柔而多情。後來我回國了，她照例每個星期至少有兩封情意纏綿的信寄來。

最初和我認識的中國朋友，是郭劍兒小姐和梁左四小姐，兩人都是廣東籍。郭在日本女子大學，梁在日本女高師，兩人的日語都說得異常流利，喜歡穿西裝；還有一位王文田小姐，她是東北人。初來東京才一個多月，聽到東北淪亡的消息以後，她整天躺在床上哭泣，眼睛腫得像桃杏，天天嚷着要回國，朋友們三五成羣地跑去安慰她。我第一次走進她的寢室，看到她那副淚眼模糊的樣子，我的淚也忍不住湧出來了。

『王小姐，不要太傷心，哭泣是沒有用的，我們要復仇！東北只是暫時失守，終有一天我們會收回的。』

明知這幾句話對她沒有什麼益處，除此而外，我又還能說什麼呢？

『我的父母兄弟，都在東北，不知道生死如何？日本軍閥是我的最大敵人，我要把他們一個個殺盡；我不能在這裏受氣，我需要立刻回國！』

她的精神顯然受到了莫大的打擊，無論對誰都是這一套話；米子也不敢踏進她的房間，還以爲她瘋了。我們在吃飯或者睡覺以前，老是談論着關於王小姐的事，後來不久她終於實現她的志願，離開了東京，到英國讀書去了。

我到東京，最可笑的一件事是洗澡。宿舍裏有澡堂，我初到的那天晚上，郭帶我去洗澡，我看見有人脫得精光地站在那裏，不覺大吃一驚，連忙退了出來，還以爲走錯了房間。郭說：『沒錯，沒錯，這就是澡堂，你進來。』末了又加上解釋：『在這裏不比國內，洗澡是大夥兒在一塊的；你不要害羞，先在這房間裏把衣服脫了，然後推開門進那邊澡堂去洗。』

聽了她的話，我反而更加難爲情起來。

『那麼，我等人家都洗完了之後再來吧。』

我抱起衣服就向後轉。

『不，不，等到人家都洗完，恐怕要到十一點以後去了；而且那時水也髒了，不如現在洗。唉！怕什麼呢？你是當過兵來的呀！』

她格格地笑了，我也笑了。她笑我膽小，我却笑她的話太有趣；難道當兵的就沒有羞恥心嗎？

我請她出去，她說：『我也要洗。來到東京，我已有了每晚非洗澡不能睡覺的習慣。』

這更使我爲難；如果是陌生人還不要緊，一個新認識的朋友和我一道洗澡，在這生平未有過的生活當中，總覺得不好意思，無論如何也去不了我這點封建觀念。結果是穿了內衣去洗澡，害得全澡堂的人都大笑起來。究竟穿衣洗澡太不方便，所以第二次我等別人都洗完了，才下澡堂。不料剛浸入池子裏，障子門忽然開了，一個梳着髻子的年輕女人笑嘻嘻地向我鞠躬，道着「晚安」，原來這就是山邊米子。

『謝樣，你還沒有來，我就知道你了，聽說你在貴國是個女作家呀！』

她第一次向我說着中日合璧的話，我笑着回答她：

『不是，不是。』

『我最喜歡看小說，喜歡交中國朋友，將來有機會我還想到中國去；謝樣，你願意教給我唸中文嗎？』

『好的，我很願意；但是，你得先教給我說日本話才行。』

從此，我們倆人便成了好朋友，每次我下了課回來，假若是一個人坐在房間裏的話，她總要先在門外問一聲：『我可以進來嗎？』見面的第一句，總是：『你不覺得寂寞嗎？』每次我請她坐下，她總是站着；有時翻看我的相片簿，有時隨便問我幾個字，看見我那個穿軍裝的相片時，她驚異地說：『完全像個男子，真是勇敢極了！謝樣，你知道我是怎樣地喜歡你嗎？』

說着，那一對脈脈含情的眼睛，向我嫣然一笑。我的心真有一種飄飄然的感覺，好像我是個青年男子，第一次發覺被一個少女熱戀着一樣。

不自由的淚

每天早晨七點吃完了早飯，我們便拿着書包，向東中野驛去搭車。由宿舍至車站，大約有半里路的樣子，要經過一個風景幽美的鄉村。這兒有常綠樹，和春夏秋四時開放的花卉；一座一座的小房子，建築在花園裏，使我們從竹籬外面走過的人，不由自主地發出一種羨慕的心情。

大概是抵東京後一個多月的某天早晨，我和王經過一條僻靜的巷子，兩邊都是竹籬，有三個七八歲左右的小孩，在巷子裏玩彈子。那個男孩，看見我們來了，就遠遠地叫着：「支那人，亡國奴！」我和王同時駡了一聲「巴格呀嚕」，他們便丢了幾顆小石子在我們身上，我們也拾着石子還擲他們。爲了怕引起他們家裏的人出來找麻煩。我們邊打邊走，一直到拐過了兩個灣，快近車站了，還可以隱約地聽到那三個小混蛋，在高呼着「支那人，亡國奴！」

『唉，一個堂堂的中國留學生，要受日本小孩的欺負，這成什麼話！』

王氣憤憤地說，她的眼裏含着淚珠。

『總有一天，我們要消滅他的！』

我也氣得發抖，又不敢在日本人的面前示弱，絕對不讓眼淚流出來。

在車站，照例每個日本人手裏拿着一張報紙，他們的臉上都充滿了勝利的微笑。到了上課的時候，我的嘴雖然在隨着先生唸書，心裏却在想着方才被侮辱的一幕，我不能忍受，眼淚幾乎流出來。下了課，我又走那條小路，沒有看見那三個小傢伙了；我想如果再遇到他們，也許我要捉住他痛打一頓的。

晚上，郭告訴我一個更氣人的消息：

『我們上課的時候，教授居然公開地侮辱我們；他把東北的地圖畫在黑板上，用箭頭指出日本兵從什麼地方進攻什麼地方；並且告訴學生，這些地方在軍事上是如何重要，出產如何豐富，人們如何善良等等。他一面說，一面故意望望我，好像要把我氣死似的。』

『那麼，你有什麼表示呢？』

『還能表示什麼？只有含着滿腔悲憤的熱淚，低下頭來……』

『哼！這還不算什麼，』梁也接着說：『在我們班上，居然還有一個教員這麼說：「我們佔領東北，是中國人的幸福。中國政府太不行，不能管理人民，所以需要請我們大日本皇軍去統治。」當時我真恨不得刮他兩個耳光；可是，想了一想，我是在他們的虎口裏，除了忍受，還能說什麼？』

我們的痛苦，一天比一天加深，每天下課回來，大家互相訴說着被侮辱的情形。

「我們連流淚的自由都沒有了，這種生活還能忍受嗎？」

每個人都有同樣痛苦的感覺。在四面佈滿了偵探，行動完全失掉了自由的我們，居然有一天我們幹了一件驚天動地的工作，使得日本偵探和警察佈滿了神田區，包圍了中華留日學生會，鬧得滿城風雨。

我們有一部份同學雖然被捕，然而給了日本軍閥一個很大的警告：中國人是不能欺負的！

一個壯烈的集會

日子越來越難過了，在那種整天受侮辱的刺激生活當中，誰都感到一種沉重的壓迫。我們的熱血，時時在沸騰，我們每一顆復仇的心，時時在跳動；所謂壓力愈大，反抗力亦愈大，正是這個道理。

誰也沒想到在最不自由的環境裏，我們居然也能召集一個千餘人的集會——全東京的留學生，在青年會舉行追悼東北死難同胞大會。這是由中華留日學生抗日救國會召集的，事前曾開過四次籌備會，都是秘密舉行。這天我們定的開會時間，是清晨六點，爲什麼要這樣早？自然是爲了避免偵探的麻煩。那幾位負責佈置會場的籌備委員，整整地一夜沒有睡，他們掛輓聯，貼標語，佈置主席臺，掛花圈，一直忙到天亮還不得休息；沒有想到五點鐘的時候，一百多個偵探和警察，大搖大擺地走進了青年會的會場。他們如臨大敵似的那麼來勢洶洶，從大門開始，就四人一組地站起崗來。這時我們的同學開始陸續地進來了，每個都要經過那些偵探們嚴格的搜查；甚至連一支自來水筆，他們也要取下來看了又看。這時候，來參加大會的人，像潮水似地湧進來了，忙得那些檢查的，真有應接不暇之勢。同學們看了這種情形，更加氣憤的了不得。他們不顧一切地拼命往裏面擠，而那些沒有人性像野獸一般的傢伙，也更來得粗暴了！他們一走進會場，就首先把掛在主席臺上的　國父遺像和「復仇雪恥」四個大字撕下來，接着再撕下所有的輓聯和標語；氣得我們一個個滿臉通紅，都在磨拳擦掌，準備和他們大幹一場。

我們再也等不到六點了，主席立刻宣佈開會。這是一個多麼嚴重而悲壯凄涼的場面呵！每個到會的人，比死了父母還感到傷心，他們沒有一點聲音地站在那裏，靜靜地爲東北的死難烈士致哀。

主席報告開會的意義，剛說到『日本帝國主義者』幾個字的時候，就被一個偵探把他拖下來了；於是第二個又接着跑上臺去，語氣來得更激昂，同樣又被偵探拖下來，而且重重地打了他兩下耳光；立刻第三個第四個又接連跑上去，自然又被他們用暴力拖下來了。這時會場已經起了很大的騷動，大家不約而同地大聲叫着：『打倒日本帝國主義！誓爲東北同胞復仇！中華民國萬歲！』等口號，同時用凳子向他們的頭上擊去。他們便拔出手槍來劈劈拍拍地放了幾槍，以爲可以鎭壓我們；誰知道只有更激動我們的感情，更增加我們的仇恨，於是口號更叫得激烈了，我們的拳頭都對準了他們的胸膛，你一拳我一拳，打得非常痛快；可惜就在這個時候，他們的槍聲更響得厲害了，立刻捕去了那幾位在主席臺上演說，和另外幾位打他們的同學。我們這一千多人，竟被他們強迫着解散了；最後還警告我們凡是今天到會的，限定在三天之內，一律驅逐出東京。

秦君也被捕了，我們的宿舍，整天有偵探在替我們守衞；回國的空氣，突然濃厚起來，大家見了面第一句話總是問：『你那天走？行李都收拾好了沒有？』

最可笑的，秦君他們被禁閉在監獄的時候，每天都要提出來審問三四次，每次都恐嚇他們說：『你們如果還不悔過，承認那天的錯誤，我一定要槍斃你們。』

『我們愛國，絲毫也沒有錯；如果你們日本的法律有愛國罪這一條例，那麼就請槍斃我們幾個人吧。』

這麼一來，反而弄得那些軍閥莫可如何了。後來他們自己實在下不了臺，才叫秦代表所有被捕的人，寫了一張「我永遠不反對大日本帝國」的字，就憑這幾個字，他們十幾位的生命，才沒有發生問題。這是多麼可笑的自欺欺人的舉動啊！

從此日本軍閥的仇恨種子，種在我們的心裡，更加根深蒂固了！

歸國

歸來了，我們帶着一顆受了無數創傷的心，囘到祖國的懷抱來了！我們是多麼狂喜喲！看到一船的乘客，有三分之二以上是我們的同學時，我們真高與得幾乎要發狂了！

離開了東京，就好像離開了地獄，我們得到了自由，我們是新生的人。當輪船靠近滙山碼頭時，大家都站在船邊，拼命揚着手帕，或者高舉着兩手，不管有沒有人來接我們，只要是中國人，都認爲是自己的親戚朋友；連平時最討厭的碼頭上的搬運夫，如今也用笑嘻嘻的態度來向他們招手了。

囘到上海，再跑到黑宮去看那般朋友時，一切都變了。以前那麼熱鬧的黑宮，如今是冷冷清清地只剩幾間空房。也許是多天的關係吧，不論跑去看誰，房門都是緊閉着的。和他們談起「九一八」事變後的生活來，他們都有無限的感慨；不過他們並不像我們身受的刺激那麼深，所以只是淡淡地表示：『我們應該趕快想法把東北奪囘來；否則，時間拖得越久，敵人的勢力越擴大，那時就困難了。』

誰不知道應該把東北趕快奪回呢？然而我們都是赤手空拳的書生，我們有什麼力量呢？在東京，那些磨拳擦掌的好漢們，不知怎的，一回到上海便消沉下去，大家沒有聯絡，也沒有什麼未來的計劃，只是平淡地過着亭子間裏的生活。多麼神秘的留學生呵，究竟爲了什麼如此消沉？好在這疑問不久便得到答案了，大概在暴風雨將要來到的前夕，空氣是必然沉悶的吧？

「一二八」的前夕

我記得清清楚楚，那是「一二八」的前夕，已經是晚上三點多鐘了，我剛寫完了一篇兩萬多字的小說——「拋棄」，精神雖然感到十分疲倦；但我並不想睡，因爲小說裏的主人翁，就睡在我的隔壁。不管她是不是正在熟睡，我把她拉了起來一同讀這篇小說，她把眼睛揉了一揉，帶着憂鬱的調子問我：

『是用我做題材寫的嗎？我怕難過，不想看了。』

她輕輕地搖了搖頭，正想躺下，却被我扶住了。

『正因爲是取材於你，所以我非請你替我看一遍不可；我寫得有什麼不對或不妥的地方，你儘可直率地告訴我，我一定遵命修改的。』

她真的一口氣看完了，兩眼含着淚珠說：

『我經過的事實，倒並不見得怎樣難受；可是一讀你這篇文章，我就格外感到傷心了！』

我偶然抬頭望望窗外，覺得有一線曙光，在窺視我們；於是我連忙捻滅了電燈，果然是黎明的時候了。

這麼恬靜和平的清晨，誰又想到會發生驚天動地的戰事呢？起初是稀疏的槍聲，慢慢地槍聲密了………

「一二八」的晚上……

我仍然坐在那張書桌面前，用全副精神在修改昨夜才完成的「拋棄」；突然幾聲大砲聲，弄堂裏發生一陣嘈雜的聲音：有些人在奔跑，有些人在驚叫，還有些人在議論紛紛；李嫂連忙從晒臺上跑進房來告訴我：

『小姐，不好了！不好了！你看日本人在放火了！那一定是天通庵和北四川路一帶的房子都被燒了，天都紅了半邊，你快來看！上海都快沒有了，你還寫什麼文章呀！』

她用着湘鄉調子大聲地喊着，帶着幾分責備我的意思。

我和珊珊急忙地奔上晒臺，可不是嗎？真的燒紅了半邊天。紅的火焰，黃黑色的煙，直冒上天頂；那劈劈拍拍的爆烈聲和槍聲，砲聲，織成了一片悲壯的戰爭交響曲。這時賣號外的，正在聲嘶力竭地向滿街滿巷，邊跑邊喊。每個人的心，都被驚疑和恐懼籠罩着，直到看了號外，才知道那不可避免的戰禍終於降臨了。唉！誰會想到我們的文化精華——商務印書館和東方圖書館，都葬送在血紅的火光中呢？從此上海陷在戰爭的漩渦裏，大批大批的學生，都加入了十九路軍作戰；由東京歸來的這些留學生，也都活躍起來了，他們都參加到軍隊或各種文化工作的陣營中，拿着一桿槍和一支筆在和敵人搏鬪。

這時候，我最感到興奮了，好像在東京所受的刺激，如今都可以得到報復。白天我參加寶隆醫院的救護隊，到前線去救護傷兵；晚上我爲「婦女之光」寫稿編稿，忙得沒有睡覺的時間；可是一點也不感到疲倦。

上海在怒吼了，不論是工人、商人、學生和公敎人員，都願意犧牲一切爲抗戰奮鬪到底！送到前線去的慰勞品，每天用無數的卡車和小汽車運送。十九路軍的英勇戰績，每天用特號字登出來，不但使敵人看了膽寒，就連全世界的新聞，都稱讚十九路軍是鋼鐵的隊伍。他們用血肉在和敵人的飛機大砲硬拼，一個排長的肚子被子彈貫通，腸子流了出來，他還拿着槍向前衝去，直到他的呼吸斷絕爲止，他手裏的槍仍然握得緊緊的。

敵人的飛機，像蜻蜓似的佈滿了天空；可是英勇的十九路軍，一點也不害怕，他們常常用步槍把飛機打了下來。

文人也上了前線

上海的文人也團結起來了，組織了一個「上海著作人抗日救國會」，除了擔任主要的宣傳工作，還常常隨着慰勞車到前線去搜集材料。

我認識白薇，也在這個時候。她是五四時代的一位女作家，從封建家庭裏奮鬪出來，她的意志很堅強，長於詩歌和小說；誰也不知道她的生活是這麼清苦的，一年三百六十五天，有三百天是在病裏生活的。她說她常常一個人躺在樓上，沒有用人，也少有朋友去看她。在病中，她還要洗衣做飯拖地板；有時病好了一點，她就坐在板車上，進城去買點東西，因爲板車比洋車經濟多了。

『一二八的砲火，把我的病治好了，我也要和你們一同到前線去！』白薇興奮地說。

看到她那瘦弱的病軀，誰也不贊成她去。每次開會她都出席，精神的確振作多了；但走起路來，仍然是那麼軟弱無力。這時女生隊的指導員鍾女士也正在上海，她很熱心地和我們一塊兒到前線去。記得有一次，我們裝了一大卡車慰勞品和許多文人到天通庵去，那是第三道防線，到處都是電網沙包，形勢非常緊張。我們先把慰勞品一包包抱到一位連長的辦公室裏，他正在和什麼人說着電話，忙得連對我們說聲『謝謝』的功夫都沒有；有一位士兵說：『我們不需要物質上的慰勞，只需要人力上的補充，希望你們趕快來參加作戰！』

這是多麼令人聽了興奮的句子！我們不願在那裏擾亂他們的精神，就負着那個士兵交給我們的使命，匆匆地回到停車的所在。忽然一陣子彈從我們的頭上飛過，我們連忙匍匐而行，這時汽車已經不在，同來的人也不知逃到什麼地方去了，我們只好步行回去。

回到租界，鍾女士說：『到底是沒有上過火線的膽小，其實大可不必逃跑的。』

可是第二天，第三天，在文藝新聞上，陸續看到他們這些所謂大作家從前線歸來的文章，真不怕難為情。

從此我才知道，文人並不一定要上前線，他同樣地可以寫出很「動人」的文章。

在烽火中，認識了各種各樣的文人，有真愛國的，他們不聲不響地在埋頭苦幹；也有整天寫宣言，擬標語口號，開會當主席的；更有一種人，唯恐別人說他不勇敢，於是開口到前線去，閉口文章入伍；結果，一聽到大砲聲，便嚇得屁滾尿流，抱頭鼠竄了。

我認識紉的真面目，也是在這個時候，所謂「疾風知勁草，亂世識忠臣」，真是一點不錯：我不知從那裏來的勇氣，居然毅然決然地和他斷絕關係了。

戰爭的火焰越來越凶猛，正在大家興高彩烈，抱着不惜犧牲一切，來爭取最後勝利的時候，突然奉到停戰的命令，這壯烈的戰爭，終於在三月底奉命結束了。

閩西之行

誰會料到呢？我居然跑到閩西的龍岩來了。

這是一個地勢險要而風景清幽的所在。當我由龍溪步行到龍岩這一段路途中，我的心裏充滿了愉快，我對大自然發生了熱烈的情感，我願意永遠做一個無休止的旅行家週遊世界，賞盡一切美麗的風景。由和溪到適中，有一座高山非常險峻，軍隊開到這裏後，就開始修築馬路。路是螺旋形的，右邊是一條無底的深淵，樹木蒼翠，野花芬芳，人在道上走着，一點也感覺不到疲倦，好像在逛公園，一雙脚並不想停止，老覺得前面還有更好的風景在等待；於是我們僅僅花費兩天功夫，就達到了目的地。

那時候，鴻也在這裏作事，他已經和一位廣東護士小姐結了婚，而且生了個可愛的男孩；我爲他慶幸，常常到他家裏去玩，談起過去的生活，和在北平那一次不幸的事情來，彼此都覺得好像做了一場夢。

有一天，一件出乎我意外的事突然發生了。

鴻從襯衣口袋裡，拿出一個用玻璃紙包着的東西，笑嘻嘻地問我：

『你猜，這裏面包的什麼？』

『我猜不着。』我同答他。

『我知道，那是他愛人寫給他的情書。』

鴻的太太郁青說。

『喝！是真的嗎？』

我還以爲鴻另外有個愛人，所以也像郁青一樣微笑着望着他。

『給你看看吧，只許看一眼。』

說着，他仔細地將玻璃紙打開，原來是過去我寫給他的一封短信；我正伸手去搶，他却迅速地又裝進口袋裏去了。

我這時非常難受，我知道鴻還沒有忘情於我；然而我並不高興他這種對妻子不忠實的愛情，倘若我處在郁青的地位，我是多麼傷心呵！既然是過去的事，就應該讓它一切都成過去。從此我就不到他們家裡去了，免得鴻和郁青，因爲我的緣故而發生什麼意外。

跛子校長

在鴻他們爲我洗塵的一次宴會上，我認識了一位跛子校長。

他的身材很矮，站起來的時候，大約只有三尺多高；兩隻脚都是跛的，走起路來非常吃力，完全像鴨子似的左右擺動；他的臉龐很瘦，四肢乾枯，只有那一對發亮的眼睛，看來很有精神。他穿着一身藍粗布衣服，假使在路上遇着，一定以爲他是個乞丐，誰會想到他竟是個提倡女權的教育家？

在我和他寒暄之後，就詢問起他辦學校的經過來。他眨了眨眼睛，然後用謙恭的語調，一五一十地告訴我：

『說起來，已經是四十年前的事了，那時我還只有二十歲，讀的書並不多；可是我的思想很新，我反對社會壓迫婦女，男女同樣是人，爲什麼男的應該佔優勢，女的應該受壓迫？我要尊重女性，提高女權。從那時起，我立志要辦一所女學校，使那些在窮鄉僻壤的婦女有機會求學，將來畢業之後，也能和男子一樣在社會上做事，不受男人欺侮！首先我從尊重我的妻子開始，她嫁給我的第三年，因爲沒有生育，就有人主張我娶小老婆，我堅決反對，一直到現在，還是我那位結髮太太陪着我，四十年來，我們這一對老夫妻相依爲命地在爲這學校奮鬬。』

他一口氣說到這裏，精神非常興奮，沒有別人插話的餘地，喝了一口茶，他又繼續說下去：

『我的家裏很窮，要辦學校，從那裏來的錢呢？幸而我學會了看相，算命，占卦這一套江湖本領；於是我一個人先到厦門，然後而上海，而南京，而漢口……許多大商埠我都走過；每天賺到的錢，我除了兩頓最簡單的飯需要花幾個錢外，剩下的統統積存起來。爲了住客店要花錢，我有時晚上就住在人家的屋簷底下；這樣過了五年，我積蓄了三千多元，就回來創辦平權女校。房子是現成的，我做校長，我的太太當校工，她一個人打掃教室、院子、走廊，除了做飯洗衣縫補之外，她還要擔任搖鈴和接洽學生入學的事情。這學校是在光緒二十七年開辦的，到今年恰好三十週年了，那時還是十足的封建時代，龍岩的人以為我是個瘋子，辛辛苦苦地賺到的幾個錢，不拿來置產業，却偏偏要辦什麼學校，真是發神經病；有很多老學究，竟公開反對我，說我是個無賴，想要借辦學校之名來引誘良家婦女，這是什麼話？我氣得發抖……』

他說到這裏，精神特別興奮，兩隻眼睛睜得很大，他氣憤憤地掀動着他的嘴唇，濺了兩滴口沫在我的臉上，我不好用手帕去拭，只好讓它自乾，乘他不注意的時候，我略略地把身體往左邊移動了一下。

『真是虧了你和這些封建勢力奮鬭，後來呢？』

我急於需要知道他這一段奮鬭過程。

『後來，我的學校終於辦成功了。起初只有四個學生來報名，我統統錄取了她們。每天上四堂課，做兩堂針線，課由我教，針線由太太擔任；那四位可說是我們龍岩婦女解放的先鋒，她們不顧家庭的反對和壓迫，每天都按時到學校來，從來沒有缺席過；可惜有兩位終於被家庭逼迫她們結了婚，對社會沒有發生什麼影響；另兩位的功課很好，畢業後就在我這裏擔任助教，也沒有結婚，她的終身事業就是教育。這種精神，現在回憶起來，更值得我欽佩她們。

『以後學生每年增加，到現在已經有兩百八十多人了；若依照報名的人數說來，絕對不止這個數目，爲了屋子太小，實在容納不下；我想擴充，又沒有錢，因爲在這個偏僻的地方，人們的腦子始終是守舊的。他們寧可耗費一大筆金錢，用在迷信或者無謂的應酬上，絕不肯捐出一文錢來辦學校的；好在我們的學生，現在分佈在龍岩和鄰近各縣的已經不少了。我很滿足，只要學校存在一天，就能造就一天的人材；我不敢有什麼奢望，但願不發生變故，直到我的生命末日爲止，我始終要爲學校奮鬪到底的！』

在座的人，沒有不傾聽這個動人的故事的。我對於這位跛子校長，發生了莫大的興趣，我把學校的地址問清楚了之後，就告訴他第二天的上午九點，一定去參觀學校。

『歡迎歡迎，請到那邊去多多指敎。』他滿臉堆着笑容說：『明早我派一個學生來接你，因爲先生初到此地，對於路，一定很生疏。』

『不！不要躭誤學生的功課，我自己會找到學校的。』

『那麼只好勞駕了；不過在路上只要一問到平權女校，就會有人告訴你地點的，因爲附近的居民，差不多都是學生的家長。』

第二天，是一個晴朗的日子，我吃了早點後，便依着跛子校長告訴我的路線，爬過了一座並不太高的山林；山林裏遍開着芬芳的野花，粉蝶兒在花間翩翩地飛舞。我倚着一顆大樹休息了一會，遠遠地看見山下密密層層的房屋裏，飄揚着一面青天白日滿地紅的國旗，我斷定那就是平權女校的所在。

走下山來，再穿過碧綠的田隴，便到了街上；我在拐灣的地方問過兩次，很順利地便到了學校。

當「平權女校」四個大字映在我的眼簾時，我立刻浮上一幅跛子校長在黃浦灘頭擺一個小攤，替人家算命測字的圖畫。他和山東的武訓一般，用討乞得來的錢興辦學校，這種精神，光用偉大兩個字，是不夠表彰他的。

——一個平凡而且是半殘廢的跛子，能夠辦這麼一所好學校，這難道不是人類的奇跡嗎？

我正在這樣想時，一個老媽子打扮，似乎有五十以上的老婦人，恭恭敬敬地向我行了個禮問：

『先生貴姓？來這裡有何貴幹？』

她的態度異常謙恭，我想究竟是這個學校特別，連老媽子都這樣懂得禮貌。

『我姓謝，特地來參觀貴校的。』

『呵！你就是那位從上海來的先生嗎？歡迎歡迎！』

立刻她很快地跑了進去，我站在那間會客室兼辦公室的門口，望着左右兩邊掛着的那些表册和掛圖，整齊而有秩序，房子裏的家具雖然十分古舊，却抹得乾乾淨淨，一塵不染。

『請進裏面坐，先生走累了吧？』

我正在看得出神時，跛子校長已來到我的面前，他鄭重地向我介紹，這位老媽子打扮的女人，原來就是他那位吃苦耐勞的太太。

『呵！原來這位就是校長太太，方才我失禮了！』

我很難爲情地說着，校長太太却很自然地回答我：

『那裏！那裏！只有我們對不住先生，没有出來迎接。』

她恭恭敬敬地倒了一杯茶給我之後，連忙看了一下鐘，正是下課的時間，她又匆匆忙忙地拿着鈴子搖去了。

『現在還是尊夫人一個人擔任這些瑣事嗎？』

我悄悄地問。

『還是她一個人，工作比過去加重許多了；因爲學生有二十多個住堂的，所以還要替她們做飯洗衣服；不過敎室，都是由各班學生自已輪流打掃，在這種環境裏，鍛鍊出來的學生，倒是很好管理，只有一點感到困難，便是敎員太難請了，原因很簡單：我們因爲經費困難，待遇太低，所以聘不起好的敎員；還有這地方太偏僻，假使想從外面聘一個敎員來，那筆路費之大姑且不說，主要的是没有人願意來。』

這時已經下了課，有許多低年級的學生，都跑來門口看熱鬧；可是他們並不說話，只用驚奇的眼光，緊緊地盯着我。校長把手向前揮了一下，她們都悄悄地走開了。

『就在這一點鐘，我把學生全體集合一下，請先生對她們講幾句話。』

這是一個難題，我不知要如何回答他才好，答應吧，我說的話，孩子們不見得會懂；拒絕吧，又覺得未免太辜負了人家一番好意，遲疑了一下，我回答他：

『下次有機會再說吧，今天我還有一點小事需要早點回去，只好違命了。』

『不！不！這是個多麼難得的機會，無論如何，要請先生對她們說幾句話。』

其實這時學生已經集合好了，當那位值日先生來報告校長，說學生已經整好了隊時，我大大吃了一驚，她們的動作如此敏捷而肅靜，這真是出乎我意外的。

爲了害怕她們聽不懂我的話，只說了幾句照例勉勵她們的話便下台了；其中我特別恭維校長和他的太太，我說中國有數不清的學校，但像這個學校一樣，從千辛萬苦的環境裏，艱難創辦起來的，這在全國還是空前絕後的第一所；因此你們應該特別用功，以優良的成績，來報答這所學校的創辦人。

跛子校長聽了自然萬分高興，孩子們也像注射了一針強心針似的高興得掌聲如雷。他們隨着第二次的鈴聲又走進了敎室，我被校長引着參觀了七個敎室，有一位十二三歲的女孩在彈風琴，旁邊幾個圍着她看，一望見我們來，連忙一個個尋找着自己的座位坐下。

『這點鐘，本來是這一班的音樂，因爲找不到敎員，所以只好由她們自己練習。』

跛子校長向我解釋，我忽然動了個念頭，問道：

『他們是敎五線譜還是簡譜呢？』

『敎的亞拉伯字。』

聽到這裏，我幾乎要笑起來；幸虧立刻警告自己，絕對不能笑這位忠實的鄉下敎育家。

『那麼我就毛遂自薦地來貴校擔任音樂吧；不過首先聲明，我的琴彈得不好，歌喉很粗，也許和那位學生彈的差不多，只是我的腦子多記得幾首歌，可以介紹她們唱一唱。』

這並不是我自謙，而是坦白的自供。

『那裏，那裏！先生太客氣了，如果我們學校真能得到先生的訓誨，那眞是莫大的光榮。』

他很客氣地說。

從第二天起，我居然做起音樂敎師來了，記得第一首歌詞，我敎的是「春之花」：

『雲霞燦爛如堆錦，

桃李兼紅杏。

好鳥啼時花滿枝，

花開來報春消息；

春花好比少年時，

少年須愛惜。』

這是我在幼年時代最愛唱的一曲歌，如今拿來敎她們，自己好像也恢復到幼年時代。那些鄉下姑娘們誠實，儉樸而天真，她們對待老師，比自己的父母還要親愛。我是最喜歡孩子的，如今置身於孩子的隊伍裡，精神上真有說不出的痛快。

不多幾天，我又擔任了高六班的國文，加上全校的音樂，我每天都把時間消磨在走路和教室裡。

晚上，我除了批改他們的作文和日記外，還寫點文章寄到上海申報的自由談，後來有幾篇收集在「湖南的風」裏，這是在北新書店出版的一個小集子。

端午節到了，家家都在忙着包粽子；小航太太是一位賢淑的女主人，我就住在她們的家裡。很早她就告訴我，叫我那天不要到外而去吃飯，因此我拒絕了跛子校長的宴會，却没有想到十一點的時候，他叫學生替我送了一隻沙鍋和十個豆沙粽子來。沙鍋還是熱氣騰騰的，顯然是剛從爐子上端下來的，揭開蓋子一看，原來是一隻肥母鷄，金黃的湯上，浮着幾個尚未發育完全的小蛋。

『校長說，先生不肯到那邊去吃飯，想必另有約會，所以特地把鷄送來，請你務必收下。』那個學生很客氣地說着，我真不知道要回答什麼才好。收下吧，太難爲情；退回吧，他一定不高興，還以爲我看不起這一份禮物；躊躇再三，只好領情。

吃飯的時候，小航夫婦都羡慕我，說這隻鷄的情義，比十兩黃金還要寶貴。

三個月之後，我離開了龍岩，也永別了我那羣可愛的孩子，她們送別時那種傷心流淚的情景，至今還映在我的腦子裡；有時我好像聽見她們的哭聲，有時又彷彿聽到她們從樹林裏發出來的叫聲：

『老師，不要忘記我們，千萬要再來呵！』

一直到現在，我没有忘記她們；可是「再來」，恐怕永遠不會實現了。

海戀

對於大自然的愛好，我是多方面的，我愛山，但更愛海。

自從來到厦門，我幾乎天天都要到海濱去散步，踏在那細軟的沙子上，有一種說不出來的舒適。當海風捲起雪浪來襲擊海岸時，在美麗的浪花裏，會拾到許多小巧玲瓏的貝殼，和五色斑爛的小石子；還有那些碧綠的海草，長的像秀髮，又美又可愛。我更愛躺在潔淨輕柔的細沙上，靜聽着海潮的傾訴；當微風輕輕地從我的身邊掠過，那種又清凉又輕鬆的感覺，眞是舒適極了，甜美極了！

誰能否認海的偉大呢？我愛海，並不僅僅因爲她的顏色美麗，和藏在海底那許多有趣的玩藝兒，而是愛她的胸襟廣濶，化汚穢爲清潔。她容納無數的細流，儘管它們的顏色有黑的也有黃的，一旦流到了海的懷抱，便立刻變成碧綠的了。碧綠是代表和平，代表一種靜美。一個人，那怕他的脾氣有如虎狼那麼凶暴，我相信如果長住在海濱，一定會變得和羔羊一般馴艮；同時，那些心懷狹隘的人，如果常與海做朋友，我相信他也會改變成豪爽，痛快的性格。

厦門，真是個風景幽美的所在，四周被海環抱，街道是那麼廣濶，清潔；對岸是鼓浪嶼，西邊是南普陀，只要你的身體健康，你可以一天換一個地方遊覽。

世界上往往有許多巧事，是你没有想到的；我來到厦門中學教書，完全是一種意外的收穫。莊校長奎章，雖然是師大的同學，我們却並不認識。是抵厦門的第二天，我隨便到厦中去參觀，看見校舍建築在高高的山坡上，面臨着海，風景非常幽美，於是就信步走進去，無意中會到了莊校長，隨便談起來，他就要請我去教國文；然而我當時不能決定，因爲我還需要去遊歷閩西。後來一連接到莊校長好幾封催我去厦門的信，我覺得有點太冒險，和一個陌生的人共事，將來如果意見不合又怎麼辦呢？其實我這顧慮是多餘的，莊是個非常厚道的人，他的太太尤其忠厚溫和，對待同事都很熱情，好像他就是一個家長，没有課時，大家圍在他的家裡聊天，談笑自如，非常有趣。

我到厦中時，還没有開學，正是熱得要命的時候，莊先生夫婦約我去洗海水浴，差一點我被海浪捲去了生命。原來我生平没有看見人家游泳過，只在畫報上看到一些游泳的照片，既然來到了海濱，而且天氣這麼熱，自然我想卜水去練習練習；没想到海浪是這麼可怕的，它突然襲來，我被捲去了丈多遠，口裏灌進去很多海水，鹹得我大聲叫喊「救命呀！救命呀！」他們連忙把我的膀子捉住，又是一個大浪打來，把我們捲去了丈多遠。海水越來越深，連最會游泳的都失去了控制的能力，何況我是個初下水的人？

後來他們好容易才把我拖到海灘上來，經過這一次危險後，我再也不敢嘗試游泳了。我只高興靜靜地一個人坐在沙灘上看書，晒太陽，或者拾貝殼。真的，對於拾貝殼，我發生了莫大的興趣，每天回來，袋子裏都是裝得滿滿的；我把牠們擺在書桌上，分成很多種類，向同事們誇耀。有些被他們搶走了，我也不心痛，因爲第二天，我又可以跑去海灘拾許多同樣的回來。

我對於海，好像着了魔似的一天比一天迷戀起來，我愛它，甚至一天也不能離開它。有時清早起來便奔向海濱，迎接血紅的太陽由海邊昇起；有時特地在陽光將要落山的時候，去領略海灘的黃昏滋味。我更愛看矗立在海中央的燈塔，我佩服那守燈塔的人，他每天機械地守住自己的崗位，給與往來的航行者一種光明的指示；假若沒有他，這海面將被黑暗所包圍，來往的船隻，隨時都有觸着暗礁的危險。

我愛海，我願意將來有那麼一天，築兩間茅屋在海濱，整天聽柔風和海濤蜜語，看海水吻着海灘；如果那時我還有痛苦的話，（其實，我知道，痛苦會永遠地跟隨着我的。）我可以悄悄地投進海的懷抱，讓雄壯的海濤，爲我奏着輓歌，溫柔的海風，輕輕地撫摸着我浮在碧波上的屍體；月兒和星星放出慈祥的光輝爲我追悼。就這樣，悄悄地沒有一個人知道，除了月亮，星光，風和海，我離開了這苦惱的人間，該是多麼美，多麼快樂……

粉筆生涯

開學了，寂寞的教室，突然熱鬧起來。一到晚上，滿院子電燈輝煌，嘹亮的讀書聲非常悅耳。整天和一羣年青的孩子在一塊，自己也好像年輕了許多。上課的時候，難免要裝出一副老師的面孔騙一騙孩子們；一到下課，便現出真面目來了。我和她們一同散步，一同談笑，講故事給她們聽；常常就寢鈴搖了，還有躲在我房子裏玩的學生。只要她們不妨礙功課，我是歡喜她們來玩的，爲了和我接近的大都是女孩，於是惹起那些男生的嫉妒：

『老師有封建思想，她不和我們男生玩。』

直到後來我幫助他們編了個「曙光」文藝週刊，登在厦門日報，不怕麻煩地替他們修改，編排，這才使他們知道：『呵，原來老師對我們並沒有兩條心。』

孩子們是可愛的，他們天真，坦白，熱情，心裏想到什麼就說什麼，沒有絲毫虛僞，沒有絲毫勉強。我愛他們，我願永遠和他們在一起生活。

這時，使我回憶起北平的生活來了：記得安徽中學，曾有兩個最頑皮的學生，他們有時把黑板刷子懸在天花板上；有時把花生殼裝在我的口袋裏；還有一次寫四個大字「孩子先生」在黑板上，明明在譏諷我是個孩子，等到我責備他們時，却改變了口吻：

『老師，我們是說您是孩子的先生，並不是說您是孩子。』

其實，說來慚愧，那時學生裏面，有好幾個是比我年紀大的；也許因爲我自己也像個孩子，所以和他們相處得很好。那時他們研究文藝的空氣特別濃厚，我還記得有一位叫做仇振遠，小說寫得非常之好。後來，校長說我祇敎學生寫語體文太不像話，有意叫我走，於是我便提出辭職。學生們聽到了這個消息就拚命挽留我；因爲我的關係，他們還鬧了一場風波，振遠和其他的幾位同學，居然被開除了。這件事一直到現在回想起來，我還覺得對不住他們。

海濱故人

我們五個人，抱着有一分熱，發一分光的目的，想在艱難困苦的環境裏，創辦一個文藝月刊。

厦門在當時，文藝空氣非常沉寂，真有點像沙漠似的，我們一提到辦刊物，没有一個不贊成的。那時謝文炳先生和郭莽西君都在厦大，郭還是個未畢業的學生；可是他對於研究文藝非常熱心，小說也寫得很好。厦大組織了一個現代文藝社，他是負責人；方瑋德先生和游介眉女士都在集美敎課，兩人都是詩人；方那時正在熱戀着黎小姐，所以詩的產量特別驚人。游是個從表面上看起來似乎很達觀，而其實心裏充滿了抑鬱和苦痛，過着矛盾生活的人。我們的感情雖然很好，但還沒有到她可以把身世統統告訴我的地步。

記得是我在集美講演的那天晚上，我住在她那裏，兩人談起人生問題來，她很感慨地說：

『人不能離開感情而生活，而感情又是最麻煩，最複雜，最苦惱的東西，因此我覺得人生永遠是痛苦的。』

『游，你這話，顯然是個唯情論者說的，我的看法不同，人固然不能離開感情而生活；不過他應該由理智支配感情，克服感情的衝動。假如一個人，他整天爲感情所苦，不能投身在社會的洪爐裏做點事業出來，漸漸地，這感情便會變得狹隘，自私，甚至減少了生的力量。』

我和她開起辯論會來了。

『我以爲最有情的人，也是最無情的人；能夠熱烈地愛別人的人，也能殘酷地克制自己絲毫不愛。我覺得只有自己感受痛苦最多的人，才能了解別人的痛苦，同情別人的痛苦，而能真正爲人類做出一點有利益的事業出來；同時一個富於感情的人，他一定輕視利祿，更不忍做剝削人類，壓迫人類的劊子手。』

於是我們得了一個結論，凡是世界上那些貪官汚吏，土豪劣紳，軍閥，帝國主義者之類，他們一定像動物裏面的豺狼虎豹一般沒有絲毫人性，更談不到人類愛，每個細胞都充滿了自私自利，每滴血液都是黑色的。

我們的話雖然沒有系統，却談得非常痛快，一直到東方發白，還未曾合眼。奇怪得很，雖然一夜没有睡，我們的精神却絲毫也不感覺疲倦。方來邀我們吃了早點，然後再送我上船返厦門。

我們從翠綠的相思樹叢裏經過，方又發起詩人的感慨來。他不了解女人的心爲什麼這樣狠，他寄給他愛人的詩和情書，倘若用箱子盛起來，他說至少也有一大箱了，而對方仍然是若卽若離的態度；的確，這是一個不可解釋的迷，也是一個無法解決的問題。一年之後，聽說黎小姐終于被感動而願意和方結婚，可惜不久，他就吐血而與世長辭了。

我們五個人中，只有謝是幸福的，他有賢淑的太太，有活潑天真的兒女；我們幾個人常常跑去他那裡吃飯，飽餐他太太親手做的四川囘鍋肉和紅燒豆瓣鯽魚。我們的「燈塔」月刊，就在這種快樂，合作的空氣下產生了。每個人不但出力而且出錢，從寫稿到編輯，校對，跑印刷所，都是我們幾個，其中最忙的還是郭一人。

刊物出版之後，在小小的厦門，曾開出一朶燦爛的鮮花；然而那幾個栽培花草的園丁呢？方永遠地離開了人間；游和郭也不知何處去了？

再渡扶桑

俗語說：「天有不測風雲，人有旦夕禍福」，真是一點不錯。

在厦門中學，只過了半年的安定生活，又是一個意想不到的風浪襲來了。我負着莫須有的罪名，含着悲憤，離開了使我留戀的厦門，和三百多個天真可愛的學生。

「塞翁失馬，焉知非福。」躺在病床上，我忽然想起了這個故事。我想惡劣的環境，只能使輭弱的人屈服，我是堅強的，應該不灰心，不氣餒。

回到長沙，我把要去日本繼續求學的計劃，告訴三哥；他很贊成，不久，我的目的終于達到了。

我進了早稻田大學文學研究院之後，本間久雄做了我的教授，他譯的「歐洲文藝思潮」，好幾年前我就看過，他的文筆流利有力，是我最欽佩的作家之一。他是個很有修養的學者，態度非常誠懇，没有絲毫教授架子，對我們中國留學生的態度，尤其客氣；如果我們偶然談到東北問題時，他一定要說：

『唉！這是不幸的事，希望東北不久能歸還中國，侵略主義是不應該存在的！』

他的太太老是那麼微笑着招待我們，雖然有一位下女，然而每樣點心，每一杯茶，都要她親自遞給我們才安心。

由於和很多日本人常常接觸的緣故，我的日語一天比一天進步。我開始學着翻譯小說，爲了方言太多，文法也特別複雜，我覺得小說遠不如論文的好譯。我有一個計劃，是想在東京再努力讀幾年日文，然後把托爾斯泰，迭更斯，羅曼羅蘭，巴爾扎克……幾位我最崇拜的作家底全部傑作，介紹到中國來。我的英文根基没有打好，不能從英文翻譯，那麼只好走這條比較容易走的路子；何況東京的出版界又是這麼迅速，無論一部什麼有名的著作，只要運到東京後，不到半月，日譯本就出來了；而且售價很廉，怪不得這麼多人來東京留學，特別是文人。

在這段時間裏，我每天日夜都把光陰花在學習日文和日語上面，大黃學社的義雄先生常說：

『你這麼用功，包你不出兩年，一定可以學成歸國。』

唉！誰知道學沒有成，反而寃枉地做了目黑警察署的囚犯？

在日本獄中

誰想到呢？我居然坐起日本牢來了！

一提起，我便痛恨！假使我多寫了一兩千字，或者多看一小時的書，頭便會感到像用鐵錘子敲着一般的痛，這都是因爲在日本獄中受了酷刑的結果；還有更使我生氣的，是我的記憶力也從那個時候開始降低了！許多朋友的名字，我突然想不起來；甚至昨天經過了的事，今天寫起日記來又忘了。

是民國二十四年四月十二日的晚上，我剛從武田泰淳家裡補習日文回來，突然被警察把我抓到目黑區警察署去了！事前雖有兩三次偵探來問我，當溥儀抵東京的那天，我能不能去歡迎。我覺得這太侮辱我了，溥儀，是什麼東西？不過是個遭全中國人唾駡的漢奸而已，我怎麼會去歡迎呢？

『我不但不去歡迎，而且根本反對他！根本不承認有什麼「滿洲國」！』

我的話，自然只有更引起他們的反感，更增加他們對我的仇恨；於是就在當天晚上，一輛汽車把我送進了冷冰冰的監獄。

雖然只有三個星期的獄中生活，在我却比三年的時間還長。我受盡了侮辱，受盡了痛苦，他們用飯碗大的圓柱子打我的腦袋，恨不得連腦漿也打出來；還用三根四方形的竹棍子，夾在我右手四個手指中間用力一壓，幾乎把骨節都壓斷了，痛得我昏迷過好幾次，他們也不肯放鬆。這一切，我那本「在日本獄中」裏面寫得很詳細，這裏我不願重述了。

然而在此我要特別提到一件事：我那些寫了八年，從來沒有間斷過一天的日記，統統被日本軍閥沒收了；還有許多珍貴的相片和許多原稿，也都不肯退還。我永遠不會忘記這慘痛的傷痕，正像永遠記着他們的仇恨一般。

脫逃

關于我坐牢的事，日本帝國主義者，不但在他們本國的每一家報紙上故意大肆宣傳，說我如何如何。他不說我是爲了愛國，故意加我一個反動的罪名，他想把我置之於死地，並且故意將這消息發到上海，結果上海各報，也都登載着這個新聞。許多朋友看了都爲我着急，擔心我有生命的危險；後來柳亞子先生的電報來了之後，領事舘和留學監督處都派人去保釋我，使我在三個星期之後就被釋放出來。

從獄中出來後，就住在日華學會，這是日本軍閥和中國漢奸組織的特務機關。我的行動仍然被監視，沒有一點自由；幸好竹中繁子同情我，援助我，使我很快地脫逃了虎口，回到了祖國的懷抱。

可是當時的上海，並不是我可以久居之地，於是我只好迅速地離開了上海，取道香港，回到桂林我三哥那裏去休息一個時期。

暈倒

在桂林，我過了一個很舒服的暑假；七月接到南寧高中的電報和聘約，我依依不捨地離開了桂林，又過起粉筆生涯來了。

在南寧高中，我擔任第十五、十六兩班國文；我和陳楚珩女士住在一座小樓上，僅僅只有兩間小房子。從窗口望過去，是一片一望無邊的廣場，那兒曾經住着幾家害痲瘋病的人，後來給警察趕走，房子也燒掉了。我常常在寂寞的時候，便推開窗子遠遠地凝視着那些整齊的電線桿，一直望到視線再不能達到的盡頭。在一座小小的森林裏，有幾棵參天的古木挺立在那裏，它們那種昂然不屈的神氣，真使人崇拜。大概是常綠樹的關係，從來沒有看見掉過葉子；一羣烏鴉，一到黃昏便都集中在樹幹上，喳喳地叫個不休；除此之外，我只能看到許多坟堆，上面已經長滿了萋萋的衰草，隔不了幾天，又會突然增加一座新坟，聽到死者親屬的哭聲，我的心弦也會彈動着悲哀的調子，而不由自主地掉下淚來。

在那樣寂寞淒清的環境裏，幸而常有青年男女來和我談天，和我討論問題，否則我也許會像住在墓地裏一般沒有生氣。

廣西的婦女可愛極了，她們那種吃苦耐勞的精神，真使人欽佩。在梧州碼頭上，我看到的挑夫全是女人。她們有些穿草鞋，有些打着一雙赤脚，頭上戴着尖頂斗笠，手裏握着一根扁擔，一二百斤重的行李，她們毫不費力地挑起來；而且走得那麼快，就是坐洋車也趕不上她。她們不但個人經濟獨立，還能夠維持一家人。有許多女人的丈夫，終年躲在家裏不出門，他們好的，幫着妻子照顧兒女；壞的，就只曉得整天躺在床上過着呑雲吐霧的生活；而女人對他們居然毫無怨言，只是像牛馬一般地埋頭工作，真是太難得了！

因爲常常和孩子們在一塊，我自己也變成了孩子。是胡小姐從香港來看我的第二天，我和她到操坪去打鞦韆，並且告訴學生，當我小的時侯最愛打鞦韆。話剛說完，我站上去用力一搖，突然我的兩手離開了索子，身子輕飄飄地往天空裏一飛，然後再由天空裏掉下來，什麼我都不知道。等到我稍爲恢復意識時，只聽到胡在我的耳邊喊着：『你醒醒，你醒醒，趕快睜開眼睛看看我。』學生們也說：『老師，老師，你快醒來，死不得的！』

我很想睜開眼睛來看她們一眼，告訴她們我並沒有死；可是眼睛無論如何也打不開，想要說話，嘴裏發不出聲音，兩只耳朶嗚嗚地叫個不住，我生怕這麼一來，突然變成了啞吧或者聾子，豈不糟糕！

一會兒，我的腦子又失掉了知覺，睡得像死人似的。後來她們說，足足有十多分鐘，我的全身都是冰冷的。經過她們施救以後，我慢慢地清醒了；然而一連好幾天都頭暈得不能起床。病癒之後，我勉強去上課，寫黑板的時候，突然一個字變成兩個字，兩個字變成無數的字；晚上改學生的作文卷，不到四本，我就頭暈眼花，改不下去了。

在省立醫院休養了一星期，雖然好了許多，仍然不能上課；不得已，只好請三兄來代替。

這是在日本受刑的結果，我痛心，我憤怒！我不能饒恕日本軍閥的罪惡，生命存在一天，我就要和他拼命一天！

開始寫自傳

雖然南寧的朋友，是那麼熱情地挽留我，可愛的男女學生們，也堅決地不許我離開他們；但爲了我的健康着想，我不得不把「廣西婦女」週刊的編輯責任，加在文瀾的肩上，懷着惜別的情緒，離開了我那寂寞的小樓，離開了三哥三嫂，我又囘到了長沙。

也許是因爲受的刺激太多，身體的確一天不如一天；這時我除了整理「湖南的風」在北新出版而外，我還一口氣把答應良友的「一個女兵的自傳」上卷寫完了。

這時候，我住在妙高峯一間陽光充足，空氣流通的房子裡，每天我規定至少寫四小時，有時六小時。我把整個的感情放在裡面，寫到快樂的地方，我的嘴角自然地浮上了微笑；寫到悲哀的地方，眼淚不由自主地流下來。我知道寫文章最傷害腦筋，每天我的特別營養是鷄蛋兩枚；那時候真便宜，一元錢，可以買一百六十個又大又鮮的鷄蛋，如今囘想起來，真使我懷念不已。

母親的死

宇宙間，還有比自己看着最親的人，和自己永訣更痛苦的事嗎？沒有，絕對沒有！

母親在二十五年的冬天，曾經中風過一次，我接了電報，囘去看她，她正躺在門口的藤椅上向外邊張望，一見我，就流下淚來。

『兒呵，你囘來了！』

我連忙撲向她的懷抱，緊緊地握着她的兩手。

『不能動了，我的右手和右脚已經癱瘓了，我已成了個廢人；你再不回來，也許看不見媽了！』

母親的淚更流的多了，我忙掏出手帕來替她擦乾，然後把帶回來的糖，放一包在她的手裏。

『你給他們吃吧，我的牙齒也掉了。』母親淒然地說。

四年不見，母親的確蒼老了許多；看到她那半身不遂的姿態，心裏感到一種形容不出的悽愴！真的，母親已經成爲可憐的殘疾人了。她是個最愛勞動的人，突然過着這種一切都需要人扶助才能生活的日子，怎不使她傷心呢？

我和母親過去的隔閡，現在完全沒有了，偉大的母愛，隨時都在流露着。她詳細地詢問我的近況，關於過去的事一字也不提。她要我把所有出版的書，每種帶回一本給她看；也常常用左手撫摸我的頭和臉部；可惜僅僅一星期的功夫，我又離開她到長沙去了。

第二次，我又接到母親病危的電報了，星夜趕到家，她躺在床上，已經不能說話了。我含着淚跪在她的床上，只聽到從她喉嚨裏發出來一個非常微弱的聲音說：

『孩子，你回來了！』

接着兩顆豆大的淚珠，亮晶晶地滾下來了，我和姊姊也陪着流了一陣淚；爲了怕母親見了傷心，連忙又把眼淚擦乾。

問起母親致病的原因來，是非常奇怪的，三嫂說：

『是三天前的晚上，大約是半夜吧，突然聽到媽媽大聲叫着：「快來呀！你們快來呀！」我就住在她老人家的隔壁，趕快起來，跑過去一看，只見媽媽滿頭大汗，一手抓住我說：「不得了，不得了！有個鬍子很長的老頭兒來抓我去，我不去，他非拉我走不可，喊你們也喊不應，唉！完了！完了！」說罷這幾句話，媽媽長嘆一聲就啞了，從此不能說話。』

我好像在聽一個神話，不相信世間真有這種奇怪的事情；可是母親不能說話總是事實，請了中醫在家守着治療也不見好，病是一天比一天沉重，我的心也跟着一天比一天着急起來。

整整地有一個星期，我日夜没有離開過母親。白天坐在她的身邊侍候湯藥，晚上每隔半小時我就量一次體溫，摸一次脈搏，都記在小册子裡。母親有一回在半夜裏小便的時候，她突然摸着我的臉說：

『孩子，你瘦了！』

接着她又問了一聲：

『你三哥回來没有？』

倘若不是看着她的嘴唇動，只聽聲音是聽不清楚的；我以爲母親的病快要好了，誰知從此更趨險惡。

第二天，母親突然坐了起來，她做手勢要父親坐到床上來，同時指着我的鋼筆，好容易從喉嚨裏迸出一個很小很小的聲音說：『寫。』父親想了一下，好像突然明白似的忙對母親說：

『你放心，給鳴岡的田已經寫了字的，一定給她。』

母親點了點頭，在我臉上親切地吻了一下，她示意要父親過來；父親祇把手遞給她，於是母親就在他的手上吻了一下便躺下了。

母親的病越來越危險了，脈搏一次比一次減少，體溫一次比一次降低。我摸着母親的腿像兩條冰柱，我雖然没有看見人死，但我知道母親的生命快要結束了。我悄悄地告訴大哥和姐姐，千萬不要離開；只是三哥怎麼辦呢？電報打去十天了還不見回來，廣西的交通，難道這樣慢嗎？母親時時念着的三兄不能回來送終，該是多麼傷心的事！（他是在母親逝世後的第二天才到家的）我緊緊地握着母親的手，注意她的眼睛；手漸漸地冰冷了，眼皮一開一閉，嘴張開着，喉嚨裏一種呼嚕呼嚕的聲音不斷地響着。我看見母親臉上的表情痛苦極了，連忙把父親請到客廳去坐，他問我：『你這是什麼意思？』我說：『因爲房子裏人太多，空氣不好，對於母親的病體有害。』同時告訴他，三兄今晚就要回來了，此刻應該讓母親好好休息一下。

『爲什麼你母親的病突然嚴重了？』

父親不肯離開這房子，他用懷疑的口吻問我。

『没有，昨夜比這更厲害，因爲你老人家没有看到比這更可怕的表情；我是看慣了，知道没有危險，請你老人家到客廳去休息一下吧。』

自從母親生病，父親就和姊夫睡在客廳裏。他聽了我的話，真的睡去了，我要姊姊把全家的人都找來坐在母親旁邊，我的心像刀割着一般地痛，我知道在一剎那間，母親的生命，就要從我的懷抱裏消逝，我緊緊抱住她不肯放鬆；那呼嚕呼嚕的聲音愈來愈急促了，臉上的顏色也愈來愈慘白了，我摸摸她的體溫，已經冷到腹上去了。我的淚突然像潮湧似的滾了出來，生怕給母親看到不好，忙把臉轉過去，這時姊姊和嫂嫂終於放聲哭了，我立刻正言厲色地制止她們：

『不許哭，媽的病快好了！』

母親似乎聽懂了我的話，她睜開眼睛，望着我們伸出三個手指頭來，意思是問三哥回來沒有？我回答她：『媽，三哥回來了！』

她把視線向屋子周圍掃射了一下，然後深深地嘆了一口氣，把頭搖了兩下，表示不相信的樣子，我的心裏異常難過。

母親的表情更顯得難看了，而聲音也更響得急促而淒涼了。她那種在死神的手裏掙扎着的情景，實在太令我傷心；我終於忍受不住而放聲哭泣起來，這時舅舅又用嚴厲的命令制止我們。大哥看到母親太痛苦，就大聲說了一句這樣的話：

『媽，三弟今晚大概不會回來了，你如果等不得，就安心地去吧！』

話剛說完，母親睜開眼睛來看了我們一下；然後又深深地長嘆了一聲，就永遠地閉着眼睛長眠了！立刻有兩顆豆大的淚珠，從她的眼角流出來。

傷心！真傷心啊！母親的生命就這樣結束了！六十年的光陰，母親都在困苦艱難，忙碌的日子裏消磨，如今兒女都已成長，正好多過幾天舒服的日子；誰知造物無情，竟這麼殘酷地奪去了母親的生命，我能用什麼來形容我的悲痛呢？天！

舅父說母親初死，正像人睡覺一般，不能有嘈雜聲音去擾亂她，他不許我們哭，只讓他一個人輕輕地悲哀地唸着：

『阿彌陀，阿彌陀，阿彌陀佛阿彌陀……』

一面唸着詞，一面燒着紙錢；火光照在母親慈祥的臉上，像是睡着了似的安靜。我緊緊地握着她冰冷的手，我要從死神的手裏把母親的生命奪回來；我怪大哥不該說那麼一句殘酷的話，母親的生命，多延長一分鐘，就是做兒女的多一分鐘的福氣。我的淚流在母親的身上，舅舅又把我拖開了。可憐這時父親還在等候三兄歸來，等我把這惡耗告訴他，他竟痛不欲生地號啕大哭起來。

唉！我對不住父親，更對不住母親！我爲什麼這麼愚蠢，這麼殘忍！明知母親的死期已近，爲什麼還不讓父親多看她幾眼？我只顧慮父親看了母親斷氣而難受，没想到這是他們恩愛夫妻的永別，應該讓父親送終的。

從此，我成了無母的孤兒，我永遠得不到溫柔的母愛了！過去我太對不住母親，如今只有跪在母親的靈前，流着懺悔的淚，祈禱母親在九泉之下安寧。

母親逝世之後，家裏每個人臉上，都籠罩着一層悲哀；尤其每當我看到父親那老淚縱橫的悲苦的表情時，我更是心痛欲絕，淚如雨下。

晚上，在一盞菜油燈下，我和許多親人，陪伴着母親那靜靜地躺着的遺體，鄰近的男男女女都跑來哀悼她，他們都流着淚，敍述着母親生前的賢淑，和造福桑梓的種種事情。

母親呵！你的軀殼雖然離開了人間，你的靈魂永遠地活在人們的心裏。

忠孝不能兩全

母親逝世之後，我很悲傷地離開了父親，到南嶽衡山去休養我這多病的身體，同時療養這顆受創的心；沒想到「七七」的炮火，蔓延到了全中國每一個角落，我再也不能在半山亭安居下去了，我需要立刻到前線去加入抗戰的隊伍。正在準備下山的時候，突然接到由大哥打來的電報：「父病重，速歸！」

天，你對待我，爲什麼要這樣殘酷呢？死神剛帶走了母親，她的坟墓還沒有乾，難道你又要來摧殘我父親的生命嗎？我擦乾了眼淚，立刻下山，連換洗衣服也來不及帶一件，就那麼匆匆地將五天路程縮短爲三天趕到了家。

還算幸福，一踏進房門，我就看到父親由痛苦中發出的微笑了。可怕的痢疾，使他消瘦了許多，已經一個多星期不吃東西了，但精神還能勉強支持。可憐的父親，爲着紅白痢的侵害，他整日整夜不住地呻吟。我痛苦極了，生怕他有生命的危險，我那時連眼淚都不敢在父親面前流，只好偸偸地飲泣，半夜裏悄悄地爬起來，跪在母親的遺像前祈禱。

總算萬幸，父親的性命終於得救了，不過病並沒有完全好。這時抗戰的空氣，愈來愈緊張了，報紙上每天都用整個的篇幅，刊載着那些使人興奮的消息。說句有罪的話，我已經忘記了父親的病，只注意着報紙上的消息；好在父親是最關心國事的，他聽到我軍在奮勇抗敵，非常高興。我實在再也不能忍耐了，我不能忘記日本軍閥，給與我的痛苦和侮辱；更不能忘記日本軍閥，給與我們全中國的奇恥大辱！我要赴前方，那怕弄不到槍，我用菜刀也要砍死幾個日本鬼才甘心。那時我的熱血沸騰到了極點，我認爲這是個千載難逢的機會，把父親的病和國家的危難比較一下，我覺得後者是重要多了，我不能爲了父親而犧牲我的報國工作。在理智和感情的交戰之下，終於理智戰勝了感情，我忍心地離開了呻吟在病床上的父親，含着淚的微笑，踏上了征程。

還記得當我動身的那天清早，父親突然用留戀的眼光望着我說：

『昨夜我又發熱了，而且連瀉三次，爲了怕驚醒你，我都沒有叫你；孩子，我看你還是過兩天再動身吧。』

『不要緊，爸爸！你老人家的病，很快就會好起來的，家裏有大哥大嫂，三嫂和姪女們侍候，我可以放心。我這次是去長沙取行李，最多十天就囘來。』

爲了忠孝不能兩全，我只好用取行李來騙取父親的信任，我是多麼痛心呵！誰知從此永遠見不到親愛的父親了！（爲了在前方工作，我一連六年沒有囘家，父親是在卅一年的秋天逝世的。）

來到長沙，我立刻發動婦女到前方爲傷兵服務，消息在報紙上一披露，就有許多護士和女學生來和我接頭，于是湖南婦女戰地服務團在四天之內便成立了！

我們都穿着灰色軍服，打裹腿，青色鞋襪，一切都是自備。我寫了兩封公函，向××機關接洽，結果挨了一頓駡，說女人只能在後方工作；然而我們終于在全中國婦女剛開始動員的時候，搶先上了前方。

長沙怒吼了！每天晚上，收音機放送着戰事的報告，和雄壯的進行曲，許多團體爲我們獻旗，長途電話局的女職員爲我們募捐；要求參加婦戰團的一天比一天加多，只是這個完全由我個人負責組織的小團體，實在沒有能力容納許多人。

用什麼來形容我的興奮呢？當我在下午兩點，得到四點鐘就可出發的消息時，我簡直要發狂了！坐洋車我嫌太慢，就三步併做一步地走回儲英源，趕快吩咐幾位團員，分頭去找她們那些不知道今天出發的同志；幸好在四點以前，居然也找到十六個了，還有幾位因爲住得太遠，無法通知，只好讓她們失望。

真的，我不知用什麼文字來形容我的快樂，解除武裝整整地十年了！我無時不在回憶那一段有意義，有價值的痛快生活，也無時不在留戀那種又艱苦又悲壯，同時又很有趣的行軍生活；真想不到今天我又實現十年前的美夢了！我不但一個人能夠穿上武裝重上征途，而且帶了十六位小姐也上前方。今天，該是個多麼值得我高興，而感到光榮痛快的日子喲！

我高舉着國旗，走到隊伍的最前面，我們十七個人，大聲唱着抗戰歌曲，路上的每一個觀衆，都把視線集中在我們的身上。孩子們和許多散學歸來的男女學生，也跟着一同唱，一同叫着：『打倒日本帝國主義，中華民國萬歲……』的口號。整個的長沙市都被我們這些女兵哄動了。到達火車站時，竟是人山人海，把我們團團地圍在中間。一會兒，戰士們的大隊伍來了，我們更加提高了嗓子唱着，這時幾十位新聞記者也趕來了，他們拍的拍照，談的談話，把我們弄得手忙脚亂。我們舉行了一個簡單而又雄壯的北上抗敵宣誓典禮，孫伏園、席徵庸、陳×等三位先生，還有瑞林姊和美珍姊都趕來送行，給我們許多珍貴的臨別贈言。在車子將要開行的前幾分鐘，突然有一位白髮蕭蕭的老人來找我，他說：

『我就是傅恩萍的父親，我因為年紀老了，不能到戰地去服務，所以特地把小女交給先生帶到前方去，你要時時刻刻督促她努力工作；萬一她受了傷或是死了，我不但不悲痛，而且會感到光榮。』

末了，他又把臉轉向站在他左邊的女兒：

『恩萍，記着我的話，我是不掛念你的，你也用不着掛念我。關於前方的消息，我天天可以從報紙上看到的，你也不必給我寫信，只要能多救護幾個傷兵，就能使我得到無上的安慰。』

聽到這裏，大家都被感動得鼓起掌來。

有四個周南和自治的女生，提着包袱和書本趕來參加我們的隊伍，她們都流着淚，要求去前方；從下午六點，一直到深夜一點半，始終不肯回去，火車開了，她們還想跳上來。因爲她們都是穿的便服，而且沒有學過看護，所以只好硬着心腸要她們回去，安慰她們，等訓練好了之後，再加入第二批出發。

在野戰醫院

火車在九月十四夜兩點開行，十九日的早晨五點半，就到了安亭。在這裏下車後，各人背着簡單的行李，隨着隊伍開赴嘉定的外岡。

當天晚上，軍隊就開上火線作戰了，我們也開始了野戰醫院的工作。爲了適應軍隊生活和戰地環境，我們的團體，完全實行嚴格的軍事管理，遵守鐵的紀律，犧牲個人自由，絕對服從團體，我們的紀律是：

1. 犧牲一切，抗戰到底！
2. 本着實幹，苦幹的精神切實工作。
3. 與士兵共甘苦，同生死。

雖然每個團員，都是第一次過軍隊生活；可是她們都能吃苦，遵守紀律。我把她們分成四組，每組設組長一人，組員三人；一二兩組分發在五十九師的野戰醫院服務，我和三四組，就在九十師的野戰醫院工作。

最初兩天，因爲來的傷兵不十分多，所以我們規定了一個工作時間表，將日夜分爲三班，夜班工作六小時，日班工作九小時，每三小時輪流換班一次；不料到了第三天，第四天，由前線抬下來的傷兵就一天比一天多了，他們躺滿了每間房子，甚至連階沿上，天井邊都擠滿了。他們每個人，都把身子縮攏來，有時輕傷兵的腿子上，躺着重傷兵的頭。我們去換藥裹傷時，要小心從他們的身上一個一個地跨過。他們有的炸斷了一條腿，或者一隻手臂；有的炸破了半邊腦袋；有的被機關槍打穿了肚子，小腸流在外邊；有的子彈陷在肉裏没有取出來，痛得他們整天整夜地喊叫；有的大腿上，有三分之二的皮肉不見了；有的傷口生了許多蛆蟲，有的一隻手掌只剩一根筋連繫着……種種慘狀，真不能以文字形容。

血！血！血！戰士們鮮紅的血，從戰壕流到原野，從原野流到馬路，如今又從馬路流到野戰醫院來了！我們就這樣不分晝夜地，一天二十四小時，在血泊裏生活着，工作着。起初，我們的手上染着血時，心裏非常難過，吃飯的時候，還要洗洗手；後來傷兵越來越多，戰士的血滴在我們的鞋上，衣上，塗滿了我們的兩手，這時對於血，我們不但不害怕，反而感到這是無上的光榮。有時一雙血淋淋的手，只用一點棉花醮酒精，馬馬虎虎地擦一下，就端起碗來吃飯。在那時候，我們吃的飯，喝的水，都好像帶着血腥氣似的；可是誰也不因此而減少食量，相反地，我們更吃得多了。爲了工作的加緊，爲了在敵機整天轟炸之下，白天是不敢燒火煮飯的，在清早吃了一頓後，要餓着肚子到晚上七八點，才有第二頓飯進口，也有時一天只吃一頓的。

對於救護工作，我們抱着這樣的信念：「多救一個傷兵，就是多殺一個敵人。」雖然自己不能拿着槍桿直接上火線和敵人拼命；但替受傷的戰士洗傷口，敷藥，綳紮，倒開水，餵飯；用溫柔的言語安慰他們，用激昂慷慨的話鼓勵他們，爲他們寫家書，尋找舊衣服給他們禦寒，募集書報給他們看，講述時事給他們聽，這些都是我們能夠做；而且已經做到了的事情。

在戰場上，無論是長官，是士兵，只要經過我們醫治過或者慰問過的，大家都有很好的感情，很深刻的印象。

爲了我們的性情溫柔，卽使有少數傷兵脾氣壞的，也都不願向我們發洩。當看護兵替他們洗傷口的時候，動作很重，傷兵叫一聲「哎喲」，對方就要板起面孔來駡他：

『叫什麼？火線上還不知死了多少！』

假若是服務團的團員就不同了，她們會很同情地安慰他：

『同志，你忍受着暫時的痛吧，不久就會好的。你們的犧牲是光榮的，有價值的。你們是爲了國家民族而受傷，好了之後，還希望你們再去殺敵……』

我們常常聽他們講述作戰的故事，他們忘記了痛楚，忘記了飢餓，津津有味地和我們談着。他們睡在鮮血染濕了的稻草上，有時一天只吃一頓稀飯也不叫喊，可敬愛的負傷將士，實在太令人敬佩了！

民衆工作

最初我們出發的主要目的，是擔任救護，後來看見戰地的民衆，不但沒有組織，甚至在外岡，還有老百姓問我們：『你們是那一國的人？』他們也許從來就沒有接受過外面的宣傳，根本不懂得抗戰是怎麼回事，不懂得我們爲什麼要和日本人打仗。眼看着自己的羣衆，被敵人利用當漢奸去了，如果還不趕快組織他們，將來更不堪涉想。於是除了派十二位團員經常參加軍部，和三個師部政訓處的工作外，還在救護之暇，全體動員宣傳民衆。我們的方式，起初是挨家挨戶去訪問老百姓，從她們的日常生活談起，然後說到敵人的飛機大砲如何厲害，敵人的燒殺政策如何殘忍，我們的士兵如何英勇地在抗戰，老百姓應當如何地和軍隊合作，如何地幫助軍隊才能打勝敵人，才能使他們以後永久地安居樂業。每天工作回來，要開一個工作檢討會議，一面把本日遭遇到的困難問題提出來討論，把宣傳的效果，作個別報告，一面決定明天的工作地點及方法。

我們的團體漸漸地擴大了，四位新同志從上海趕來加入，另一位從蘇州趕來加入；她們都是能講本地話的，因此工作更進行得很順利了。

一般鄉下百姓，對於兵，都存着一種害怕的心理，只有對於女兵是不躲避的；因此我們無形中給與軍隊許多有力的幫助。比方每到一處，像雇挑夫，雇船，宿營，借用東西……這些事情一經過我們解釋，就很容易辦成功了。

我們的生活

在戰地，我們的生活，是特別快樂的；雖然睡的是潮濕的地鋪，喝的是黃濁的溪水，吃的是硬飯，冷菜，穿的是單薄的衣褲；蓋着從上海婦女慰勞會捐贈的薄被，睡在朔風凜列的堂屋裏，這一羣平時過慣了舒服生活的小姐，一點也不感覺到痛苦。她們病了時，反正有的是看護；冷起來時，七八個人擠做一堆；缸裏没有水了，自己去挑；灶裏没有柴，自己去檢；至於洗衣，掃地，燒飯，更是她們每天必做的勤務。她們當中，有兩個會理髮的，三個會縫衣的，五個會做拿手好菜的，還有喜歡寫新詩的，寫舊詩的，寫小說，演劇，唱歌，各種各樣的人才都有；因此她們的生活充滿了樂趣。在工作的時候，大家都是埋頭苦幹，誰也不稍稍放鬆自己的責任；假如發現有一個團員對工作有什麼疏忽，没有盡到責任；或者在替傷兵洗傷口時手術過重，對傷兵說話時聲音太粗，態度不溫柔，那麼她立刻要遭受其他團員們的批評。在工作檢討會議席上，我們是這麼毫不客氣地用嚴肅的態度來檢討每一個人的言語、行動；有時批評得太過火了，甚至使對方哭起來。

在工作完畢之後，大家看的看書，寫的寫日記，都把戰地當做是自己的家一般，那麼安靜地過着日子。

我永遠不能忘記十一月十二夜，那是我們奉令離開嘉定的日子。先一天，我們四個戰地服務團和當地的保甲長，師部政訓處，別動隊，戰區學校等，開了一個聯席會議，討論到種種軍民合作的實際問題，成立了一個軍民聯合辦事處；不料僅僅相隔一天，我們就要離開那些受過我們宣傳洗禮的可愛的民衆，和戰士們用血肉換來的土地了，我們是多麼感到留戀而傷心呵！

隨着軍醫處，我們和傷兵一同退到了蘇州，在那裏遇到三天三夜的大轟炸。這時並沒有停止我們的工作，仍然每天去看護傷兵，替他們換藥，弄飯和開水給他們吃喝。我們絕對不願意離開他們，退到較安全的地帶去，雖然軍醫處長，曾經好幾次，要我們先回無錫。

這時的蘇州，完全成了萬分緊張恐怖的備戰區域：公路上塞滿了成千成萬的退下來的隊伍，有許多傷兵，就那樣躺在公路上等敵機來轟炸，因爲他們已經找不到醫院，找不到自己的軍醫處了。炸死的傷兵，和老百姓的屍體，到處都是；所有的舖子都關閉着，什麼東西都買不到了，吃飯成了大問題；時局是一刻比一刻嚴重，軍醫處又奉到命令退無錫，在無錫停了兩天又退常州。

這時候，我的精神真痛苦極了！我們自從出發以來，天天只祈禱打勝仗，只願意隨着隊伍向前進，誰高與向後退呢？

是抵常州的晚上，忽然聽到一個消息，說第二批湖南婦女戰地服務團來到了，於是立刻跑去找她們，在路上遇着一個軍部的副官，他說：

『劉團長已回漢口去了，十個團員已於昨夜去無錫找你。』

聽了這消息，我呆住了，因爲早晨我剛從無錫來，我們在路上錯過了。爲了怕她們趕回常州，而我們又奉命撤退，只好在當天下午，我又去無錫找她們；同時請軍長指示我們的進退方針，究竟她們的工作要如何分配。

冒着狂風暴雨，我一個人搭着軍用車跑回無錫，果然見到她們了。十個天真的小妹妹，還想要到蘇州去，（那時蘇州已被敵人佔領。）軍長立刻拿了一百元給薛處長，打發她們回去。關於我們這一批原有的團員，他也主張回到漢口後方醫院去服務，等隊伍整理好了，再到前方來不遲。

對於這個命令，自然我是萬分不願意接受的，雖然被迫着在當天晚上就離開無錫，而我仍然希望在常州住下去，並且不久就有回蘇州嘉定的希望；誰知等我到常州，她們已經全部開到鎭江去了。我停了一天，好容易才找着車子趕往鎭江，在路上便遇着她們，這時總算大家團圓了；只有三個在六十師政訓處工作的沒有下來，不知她們隨着隊伍到了什麼地方，真令我躭心，着急！

從嘉定一直退到南京，這一路來的狼狽生活，實在不忍描述。在打勝仗時，我們的精神是興奮的，身體是健康的；加以軍隊對於我們，又是十分優待，不但有挑夫可以幫忙我們挑東西，即車船也都不會感到困難；可是到了撤退時，不但整天日夜要拼命地跑路，挑一切東西，找不到飯吃，找不到地方住；而且每個服務機關，都覺得女人是個累贅，和軍隊一路走怪麻煩的；因此他們很希望我們早點囘到後方；然而我們總不願意離開那一百多個，和我們一路退下來的受傷戰士，也沒想到連南京都不能讓我們住幾天，就在當日，匆匆地擠上了那隻直駛漢口的江安差船。

在船上，我們每三人擠做一堆地，躺在一個狹小的過道旁邊，整天整夜有無數的人，從我們的身上跨過；有時半夜裏被他們踏痛了頭或者脚，真比在戰場上受了傷還難受。飯也買不到，開水更不用說了。有一天，好容易用臉盆去買了一點飯來，大家分吃着騙騙肚子；三四天沒有洗臉，就這樣像逃難似的來到了漢口。

戰區巡禮

囘到漢口，許多學校和民衆團體，找我做公開演講。記得在中華大學的大禮堂，我講「前線歸來」的時候，聽衆是那麽擁擠，不但每個角落裏站滿了人，連講臺下面也坐滿了人；他們是那麽靜靜地聽着，那些用戰士們的血，寫成的真實故事。講完出來的時候，我找不到路了，就憑他們把我抬了出來。

許多女青年來婦女會找我，要求加入我們的團體，爲了隊伍已經傷亡了很多，我們奉令縮小組織，原來的人，都要分配到別的部隊去，自然不能增加人；在她們看來，這是一個多麼大的打擊呀！

經過兩個多月的戰場生活，我的精神已疲勞不堪，正在這個時候，新民報硬請我去幫忙，不得已答應他去重慶編一個短時期的副刊——血潮。

後方的一切，我都看不慣：聞到摩登女人的髮香，我就想起了前方的血腥氣；經過酒館飯店，聽到那些喝酒猜拳的聲音，我就想起了戰士們躺在野戰醫院裏流血呻吟的情形。雖然明知後方的文化工作，也像前方的抗戰工作一般重要；可是爲了精神上的痛快，爲了後方的文人太多，而參加軍中工作的太少，我仍然要回到前方去。我的三哥那時正在第五戰區，他來電要我到那邊去工作，於是我毫不猶豫地直向徐州奔去。

我到徐州，正遇着臺兒莊大捷，中外記者二十餘人都集中在這裏，我軍奪獲的戰利品堆積如山，每個士兵和民衆都興高彩烈，喜氣洋洋。我們在戰地巡禮，踏着戰士們的血跡，看到許多巷戰時敵人掉下的飯盒，皮鞋，子彈，心裏感到又傷心又痛快。這時候，我寫的報告文章很多，後來收集在「戰士的手」、「在火線上」、「新從軍日記」、「軍中隨筆」，這幾部書裏。

不幸得很，不久敵人又反攻了，我們的武器不如他們，同時傷亡的太多，又因交通關係，援軍不能馬上開到，一個月之後，在戰史上負有盛名的臺兒莊，終於又陷敵手了。

懷着悽愴的心情，我們隨着隊伍回到了漢口，休息不到幾天，我又回到長沙爲兒童保育會募款；恰好遇着湘雅醫院的內科楊濟時主任，利用暑假兩個月的時間，組織了一個戰地服務隊，他要我做嚮導，我就帶着他們到了浠水。三嫂這時也穿上武裝參加工作，我的姊夫和姪女素芳也都來到前方。

這時過去的團員，和我在一塊兒的，只有羅佩蘭，我們又恢復服務傷兵的工作了。因爲距離前線太近，整天有敵機來轟炸，所以小小的浠水城，已被炸得破爛不堪。每天都有炸傷的人等待我們去救護，浠水的民衆，爲了感謝湘雅的救護隊，還送過楊大夫一塊很大的匾，上面寫着四個大字：「民衆救星」，可見戰地的民衆，是多麼需要醫藥的幫助，和精神上的慰勞。

接着我們又在廣濟，黃梅工作了一個短時期，敵人向武漢進攻，我們又回到了漢口。

湘雅救護隊回湘的時候，我本想隨着回長沙轉新化，看看我的父親和長兄嫂他們，爲了害怕一回到家，就不容易出來，我終於沒有回去，和佩蘭住在漢口市，日夜像熱鍋上的螞蟻坐臥不安；加以慢性鼻炎的毛病越來越厲害，動不動就傷風，整天流着濃臭的鼻涕，朋友極力勸我回到重慶去開刀，同時希望我，把在各戰場所收集起來的材料，多寫點文章，介紹給後方的人士看，於是我又回到了重慶；佩蘭不願意再去後方，她參加了紅十字會的工作。

躺在市立醫院的手術室裏，我的鼻子經過了六小時的開刀，沈慧蓮先生，始終站在旁邊仔細地照顧我，生怕我發生意外；後來每天燉了鷄湯或者牛肉湯送來給我吃，她對我的關懷，我是永遠感激的。病好之後，我就在這個時候，替教育部寫了五萬多字的通俗抗戰小說。半年以後，我又厭倦這種生活了，我要貫徹敵人一天不消滅，我就一天不停止戰地工作的誓言。不久，我帶領着十二個女青年，參加了傷兵招待所的工作，幾百個男女青年，分佈在第五戰區，一戰區，十戰區一帶工作。我跑遍了鄂北、豫西，也跑過了黃河，在襄樊前線和大別山麓，我們曾冒着生命的危險突圍，受着飢餓寒冷的侵襲；在老河口的醫院裏，我病倒了，是很厲害的慢性盲腸炎，連開水都不能喝一滴，就這麼痛苦地躺了兩個星期，生命終於從死裡得救；可是病並沒有好，我被迫着回到重慶去施行手術。

感謝梁大夫高明的手術，經過四十五分鐘的時間，把那節紅腫得快要潰爛了的盲腸割了下來，裏面藏着許多沙粒和稗子之類的東西。

『好危險，如果再遲一天開刀，你的生命就完了！』梁大夫說。

『謝謝你，梁大夫，我這條命等於新的了。』

我兩眼裏流下了喜悅而感謝的淚珠。

靜靜的深夜：

我躺在海棠溪的第九重傷醫院裏，從窗口望出去，是廣濶無垠的藍天，藍天裏有無數的小星星在閃灼；我忘記了肉體的創痛，只覺得精神輕飄飄地，彷彿我變成了一隻小白鴿，從山城裏那隻小樊籠裏逃出來，高唱着勝利之歌，展開雙翅，逕向那廣漠的北方原野飛去；那是炮火連天的前方，我要爲未完成的工作而繼續努力。

中華民國六十九年（一九八〇）四月十五日修改於舊金山潛齋

附錄一

我的青年時代

誰都說：青年是人生的黃金時代，他們的生活是多采多姿的；然而我是例外，我的青年生活是多災多難，苦多於樂的；不過，我也要感謝造物主對我的考驗，假如不經過種種的挫折和打擊，我怎能站得起來呢？

話得從我的小學時代開始說起：

我一共進過三所小學，只讀完高一爲止，要想升中學，還要讀兩年；可是母親堅決地不許我繼續再讀，她的理由是：女孩子總得嫁人的，一結婚，就會生孩子，有了孩子，她就忙着撫養他們，那裏還有功夫來研究學問？她經常說：

『學問是男人的事，女人只要讀到會寫信會記賬就得了。』

後來經過父親求情，母親才許可我去投考稻田師範，關於我小時候因爲讀書而絕食三天的事，因爲在「女兵自傳」裏已經寫過，這裏不再提了。

稻田婆婆

稻田師範，就是湖南省立第一女子師範，因爲地址在長沙馬王街古稻田，所以就索性改爲稻田師範了；一直到今天，我還記得我們的校歌：

「民國初立，我校斯成，
沉沉女界放光明！
道德日進，體力日強，共求知識與技能。
人權發達，幸福無窮，
我能獨立我生存。
麓山毓秀，湘水含英，
稻田！稻田！萬萬春！」

每次當我唱到「我能獨立我生存」的時候，便特別提高嗓子，恍惚我全身的血液都在沸騰，我了解自已能夠考進這所名聞全省的學校，實在太不容易了。

原來這所公立師範學校，非但一切由公家供給；而且每年發兩套制服，夏天是白衣黑裙，春、秋、多天是灰衣黑裙。衣的長度，要超過膝蓋兩寸，裙子幾乎與鞋跟一樣平，因爲我們的制服太老氣、灰暗，頭上又梳着一個或一對巴巴頭，所以見到我們的人，都叫稻田婆婆。試想一羣十多歲的女孩，被人家看做老太婆，是不是應該生氣？然而奇怪，我們當時不但不生氣，而且感到非常驕傲，原因是那些畢業班的大姊們，還沒有到暑假，就被人爭聘一空了。

當時學校規定，每縣可以保送兩名學生，有些偏僻的縣份，連一個也沒有；因此決定每年舉行一次考試，不分什麼縣，只要成績合格的就錄取，那年我們新化縣就考取了九名，連保送的共十一名，可說最多了。

我初進學校的時候，因爲根柢太差，只有高小一年級的程度，除了國文、體育、唱歌、圖畫之外，甚麼都趕不上；最痛苦的是英文、數學和理化。

一直到今天，我還在後悔，我們遇到一個那麼好的英文老師，不知道跟他好好地學，反而背後罵他是洋奴。他敎英文的方法是多讀、多寫、多說。他敎我們用英文寫日記，那怕只寫兩三句都是好的。我們被他逼得沒有辦法，只好照寫，現在我腦子裏記着的生字和文法，還是那時硬灌進去的。

我好比一個先天不足的孩子，在功課方面，我樣樣不如人家。爲甚麼呢？是我的天資特別愚鈍？還是懶惰不用功呢？固然，我沒有天才；但自問從小便是個最用功的孩子，我之所以功課不如人家的原因，是我剛讀完高小一年級的時候，便跳班考上了湖南省立第一女師，我記得很淸楚，那是民國十年的夏天。

在由藍田至長沙的船上，一個星期內，我補習完了所有的四則雜題。甚麼父子年齡；鷄兎同籠；順水行舟，人力水力之和；逆水行舟，人力水力之差；種樹，時間，休息，甲乙做工……，弄得我頭昏腦脹。我恨死了發明數學的人，後來我選擇文科，是不無原因的。

還記得父親在我參加考試的前一天晚上對我說：「鳳兒，不要太緊張，要有充足的睡眠，才能應付明天的考試；萬一失敗了也不要緊，你可以和我同去益陽，再讀五福小學，你大哥在那裏當校長，他會一切免費的。」

『不！爸爸，假如我失敗了，我要跳……』

還沒有說出「湘江」二字，父親便用右手掌封住了我的嘴巴。

『我最不喜歡沒有出息的孩子，我喜歡再接再厲，從不灰心的人；不要胡思亂想，趕快去睡覺吧。』

一個星期之後，想不到我真的僥倖考上了師範，父親等我發了榜後才離開長沙。進校的第一件工作，便是補習功課，找那些高小畢業了的同學，按部就班地補授未完的功課。

在國文方面，我佔了不少便宜，因爲父親是前清時候的舉人。他的著作等身，我從小便在家接受他老人家的教育；後來二哥和三哥，又在新文學方面介紹我讀了幾本世界名著；尤其難得的，是我有機會管理學校的圖書出借，凡是新到的書籍和雜誌，總是我先看了才借給人家；如果說人類是自私的動物，在這一件事方面，我是承認自私的。

兩位好老師

我要感謝兩位老師，他們使我在國文和英文方面，打下了一點小小的基礎。一位是敎國文的李青崖老師，他不肯給我改一萬餘字的小說——初戀，要我從五百字的短文開始。他說：『你假使五百字寫通了，那麼五千字也不成問題。年青人啊，爲甚麼還不會走路，就要學跑步呢？』這正與父親天天訓練我的簡潔，流利，不要拖泥帶水，嚕哩嚕嗦完全一樣。

還有一位是英文老師陳國梁先生，滿臉紅光，戴着一副黑邊的近視眼鏡。他剛從東吳大學畢業出來，穿着筆挺的西裝，打着領帶，人很熱情、活潑，他敎我們讀「泰西五十軼事」、「天方夜譚」；還敎會話和「英文典大全」。凡是不喜歡會話的同學都討厭他，背地裏駡他是假洋人。

『多懂得一種外國文，對你們有益無害，不論你將來研究文學或者科學，你非學英文不可！要學會英文，沒有別的捷徑，只要不偸懶，勤查字典，死記生字，多背有名的作品，不怕難爲情，多練習會話，你就可以讀好英文。例如你還沒有讀過「圖釘」和「敎務處」這兩個生字，你可以對同學說：「Please go to 敎務處，and bring me a 圖釘」』，說完，引起了我們哄堂大笑，他却很嚴肅地站在講臺上，一點也沒有笑容。

陳老師還敎我們天天寫日記，不管有沒有材料，非養成有恆的習慣不可！他有一個五歲的姪兒，天真活潑，常常來學校和我們玩；忽然有一天他得急病死了，我寫了一篇六百多字的「悼陳朋」，老師說，他一面讀，一面流淚，那是我生平第一次英文作文得到誇獎，也是最後一次的優良成績，我得了九十八分。

偷讀

『站住！站住！不要跑！不要跑！學校鎖了大門。你還想跑到那裏去？除非你變隻蚊子，我總會抓住你的！』

有外婆之稱的校長，拚命地在我的後面追趕。我手裏拿着一本小說，更加拚命地逃跑，明明知道他總會追上我的；也明明知道學校會處罰我，即使不開除，記大過一次，是不可避免的。

——我應該停住，好好地向校長說明，請求他寬恕。

儘管腦子裏知道這麼想；可是兩條腿不聽我指揮，它好像上了發條的機器，拚命地不斷地向前奔去。

『謝鳴岡，聽到沒有？站住！站住！我不是警察，我不會抓你去坐牢的，我要看看你手裏拿的一本什麼書，怎麼可以犧牲睡眠，非看它不可；我不相信它有這麼大的魔力！』

『我不是警察！』這句話把我提醒了！

真的，他不是警察，我又不是小偷，爲什麼要這樣害怕呢？於是我真的站住了，轉過頭來，用乞憐的眼光望着他，用微微顫抖的聲音哀求道：

『校長，請你老人家原諒我，因爲白天功課太多，我沒有時間閱讀世界名著，所以只好在晚上，犧牲了睡眠來看它。』

『什麼世界名著？拿給我看看！』

我立刻把藏在後面的「悲慘世界」拿出來，他看了一下說：

『我沒有看過這本書，裏面說些什麼？』

我見他問及書的內容，心情平靜多了，我不再害怕，還想趁此機會向他做一番宣傳工作呢。

『作者描寫當時社會的黑暗；把好人和壞人做一個對照；可憐的孩子，沒有人照應，不給他受敎育，是會被惡人帶壞的……』

『你是說這本書的內容嗎？』

『是的。』

『還有什麼呢？』

『還有，使我明白天下沒有不勞而獲的事，只要肯努力，一定有收穫的，許多世界有名的作家，都是從艱苦的環境裏奮鬬出來的。』

『你想成作家嗎？』

『不敢做這個夢。』

『那麼爲什麼這樣被小說迷住了呢？』

『那是因爲興趣的緣故。』

『好，這次又原諒你，下次不能再犯規。你知道我的個性比你還強，你不睡覺，我非把你制服不可！我寧可追到天亮，也不許有一個學生偷讀。你要知道，健康是一個人的本錢，沒有本錢，你用什麼去研究學問，發展事業？你們小孩子，只知道任性，不注重身體，是要不得的！你們的父母，把你們交給學校，學校就要負起責任，假使你生病了怎麼辦？』

『校長，我的身體很好，不會生病的。』

『哼！機器也有壞的時候，不要說人！不要嚕嗦了，快去睡吧。』

其實，天曉得！嚕嗦的是他，而不是我啊。

沒法，只好又乖乖地被他像押解犯人似的，把我趕進了寢室，從此偷讀不成，只好利用假日和課餘飯後來欣賞名著了。

熱菜

誰說學生生活是苦的？回憶起來，真有無窮的樂趣，南面王也不如啊！

命運註定我一輩子要吃師範飯，中學、大學入的是師範，如今教的又是師範！老實說，民國十幾年的師範生，比現在的要舒服多了：每餐有六菜一湯，八人一桌，雞、鴨、魚、肉，餐餐都有；課本，筆記本，作文簿，講義，全部由學校發給，不用花一文錢；過年過節，還要加菜。也許是正在成長的關係，我們那時的食量相當大，有時老師下課遲幾分鐘，我們還要去寢室拿碗筷，進了食堂，只見到得早的已經吃完，碗裏的菜，所剩無幾了；我們後來的怎麼辦呢？只好把別人桌上的剩菜收來，倒在我們的菜碗裏，給厨房一個二十文的銅板，請他加一點猪油，加一些紅辣椒熱一熱，那滋味，其美無比，較之大飯館的酒席，好吃多了！我們往往一吃就是三四大碗飯，也不知從那裏來的食量，遇到有人笑我飯桶的時候，我總要回敬她一句：「豈敢！豈敢！彼此！彼此！」

雖然伙食並不壞；但我們很饞，常常在星期日和二三同學跑去同鄉家裏「打牙祭」，算好快要吃飯的時候拜訪，主人一定留我們吃飯，我們就半推半就地坐下來，幫她們擺碗、端菜、添飯；吃完之後，自動去抹桌，洗碗；這麼一來，主人並不討厭我們，我們也像回到了自己的家，得到了一點溫暖。

剪辮子

『書呆子剪頭髮了！』

這是一件大新聞；書呆子指的是我。

真的，誰也不會料到，我會把頭髮剪掉的。

在幾個月以前，我會大聲疾呼地反對女子剪髮，我說：『身體髮膚，受之父母，不敢毀傷。』又說：所有禽獸，都有雌雄之別，一個女人剪了頭髮，穿着短衫、長褲，與男人毫無區別，這成何體統？很多同學贊成我這種說法，她們在壁報上寫文章響應我；特別是教國文的陳老師，他在我的文章旁邊，用雙圈圈得密密麻麻的。一部份思想前進的同學，大罵我頑固，開倒車，思想落伍，是時代的罪人。她們愈罵，我反對剪髮也愈厲害；後來經過我的二哥苦口婆心地勸了我好幾次，我有一點動搖了；但是好強的我，仍然不肯自己打自己的嘴巴。

『不能！絕對不能！我已經寫過好幾篇文章了，我反對她們剪髮，怎麼又投降她們？幫我說話的那些同學，她們會痛罵我的！不能！我不能思想動搖，前後矛盾！』

我堅決地回答二哥。

『一個青年人，往往會感情用事，不論面對一個什麼問題，如果不經過再三思考，還是以少發表『謬論』爲是。例如剪髮，這是對於衞生、經濟時間都有好處，你爲什麼要反對呢？一個現實的問題擺在眼前：你們清早起來，至少要花費一刻鐘在梳頭上面，多麼浪費時間；假如把頭髮剪掉，只要一兩分鐘就梳好了，其餘的時間可以用來讀書，做別的事，你看多麼好？何況洗頭髮也省了許多麻煩，又清潔，又美觀，一舉數得，你憑什麼要反對它呢？』

我在二哥面前，事事只有認輸，儘管我會強詞奪理，胡說八道一陣；但究竟沒有充足的理由，是無法站得住脚的。

『不剪就是不剪，你總不能強迫我！』

我站起來想走，他一手把我拉住。

『一個人要有認錯的精神，才能成就大事！古人所謂「人非聖賢，孰能無過，過而能改，善莫大焉。」王陽明說：「人不貴無過，而貴於有過能改……」。』

『我没有過，我用不着改！』我打斷了二哥的話說。

我的氣，越來越大，二哥的聲音却越來越柔和；也許真是柔能克剛吧，我最後還是依從了他的勸告，三個月之後，我也被同學強迫剪髮了。

『用不着你這麼痛哭流涕，如喪考妣；你如果實在捨不得你的大辮子，將來還可以把頭髮蓄起來的。』

這是偉英說的話，我至今還清楚地記得。

『一個人要有認錯的精神，才能成就大事。』

我更牢牢地記得二哥的話。我這一生不但没有成就過大事，連小事也一無所成；然而我有認錯的精神，這不能不感謝我二哥的賜予。

一 過年

在女師讀了五年，每逢寒暑假都要同家；尤其是寒假，母親一定要我同去過年，她認爲除夕如果不能一家人團圓，是件很不愉快的事。

彷彿記得那是民國十四年的寒假，我藉補習功課的名義，沒有同家過年，和三位同學住在學校裏，整天日夜看小說；好像看小說，比吃飯睡覺還重要，有時一整天，也聽不到誰說話，偶然聽到一聲嘆息，或者格格的笑聲，誰也不去理會；反正各人都會從小說裏，找到她們的快樂和悲哀，用不着別人替她去分擔。

有天晚上，我忽然想到過年，於是說：

『喂，書呆子，快要過年了，你們說，怎麼辦？』

『我有個主意，那天一大早就帶了麵包去嶽麓山，玩到天黑才同來；不過，千萬別忘了帶小說。』

小李首先建議。

『本人反對！』趙胖子說：『要知道過年又不是過重陽，怎麼跑到山上去？冷冷清清地一點興趣也沒有；說不定觸景生情，還要大哭一場，豈不大煞風景！』

『你們都不要吵，聽我說好不好？』

孫悟空不慌不忙地說。

那時候，我們每個同學都有綽號，連老師也不能免。譬如教國文的周老師，臉上現出多情的樣子，說話時老是低着頭，我們就在背後叫他「林妹妹」；教數學的徐老師，我們叫他「賽因徐」；教英文的陳老師，臉部長得像猿猴，我們叫他「孟克」；「孫悟空」，只因他姓孫，所以就得了這個雅名。

『你快說呀！』

我見她那種慢吞吞的神氣，就催促她。

『你不要急，一急，我就說不出話來了。』

她常常喜歡賣關子，這是我們最討厭的。

『不說就不說，拉倒！』

我是個素來性急的人，遇到這種場合，寧可不聽，也不高與等待。

『你不要急，我告訴你，我早就在一星期之前計畫好了，我們四個人，一定要好好地過一個最特別最快樂的年。買菜，下厨，都由我一手包辦，只要你們幫我一點忙，洗洗菜，刷刷碗，收拾收拾就得了。』

『喝！你倒會吩咐，我們都成了你的下手，哼！你又不是什麼名厨！神氣甚麼？』

小李又在抬槓了。

『傻瓜，我們就封她一個「御厨」，自已以皇帝的身份，去嘗試嘗試她做的菜不好嗎？假如做得不好吃，就賜她一個——』

『一個什麼?』

小李緊接着我的話問。

『一個終生監禁。』

『呀!太厲害了!』

『趙胖子』說着,四個人都笑了。

二

誰都說,學生時代,是人生的黃金時代,真是一點不錯。

我們讀的是師範學校,一想到畢業之後,我們就要爲人師表,真是不寒而慄。說老實話,那時我們對於那些什麼「教育概論」,「兒童心理學」,「教育心理學」……之類的功課,絲毫也不發生興趣,一天到晚,只知道看小說;特別注重在故事方面,不論誰看完了一部小說,先要問她:『故事好不好?有趣沒有趣?結果是悲劇還是喜劇?』

也許這是我的性格,從少年時代開始,我就最喜歡看悲劇性的小說,越是情節悲慘淒凉的,我越喜歡看;常常把書中主人翁的遭遇,當做我自己的遭遇,我爲他們傷心落淚,有時甚至幾天都在難過。

在我們學校大門口的右邊,有一所設備完善的幼稚園,那是專爲我們的同學實習而辦的。裏面收容了一百多個活潑可愛的男女幼童，中午有時下課早一點，我們在進食堂吃飯以前，總要抽空去看那些小天使一眼，聽幾聲親熱而嬌甜的『老師再見！』

自從放假以後，幼稚園裏冷淸淸地看不見一個人影；只有老王每天在那裏打掃落葉，看管房舍。我們四個人，喜歡在淸晨，或者黃昏的時候在那裏散步，打鞦韆，玩滑梯。起初老王很不高興，一見我們來了，就皺着眉頭，用諷刺的聲調說：

『哼！你們也有資格當老師？自已還沒有長大！』或者說：『囘到你媽媽那裏去吃奶吧！』

遇到這種情形，我們非但不生氣，反而哈哈大笑起來。

有一天，我們買了一包烤紅藷來吃，特地揀了一個大的送給他，他連聲說謝謝，從此他再也不駡我們了。

三

那是除夕的上午，我照例躺在床上看書，孫悟空和小李出去買菜去了，趙胖子在洗衣服；我手裏的「茶花女」快要看完，忽然走進來一個人，她一下坐在我的床沿上，我猛吃一驚；一看，原來是小楊。

『你這死鬼，進來也不叫一聲，嚇死我了！』

她没有理我，臉色蒼白，好像大病初愈似的，緊握着我的手說：

『告訴你一個消息：小魯的姊姊自殺了！』

『自殺了！爲什麼？』

我連忙坐起來，披上棉衣。

『我說她活該，自作自受！』

她彷彿很生氣的樣子。

『究竟是怎麼同事？你好好地從頭說起吧。』

小楊是這麼一副怪性格，她說話喜歡東一句，西一句，使人摸不着頭腦；有時四五個人在一塊兒，每個人都要應付一兩句，遇到這種場合，她就會跳起來說：『氣死我了，你們人多嘴雜，我不知道要應付誰好，算了吧，我懶得說了！』

於是大家哈哈大笑，一哄而散。

好在這天只有我們兩個人在屋裏，她得以從從容容地敍述。

爲了太冷，我叫她脫了鞋子，也坐到熱烘烘的被窩裏來，兩人面對面地坐着，她的話匣子打開了：

『小魯的姊姊，是周南女校的校花，你是知道的，那次我們學校開運動會，她還來參觀，你不是見過的嗎？』

『我不大記得了，她長得比馬格里特怎樣？』

我指着「茶花女」問她。

『死鬼真討厭！，管你什麼馬格里特，牛格里特，我不知道；管你記不記得，我只說我的故事好了。』

『就只因爲她長得漂亮，不知道有多少人追求她，連她學校的英文老師也在內；可是她什麼人也不愛，只愛上了一樣東西——你說，是什麼？』

『那還用說，一定是錢！』

『對了，她愛的是錢！她說人生在世，只有短短的幾十年，不好好地享樂、享樂，實在太寃枉了，所以她選擇的條件是錢！』

『好了，後來呢？』

我連忙問。

『不要着急，聽我說呀。』

『一個五十多歲的老頭子愛上她了——』

『我相信她絕不會嫁給那老頭的。』

我打斷了小楊的話說。

『錯了，你完全猜錯了！她居然心甘情願地嫁給他。』

『那麼，爲什麼又要自殺呢？』

『聽我慢慢地說吧。這個老頭的年紀，比她的父親還要大，自然父母都不贊成；但她不顧一切地私自答應了。』

『他們並沒有經過正式結婚的手續，就秘密同居。老頭是長沙最大的富翁之一，在水陸洲，有一座富麗堂皇的別墅；在坡子街，有三間金舖，五間綢緞店。他用起錢來的時候，從來不經過腦筋想的，要什麼，有什麼，根本不問價錢貴不貴，只要東西好，吩咐下人買來就是。』

『這與她自殺，有什麼相干？』

小楊不理會我的打岔，她繼續着敍述：

『這正合乎魯小姐的思想，她想嫁了一個這麼有錢的人，一生吃、喝、穿、玩，還用得着發愁嗎？當然不會；於是她不要名分，就和他同居了。』

『難道她是去做姨太太？』

『當然囉，也不知道是第幾個姨太太？』

『就爲這個自殺嗎？』

『不是，另有原因，你聽我說呀！聽說那老頭子自從把她金屋藏嬌以後，起初天天日夜陪着她，不到三個月，那老傢伙居然喜新厭舊起來，常常八天十天不回來，她一個人在家裏悶死了，又不能出去；同學們都不理她了，連自已家裏的人來看她，也被門房擋駕，她簡直好像關在監獄裏的囚犯一般，怎麼不自殺呢？』

『據說那老不死的，像「皇帝」一樣，他有「皇后」，有「妃子」，還有侍女、丫頭，他高興在那裏，就去那裏。他害怕魯小姐跑掉，所有後門，邊門都是上了鎖的，只有大門沒上鎖；但有人把守，除非她變隻蒼蠅，不要想飛出去，你想，在這種情形之下，她不自殺，怎麼活下去呢？』

『唉！她連瑪格里特都不如，人家是不愛財，只要真實的愛情；而她恰恰相反，誤中了拜金主義的毒，一心貪圖物質的享受，以致犧牲了寶貴的一生，正是你說的自作自受，活該！』

對於這種人，我是不同情的；故事說完了，我也無心再聽下去，仍然拿起我的小說來看。

『謝，我今天特地來請你去我家過年，吃年夜飯，好嗎？』

小楊笑嘻嘻地問。

『謝謝你的好意，我們四個人要過一個特別的年。』

『那麼，四個人都請到我家裏去，人，越多越熱鬧。』

正在這時，孫悟空和小李回來了，小楊看見了她們買回來的菜，不好意思再勉強邀我，坐了一會兒，她就回家了。

四

過年了！我們雖然只做了簡單的四樣菜：一盤臘肉炒冬筍，一盤蝦米燒白菜，一盤肉末炒雪裏紅；還有一碗榨菜肉絲湯，一瓶葡萄酒，一碟鹹蛋，一碟大紅袍（花生米），吃得津津有味。

『啊，想起來了，幼稚園那個老頭，不知道有家没有？我們送點菜給他吃好嗎？』

我說着，立刻放下筷子跑去幼稚園，只見老王呆呆地坐在椅子上沉思。

『老王，你今天不回去過年嗎？』

『我回那裏去？這兒就是我的家。』

『吃過飯没有？』

『没有，等下把中午的飯熱一下就得了。』

我聽了返身便走，跑回寢室，用盤子分了些菜給他送去，他太高興了！

『小姐，你們太好了！太好了！過年還記得我這個窮老頭，你們的心太好了！』

『不要客氣，出了門，大家都是一家人！』

我的心裏又高興又輕鬆；真的，我們過了一個特別的年，把我們的溫暖，分了一點給老王，似乎做了一件很大的好事一般。

晚上，我們圍着一個小火爐取暖，我把魯小姐的遭遇告訴她們，孫悟空說：

『紅顏薄命，值得我們同情。』

『愛慕虛榮，咎由自取，得不到社會人士的諒解。』小李說。

於是你一句，我一句，好像在開辯論會似的，幸虧趙胖子出來調解，我們又悄悄地看小說去了。

五

天下事，往往有不可預料的，誰知後來孫悟空也步上紅顏薄命之路，她拒絕了那個死心塌地追求她的男友，愛上了一位有婦之夫；對方是軍人，前面有一妻一妾，都是同班同學，她是第三位如夫人，聽說後來的結果很慘，她被丈夫遺棄了！我不懂那位軍人，何以有這麼大的魔力？能享受這麼好的艷福？我一直想要找孫悟空問個明白，究竟她是愛了他的什麼？是否過了幾天所謂幸福的生活？

時光像閃電，四十多年前的往事，還歷歷在目，曾經和我在學校過年的那三位同學，如今不知各在何方？我懷念她們，爲她們祝福；還有那個忠於職守的老王，如果還在世的話，應該有一百歲了吧？

幻　想

在學校五年多，我只看過兩次電影，一次看「火燒紅蓮寺」，一次看「月宮寶盒」。那時看電影，要男女分坐的，女孩子絕不敢和男生來往。每封信都要經過訓育處檢查，我那時富於幻想，我了解一個人爲什麼會異性相吸，同性相拒；同時我以爲四海之內皆兄弟也，每個人只要趣味相投，性情相近，就可以做朋友，爲什麼有那些戀愛的糾紛產生呢？

『我希望將來有那麼一個理想的社會實現，幾個好朋友住在深山裏，好像七仙女似的一同工作，一同生活。』

『要不要結婚呢？』同學問我。

『不要，永遠不要結婚！男男女女都像兄弟姊妹一般和和氣氣，過着快樂的日子多好。』

我同答她，她把這問題請敎老師，老師說：

『這是你們腦子裏的烏托邦，一輩子不會實現的，年輕人啊，不要把寶貴的腦子用在幻想、空想上，你們最要緊的是把握每一分一秒的時間，多求有用的學問。這時候，你們的腦子最純潔，記憶力最強，將來到了年紀一大，想要讀書，也讀不進了。』

在當時，我根本没有把老師的話放在心裏，到現在才知道句句是經驗之談。

我是個書呆子，常常被小說迷得忘記了吃飯，也忘了睡眠。我不懂那時我何以没有一點愛美之心，連雪花膏是什麼樣子，也没有看見過，冬天手凍得裂開了，鮮血流了出來，連一毛錢一瓶的甘油也捨不得買。還記得有一次，三哥給我十塊錢，這是一個很大的數目，如果以當時一元買兩百個鷄蛋計算，那麼相當於現在的三千多元，我因爲太用功了，那幾天正在生病，三哥要我上醫院檢查，並且叫了一輛洋車，替我開了錢，明明那十塊錢我用手帕包着握在手裏，不知怎的手一鬆就掉了，那時我順便到一位同學家裏去，想請她陪我去看病，進了她家的門，不見十元，我急得要跳井，幸虧她的母親一把拉住我；要不然，真會發生命案的。

投筆從戎

在稻田，我是個最守規矩的學生，除了有時上理化、數學課偷看小說外，我從來没有犯過規。

我的青年時代，充滿了苦悶、窮困、憂鬱、傷感；但有一段時期使我的人生觀大大改變，使我的生命充滿了活力，充滿了光明，那就是從軍時代。

民國十五年，是北伐將要完成的時代，是所有一切軍閥將要遭到徹底消滅的時代，全國的青年們，都想投進革命的洪爐，獻身國家民族。當中央軍校第六期的招生廣告，出現在各報的時候，那一條招收女生兩百名的字跡，首先映進二哥的眼裏，他立刻給我電話，要我到他那裏（明德中學）去。

『妹妹，趕快去投考軍校，你快要出頭了！』

他第一句話就這麼向我打氣。

『什麼叫出頭？』我真不懂這兩個字的意思。

『你參加革命，可以找到許多珍貴的材料寫文章，可以從事婦女解放運動，可以解除你的婚約，可以發展你的前途……』

說老實話，當時別的都不能打動我的心，只有獻身革命和解除婚約，是我的兩大目標。

『好，一定報名；但是不知道考不考得取？』

『我想你的國文和三民主義是不會有問題的，只怕英文和地理、歷史。』

二哥正說着，三哥忽然也來了，他極力反對我去報名，並且說：

『一個女孩子去當兵，一定變得很粗暴，將來不能做賢妻良母，二哥，你簡直要毀了妹妹的前途！』

『笑話！笑話！我是替她創造新的前途；而且是最有希望的前途！』

他們兩人針鋒相對地辯論了將近一個鐘頭，最後還是二哥勝利了。

回到學校，只聽到許多同學在談着投考軍校的事，這一夜，我興奮得不能閉眼，我想母親一定不贊成的，只有瞞着她，不讓她知道。

第二天早晨朝會的時候，校長報告：

『中央軍校招收女生，你們要去報名，我不阻止；但是考不取的，絕對不許再回到學校來，說不定你們的家裏也不許你們回去；這是值得你們考慮的，不要因爲一時的感情衝動，而誤了終身。』

於是胆小的、意志薄弱的，開始動搖了，我和翔姪，還有四位同學，堅決地要去報名。

『考不取，我們去當勤務兵總可以吧。不能同稻田，我們可以去讀普通中學，天無絕人之路，只要我們的意志堅決，不怕没有出路，』

我好像給自己，也給她們注射了一針強心劑。

我很順利地考上了軍校；但是爲了反對覆試，我被開除了；後來只好又第二次改名報考，這次我可太高興了，僥倖考取了個第一名。從此我脫下了灰布制服，黑色裙子，穿上了灰色的軍裝，走起路來，抬頭挺胸，雄赳赳，氣昂昂，許多人，特別是一些老太太，根本分不出我們是男兵還是女兵？

在這一年裏，我的生活是充實的，我的生命是活躍的，我整天陶醉在革命的歌聲裏；那些雄壯的歌聲，可以使我的精神振奮，可以使我的意志堅強，可以使我的感情熱烈！那時候，我和兩百多個女同學，完全忘了自己，只知道國家民族。儘管個人的力量是那麼微弱、渺小；但團結，就是一股不可抗禦的力量啊！

記得我在出發前給三哥的信裏，曾經這樣寫道：

『親愛的三哥，我在三天之內就要出發了，也許一個月以後，就能凱旋歸來，回到湖南與你痛飲高歌；萬一我犧牲了，你千萬不要爲我難過，你要將我有意義、有價值的犧牲告訴父母親，安慰他們，勸他們不要悲傷，不要痛哭，只要他們對着我這次寄回的相片說一聲：「我的愛兒，已經爲國民革命而犧牲了！」那麼，我在九泉之下，便能得着無限的安慰了。』

『親愛的哥哥，我能夠和勇敢的戰士們在一起與敵人拼命，真高興啊！望你由空中傳達努力！奮鬪！犧牲！的聲音給我！』

三哥接到這封信後，立刻付排，第二天就登出來了。他當晚搭夜車去武昌看我，兩人相見，熱淚不覺滾了下來，他是惜別、難過；我是快樂、興奮。

出發以後，我把親眼所看見的，以及所聽到的種種現象，寫在「從軍日記」裏面，這是我出版的第一本書，也是我正式走上文學之路的第一步！

我永遠不會忘記孫伏園和林語堂兩位先生，要是沒有他們的指導和鼓勵，我不會對寫作發生這麼大的興趣；也要謝謝發表我第一篇習作——「剎那的印象」——的李抱一先生，能夠把自己寫的歪歪斜斜的字，變成端端正正的鉛字，那種快樂，非親身領略過來的人，是無法了解的。

可是好景不常，這種有意義，生氣勃勃的生活，沒有多久就結束了！

我拖着一個有病的身體，回到了母親的身邊。爲了我是瞞着她去從軍的，她非常不高興；父親卻視我爲木蘭第二，他老人家很高興地聽我講着前方的故事。

『孩子，你是勇敢的，有了這些豐富的經驗，你可以多寫些文章了。司馬遷因爲遊覽名山大川，所以他的文章氣魄雄渾，你從現在開始，就努力學習，將來也可做班昭第二的。』

父親這麼勉勵我，使我感到又慚愧又興奮。我知道班昭是漢朝的大學者，她能繼承父兄的遺志續寫漢書，我是什麼材料，我自己知道；但父母總是望子成龍的，他老人家曾寫過「史續蘭臺祈異日」的詩給我，到今天，我一事無成，而年已逾花甲，ㄜ來真是慚愧得無地自容。

上海亭子間

經過四次的逃奔，費盡了心力，歷盡了折磨，總算從封建的鎖練中得到解放了；我有了自由，我的前途和幸福，完全掌握在自己的手裏，我該高興了吧？然而接着而來的一個問題是：怎樣生活？

來到這十里洋場的上海以後，第一個問題：找房子太困難了！那些二樓三樓，有新式衞生設備的房子，固然不敢問津，連亭子間也要六、七元一月，我當時身上只有一塊錢，也沒想到這區區的一塊錢用完了怎麽辦？

我找到了孫伏園先生的住所，見了他，我的眼淚不知不覺地滾了出來，他安慰我說：

『我們都躭心你從此不能自由了，一輩子會老死在鄉村；如今你終於逃出來了，你應該高興才對，爲什麼反而哭呢？』

『我是因爲太高興了才哭的。』

我擦乾眼淚回答他。

『我寄給你的信，還有二十塊，你收到錢沒有？』

『沒有，都被我媽沒收了！』

接着我把帶了愛珍逃跑的事，詳細地告訴孫先生，他很關心我們兩人的生活。

『愛珍有個男朋友在這裏，她倒用不着我們操心；至於我自己，先解決住的問題，然後再想半工半讀的辦法。』

當時孫先生要全部幫助我上學；但我無論如何不肯接受，我想要嘗一嘗做苦工的滋味，我要多磨練磨練自己，使自己從最艱苦的生活中了解人生，了解掙扎、努力、奮鬭的意義。

一位認識不久的朋友，爲我找到了一間廉價房子，差一點送掉了我一條性命；原來那裏面住着一羣綁匪，一天，他們全家忽然不見了，巡捕來把我抓去關在監牢裏，三天三夜不給我東西吃，連一口水也不給我喝，使我難過得真想自殺；後來幸虧伏園先生找法官將我保釋出來。

我費了一整天看房屋召租的條子，找到一間窗戶對着墳墓的亭子間，一個月的租金是四塊錢，沒有厠所，要自備便盂。

每天早晨，我總看見一個老太婆去到十字架前去獻花、默禱，我想墳墓裏面，一定埋葬着她的老伴；還有一位中年婦人，常來一座有着小天使石像的墳前插花，有時默默地坐在那裏流淚，有時帶了毛線去織衣服，我猜想地下埋着的，一定是她的愛兒。

一到晚上，我把電燈關了，一羣羣的螢火蟲，繞着那滿園的十字架、小天使亂飛，真有點像鬼火，我心裏有點兒害怕；可是我要鍛鍊我的胆量。我曾經以墓園爲題材寫了短篇小說和散文，投寄時事新報和申報副刊，都被發表了。我的生活，全靠這些千字五毛、一元的稿費來維持。

後來我進了藝大，仍然住在亭子間裏，和兩位同學合住，她們兩人同時愛一個男人，三角戀愛的真相被我看到了，她們內心的痛苦，我也知道許多，我對曼曼說：

『三角戀愛，是不正常的愛，你應該用快刀斬亂痲的方法和他斷絕關係，免得日子愈久，痛苦愈深。』

『不可能，因爲崔太自私，他愛我們兩個人，誰也不放鬆。』

『這種愛情不專一，自私自利的男人，更不值得愛！』

我警告她，後來聽說她真的放棄了他，另外結婚了；真真的後果也不好，崔又另外愛了別的女人，可見我當時的看法是正確的。

在這段生活裏面，我窮到無以復加的地步，每到過年過節的時候，人家大魚大肉的吃；而我連一分買燒餅的錢都没有，我好幾次想要把大三元或者冠生園的櫥窗玻璃打破，搶一塊叉燒或者一隻烤鴨逃跑，然後讓巡捕來追，我被關在監獄裏，衣、食、住，都解決了；但我没有這樣做，因爲我怕又連累孫先生來營救，未免太對不起他了。

越在窮困的環境裏，越能使我努力讀書，寫作，我不去向別人借錢，我想：借了債，一定要還人家，何必痲煩呢？還是讓自己的肚子受點委屈吧。

多少人在青年時代，過着多采多姿的生活，他們有甜蜜的戀愛，有幸福的天倫之樂，穿着鮮艷華麗的服裝，和朋友或者情人去踏青，去享月，去遊山玩水；而我呢？我没有享受過甜蜜的愛情，只有痛苦，只有貧窮。我用鹽代替牙粉、牙膏，用手指代替牙刷；春、夏、秋、冬我只有三件單衣，一件破夾衣，一件破棉襖（還是王瑩送給我的），穿在我的身上；一雙空前絕後的球鞋，一年四季套在我的脚上，我没有進過理髮店，一塊肥皂要用一年。

「從軍日記」出版之後，我常常去春潮書局借版稅，有時拿到幾元錢，也會和朋友去飯館大吃一頓，這樣的生活，我過了一年。三哥從南京來，他看了我這副情形，非常不高興，認爲我這種形同乞丐的模樣，對他是個很大的侮辱，他約我去吃飯，茶房以爲我是乞丐，不許我進去，三哥更生氣了！他替我買了幾件衣料，要我跟他到南京去做事，我無論如何不答應，爲的是要繼續讀書。

第二年，三哥到北平去教書，把我也援了去，我滿以爲考進女師大以後，生活可以安定下來；誰知一年之後，三哥回到南方，經濟來源斷絕，我又開始第二次的窮困生涯。

附錄二

女兵生活

一個有趣的問題

『冰瑩先生：

請恕我冒昧地寫這封信打擾你，有個問題，你看了，一定會哈哈大笑的。你一定想不到我們這一羣阿兵哥，在最前線的馬祖碉堡裏，生活是這樣有趣的。

我們都是你的忠實讀者，拜讀過你很多大作；只是有一個大問題，橫在我們的心裏，那就是：「究竟謝先生是個男人還是女人？」今天，我們又提出來討論了，大家你一句，我一句，爭辯不休。我說謝先生是女性，老張固執地說：「一定是男性！」什麼理由呢？原來他是根據上次你率領許多作家來我們馬祖訪問，在接受馬祖廣播電臺訪問的時候，他們一聲聲叫你先生；而不叫「謝女士」，「謝小姐」，所以斷定你是男性；我回答他：「先生是普通的尊稱，可以用之於男人，也可以用之於女人，我斷定謝先生是女性，有女兵自傳做證明。」他們說：「女兵自傳也許是用第一人稱寫別人的故事。」這麼一來，連我也有點懷疑了。爭論了很久的結果，我們打賭：由我寫信給你，讓你答復：究竟你是男性還是女性？我們以三條大黃魚，七斤新鮮麵來做賭注。冰瑩先生，請趕快回信，讓我勝利吧！

祝您

康樂

你忠實的讀者：施金山於馬祖南竿

五一、五、廿七』

看完了信，我真的哈哈大笑了一陣；而且笑出眼淚來了。這時恰好有兩位朋友在座，我把信給她們看，她們也說：『在三十年前，有許多人都不知道你和謝冰心是兩個人，有的說你就是冰心的另一個筆名；也有人說你是冰心的妹妹；更有人說你是男人！』於是我們又大笑起來。

『想不到三十多年前的問題，到如今還沒有解決。當拙作「從軍日記」在武漢中央日報發表的時候，譚延闓先生曾寫信詢問孫伏園先生：「謝君不知是男性還是女性？」後來林語堂先生還在從軍日記英譯本的序言中，提到這件趣事；法國文豪羅曼羅蘭先生，起初也對我的性別發生疑問，後來汪德耀先生的從軍日記法文譯本出版之後，他才弄清楚，連忙來了一封鼓勵我的信，使我在失望中又重新振作起精神來，從事學習寫作。』（見拙作敬悼羅曼羅蘭）我把這兩個故事告訴朋友。

『我很久就想向你建議，在外國，作家都把相片印在封面上的，你爲什麼不這樣做？』

曼映說，我們又笑了。

『可惜我不是中國小姐，那有資格做封面女郎呢？』

客人走後，我馬上給施金山先生回了一信，大意說：

『來信拜收，謝謝。女兵自傳是寫我所見所聞的親身經歷的故事，你說我是男性還是女性呢？』

『我最喜歡吃馬祖出產的又細又嫩、味道鮮美的黃魚；可惜我遠隔重洋；否則，和你們一塊兒飽餐一頓，多麼快活！』

不久，施先生的回信來了，索性把它附在後面。

『冰瑩先生：

來鴻已收到，不禁喜上眉梢；同事們更是歡喜若狂！我真感激您能抱病給我回信，您一向愛軍的慈心，更引起同志們虔誠的敬佩。

黃魚麵已於昨晚吃了，滋味的確不錯；然而未能與您共同享受，可惜！可惜！端陽佳節，臺北想必很熱鬧吧？我們在前線雖也很愉快；只是不免有每逢佳節倍思親之感！不盡欲言，祝福您。

戰士施金山敬上　五一，六月十日。』

這就是引起我今天寫北伐時代的女兵動機。

那時候，我們在街上走，不知有多少人從店舖裏跑出來看女兵，有時我們走進書店，文具店；或者糖果舖買東西，馬上就有一大堆大人小孩圍上來，從頭到脚仔細打量。老太婆絕對不相信我們是女兵，她們說：『好鐵不打釘，好男不當兵，那有閨女出來拋頭露面從軍的！』

其實，他們的想法錯了，那是帝王時代和軍閥時代對於兵的看法；至於古代的王師，和現代的革命軍人，他們犧牲生命在保護國家民族的利益，在爭取世界的自由與和平，是多麼值得我們尊敬，崇拜呵！

不過，也難怪，北伐時代的女兵，是和男兵完全一模一樣；穿草鞋，打裹腿，一身灰布軍服，腰間束着一根小皮帶，背着步槍，走起路來，雄赳赳，氣昂昂，一點也沒有女人忸忸怩怩的姿態。那時我們唯一與男生有區別的，便是在左臂上用兩分寬的紅布縫成一個W形的記號；這記號真害苦了我們，男同學都向我們大開其玩笑，說我們女同學是他們未來的 Wife，把我們氣壞了！我曾經冒險代表全體女同學向楊連長請求，希望他能把W改爲三道直線，代表真、善、美。他說：「這是上級命令，不能改的！」

軍人以服從爲天職，還有什麼可說的呢？只好讓他們去叫W了。

女兵第一課

「三民主義，
始終一致，
國民革命導師：
推翻君主制，
建設共和體，
聯合被壓民族，
努力相扶持；
完成國民革命，
偉大的先知！」

這是我們初進武漢分校唱的一首歌詞的第一段，我至今還能唱出那雄壯的調子來。

像一陣暴風吹倒了滿清帝國，吹醒了夢裏的人們，吹開了革命的鮮花！在我們學校的二門口，有一副對聯：

先烈之血
主義之花

不用解釋，這主義自然是我們　總理孫中山先生所提倡的救世救民的三民主義；在我們禮堂門口又有一付對聯：

黨紀似鐵

軍令如山

許多初入伍的女兵，看了這些對聯，嚇得心驚膽戰，她們害怕犯規，害怕處罰，害怕動輒得咎。不錯，學校的規律，的確太嚴了，衣服穿得不整齊，風紀扣沒有扣好，或者綁腿沒有打好，帽子戴歪了，敬禮的姿式，立正稍息的雙脚站立的姿式，稍爲有一點不對，都要遭受指摘，甚至大大地訓斥一頓；特別是內務一項，不知傷透了多少人的腦筋，被窩要疊得像豆腐干，八隻角都要成爲九十度；床鋪下面，不許放一點東西。星期日早晨，敎官來檢查內務的時候，同學們都戰戰兢兢地站在那裏等待宣佈結果，她們那麼緊張地，而又滿懷希望地站在那裏，假若敎官說一聲『重疊！』那就糟了！可能今天不能外出，要罰禁足一天。

說起來也真不可解釋，平時一週學習六天，認爲是理所當然的事；而一到星期日，似乎非出去不可，萬一那天的內務整理沒有通過檢查；或者犯了其他的校規，那你休想有外出的自由，這時，我們就會心急如焚，坐立不安。這一天，真是度日如年，懊悔萬分，不但不能外出；而且認爲這是一種莫大的侮辱，聽到同學們互相談起：某人今天內務檢查，沒有通過；某人犯規今天禁足，那比什麼還要羞恥，還要沒有臉見人。

不過話又說回來了，儘管校規是那麼嚴，敎官的臉孔是那麼冰冷，鐵面無私；可是同學們都心甘情願地在這裡接受這鐵的紀律。她們來投考軍校的時候，早就下了爲革命犧牲一切的決心。『生命都可以拿來犧牲，難道不可以接受時代的考驗嗎？入伍訓練，有什麼可怕呢？』她們都這麼想。

入伍訓練，的確是一個最難的科目，也是最難通過的一關，如果在這最初三個月能受得了，那麼，以後就會一帆風順地讀到畢業。

『你們是中國有歷史以來，第一次的女兵，你們要做個好榜樣，將來軍校要不要招收女生，完全看你們的表現如何？』

我們的敎官，常常拿這幾句話重複地對我們說，使我們有所警惕。

『真丟臉，她逃走了，既然受不了嚴格的訓練，爲什麼當初要來呢？一定是虛榮心作祟，所以才來投考，一旦面臨現實，她的真面目就顯示出來了。』

一位嬌滴滴的女同學逃跑了，大家都在議論紛紛：

『我就看不慣她那副大小姐樣子，當了兵，還在晚上偷偷地化妝，擦什麼冷霜保護皮膚，哼，當了兵還講究美容，真無聊，她這麼打扮，給誰看嘛！』

『大家都是一樣的灰布軍裝，布襪草鞋，她卻偏偏要把軍服燙得筆挺，還搔首弄姿地像個交際花，我早就討厭她了，她走了更好，免得做我們的害羣之馬。』

只聽得大家你一句，她一句地在批評那位女逃兵。

『幸虧只有一個，不然，實在太丟我們的臉了！』

真的，由開始到畢業，幸虧只有這一個儒弱的傢伙，假若多有幾個，那就顯得我們婦女的確太不行了。

我們那時每天五點起床，九點半就寢，一天上八小時課，上午是四小時術科，都是操練，那時候我們要按照步兵操典的程序學習。下午是學科，也是四小時，除了政治課程之外，還有名人演講，分組討論。上三民主義，國際形勢等課時，同學們非常有興趣，我們的腦子裏日夜在盼望着三民主義的社會早點實現；試想平均地權，節制資本，實行耕者有其田，該是多麼理想的社會，人人有自由，個個能平等，女子和男子一樣享受人生樂趣，再也不受封建思想的壓迫，該是多麼幸福！可憐的女人，過去她們過的非人生活，只是男子的奴隸，男子的附屬品。她們沒有自由，經濟不能獨立，真要感謝我們的　國父，他給我們婦女開闢了一條光明大道，從此我們的人格獨立，思想自由，我們也像男子一樣，把一切智慧、能力貢獻給國家，爲社會人羣謀福利。

聽，我們的歌聲又起了：

快快學習，
快快操練，
努力爲民前鋒！

『革命者只流血，不流淚！』

……………

是誰在大嚷，打斷了我們的歌聲。

原來一位女同學，因爲接到了一封家信，忽然想起家來，偷偷地哭了，不料被那個嗓門粗大如破鑼的彭指導員聽到了，這麼大聲責罵着。

於是這位同學連忙用手帕擦乾了眼淚，不再哭了，加入了我們的歌詠隊，高聲地唱起：

三民主義，

始終一致，

國民革命導師。

……………

可惜這位導師早已離開我們了，如果還在世的話，今年正好是他老人家的百歲誕辰呢！

女兵與戀愛

『謝老師，請原諒我的冒昧，我有一個問題，想向你請教，請忠實地回答我。』

聽到「忠實」兩個字，我有點驚訝，也有幾分不大高興。

『我向來說話是忠實的，你儘管問好了。』

我回答方同學。

『在你們北伐時代當兵的時候，男女同學之間講不講戀愛？如果一個女孩子有幾位男同學追求，她怎樣應付？』

『你這個問題有趣極了，我可以分爲兩方面來回答：首先說同學們的；然後再講我自己的。』

『誰也不能否認，人是感情的動物；特別是青年人，正是熱情洋溢的時代，大多數都希望交幾個異性朋友，一方面安慰心靈的寂寞，一方面做選擇未來佳偶的對象；也有真的想藉此研究學問，砥礪品德的；不過這只是極少數而已。』

『也許因爲那時候，婦女剛從封建家庭裏逃出來的緣故，她們還沒有勇氣談戀愛。據我所知，有幾位交男朋友的同學，都是被動的；有一次，容貞和一元出去看了一場電影，因爲回來晚了，過了點名時間，她被禁閉三天，我去送東西給她吃，挨了楊連長一頓大罵；後來容貞出來了，我問她禁閉的滋味如何？她回答我：「太不好受了！我寧願一輩子不交男朋友，也不願關禁閉。」

『有一位鄧名芳，她是我們全隊裏面最漂亮的一個。軍服熨得筆挺，儘管連長再四訓斥，不許女同學抹粉擦胭脂；而鄧名芳每天用粉紙擦臉，看起來彷彿撲了一層薄薄的粉，經太陽一晒，白裏透紅，的確很美。她的男朋友不止一個，聽說連長官也有向她獻殷勤的。每天她要收到很多情書；又因爲她會演話劇、唱歌，多才多藝，風頭十足；後來還聽說她成了國際風雲人物之一，不知究竟如何？』

『現在呢？這位鄧小姐那裏去了？』方君問。

『不知道。她的年齡比我大，現在應該是六十多歲的老太太，她早已不是小姐了！』

『說起來很有趣，男生隊和女生隊都在武昌兩湖書院，兩隊僅一牆之隔。男同學裏面有頑皮的，他們在厚厚的磚牆上，挖了一個茶碗大的洞，有時偷偷地看我們在操場上散步；起初幾天，誰也沒有發覺，直到有一天突然看見有人由洞裏丟進一封情書來，這件事給楊連長知道了，他大發脾氣，非把那位男生開除不可！一面叫勤務兵將洞堵住。

每次遇到男女兩隊有共同活動節目，或者聽名人講演，或到閱馬廠去參加閱兵典禮，是女同學們最傷腦筋的時候；因爲我們每個人的名字，都是寫在制服口袋上角的，例如「中央軍校女生大隊，第×中隊，第×分隊，學生×××。」儘管在跑步的時候，男同學裏面，也有回過頭來看我們徽章的，有一次還有人摔了一交呢！』

哈！哈！哈哈！我們都笑得喘不過氣來。

『現在，要聽聽您的故事了！』

一向沉默的李同學開口了，她是特別注意傾聽的，臉上總是浮着微笑。

『我的故事不多，而且一點不精彩，說出來，你們會覺得索然寡味的；原因是我那時候還不懂得交男朋友，更没有這種需要。我的腦海裏像白雪一般純潔，我只懂得友情，不知道愛情是什麼滋味，記得有一次，我對三位男同學說：

『我有一個理想，不知道將來能不能實現？我想革命成功之後，約集十幾位志同道合的男女朋友，去深山裏住着，各人研究自己喜歡的學問；累了，就聚集在一起，有的吹簫，有的拉手提琴，有的吹口琴，有的高歌一曲；我們自己種菜、種花、做飯、洗衣；看朝陽晚霞，欣賞日出日落，月明星稀的美景；大家都不結婚，像兄弟姊妹一般一直到老死，你們說好不好？』

『好是好，只是絕對不會實現的，你這是烏托邦，你在做詩人的夢，我相信不久就會醒的。』莫林說。

『我最喜歡寫童話，希望我們的童心永遠存在，我贊成冰瑩的理想，我相信只要我們都有一顆純潔的赤子之心，很可能會實現的。』

艾斯接着說；只有奇沉默不語，我問他的意見怎樣？他笑了一笑說：

『你們的意見我既不贊成，也不反對。人，總要做夢的，不管什麼夢；有，總比沒有的好。』

艾斯聽了，大不以爲然，譏諷他是投機份子，後來事實證明他確是如此。

那時候，他們三個人都對我有意，每次借工作來會我，總是三人一道；我還蒙在鼓裏，對他們一視同仁，究竟是鄉下姑娘不同，我的心是那麼純潔、坦白、天真。』

情書

每天下午吃完晚飯的時候，要在院子裏集合，由連長發信給我們；我是全女生隊信件最多的一個，有次連長把我叫去責備：

『你的信爲什麼這麼多？』

『我不知道，他們要寫信給我，我有什麼辦法？』

我彷彿在演戲，裝出無可奈何的樣子。

『你要知道你是個革命軍人，你的責任很大，不可以談戀愛……』

『報告連長，不要寃枉我，我是最討厭戀愛的，下次再有信來，由連長去代拆代行好了。』

『豈有此理！難道有人給你寫情書，也要我代拆代行嗎？滾出去！』

『是，連長！』

我連忙舉手敬禮退出來。

『回來！』

一聲命令，我立刻又走回去！

『一點規矩也不懂，脫了帽，怎麼可以行舉手禮！』

於是我連忙鞠躬，誰知又弄錯了；因爲這時我已戴上帽子，結果又挨了一頓駡。

我沒精打彩地走出來，把這倒楣的事告訴矮子樹蓉，她說：『你要小心，今天流年不利。』

有一天，在許多封情書裏面，發現了一封署名水番三郎的。

『喝，這個小日本鬼，也想來追求我，非給他一點顏色看看不可！』

我一面說，一面拆開信來，和珊珊、樹蓉三個人一同看。信上寫着：

『我最尊敬的，勇敢的，偉大的女兵……』

『討厭，不要看下去了，我最討厭看那些什麼的，什麼的句子！』

『這人大概受了翻譯小說的影響，所以這麼嚕囌。』珊珊緊接着我的話說。

情書的內容，是說他在革命日報上讀過我幾篇文章，寫得如何流暢，有力，他願意和我做個永久的朋友。

看完了信，我對珊珊說：『你去寫幾句話給他，把他教訓一頓，告訴他，這是一個偉大的革命的時代，每個人都要把生命貢獻給國家民族，叫他趕快覺悟，不要再沉醉在粉紅色的夢中！最後還要教訓他，不要寫那些嚕哩嚕囌不通的句子！』

珊珊果然照我的意思寫了，第二天就收到他的回信，沒有貼郵票，是專差送來的。

『××同志：

萬分感謝你的回信，我太高興了！你的筆跡是多麼娟秀而有力！你是個聰明的才女，又是個勇敢的戰士，我太欽佩你了！我想最近去看你，親自向你領教，不知你討厭不……？』

『當然討厭！』

我不等看完，就把信撕個粉碎，樹蓉連忙搶過來把碎片拼起來讀，她說：『我們來開他一個玩笑，去封信約他來，害他在會客室裏坐上半天，以示懲罰，你說好不好？』

『也好，讓我來對付他。』

星期日的上午九點，果然有一位穿呢質軍服的軍人來找我了，會客單上填的正是水番三郎，我對樹蓉說：『看名字是個日本人，如果他不會說中國話怎麼辦？』

『那裏，他既然會寫中文信，一定會說中國話的，不要害怕，我們陪你去。』

樹蓉回答我。

『我也去。』容貞笑嘻嘻地跑來。

『又不是和人打架，要你們這許多人去幹什麼？』我說。

『哈哈！三哥要單獨去會情人！』（註：當時我們有十個好朋友，稱爲十兄弟，我行三。）頑皮的容貞，把我說得又好氣又好笑。

『那位是水番三郎先生？』

我們走進會客室，我站在珊珊的後面說，因爲她的身裁比我高一點，可以擋住我的符號。

『我是，請問你是……？』

我的天！那個戴近視眼鏡的大麻子站起來了，雖然不太高，却很胖；黃黑色的臉上，彷彿爬滿了蒼蠅，這是屬於箏葉斑痲子型的一種。我趕快說：『謝同學不在隊上，她今天出去採買去了。』

『大概什麼時候可以回來？』

『不一定。』

『那麼，我就在這裏等一等吧。』

『好的。』

我們拼命忍住笑走出了會客室，回到寢室裏，倒在床上，笑得腸子打轉轉，肚子痛得直不起腰來。

幾個月之後，才知道那位冒名水番三郎的人，就是鼎鼎大名的潘××。

我說到這裏，她們兩人也笑得喊肚子痛。

母女兵

在我們女生隊裏，姊妹或者叔姪一塊兒當兵的有好幾對；而母親和女兒同在一隊的，却只有鄭同志她們母女兩人。

矮而瘦的個子，大約四十歲左右，走起路來，一拐一扭，非常吃力；原來她是從小裹過脚來的，怪不得每次出操，總是她落在最後。

『鄭××，你不可以走快一點嗎？』

楊連長叫她。

『是！連長！』

口裏答應着；但那雙尖得像紅辣椒似的小脚，如何跑得快呢？我的天！

每次遇到我們跑步的時候，她就滿臉脹得通紅，汗珠像雨點似的流下，她彷彿要暈倒的樣子，我就心她；可是又不能幫助她。有時我用同情的眼光向她示意，她那種要笑又現出彷彿要哭的表情，真令我看了難受。

『鄭同學，你的女兒來當兵就夠了，你爲什麼也要來呢？』

有一次我這麼傻里傻氣地問她。

『女兒是女兒，我是我，我不能代替女兒吃飯，正像女兒不能代替我參加革命一般。』

說得我臉紅紅地怪不好意思。

『你和我是同志，真正的同志。』

我向她笑了，希望減輕一點我的難過。

『你的話，我聽不懂，什麼是真的同志，假的同志呢？』

『哪，你看，我這雙脚，也是改組派的。』

『你比我好多了，看不出是裹過的；我的骨頭早就斷了，無論怎樣放，也放不開，真恨死了！爲了封建社會給我的痛苦太深，所以我願意參加革命，那怕死在女生隊，我也會感到無限的光榮。』

她說話的音調低沉而淒涼，我知道她來當兵，一定還有其他的因素。

『僅僅只爲了裹脚這一個理由嗎？』

『當然不是。』她的頭低下了，好像不願正視我一眼：『我的家庭太封建了，父母替我找到一個婆家，我結婚之後，丈夫把我不當做人看待，整天小心翼翼地侍候他，還要遭到拳打脚踢的虐待；我是個人，不是畜生，卽使是畜生，牠也要嚎叫，也要反抗的；可憐我在那種地獄似的家庭裏，度過了二十年，我生了一男一女，他們全家都是重男輕女的，把男孩看做寶貝，吃的穿的都是好的。我們兩母女，等於他們的眼中疔，好幾年前，我就想帶着女兒逃出來自謀生路，可惜老沒有機會；同時女兒年紀小，怕她受不了外面的風霜；幸虧光明的日子來到了，我們有了母女一同從軍的機會，你想，我還捨得放棄嗎？』

說到這裏，她抬起頭來望了望我，我彷彿發現她的眼裏有淚珠在滾動，我連忙緊緊握住她的兩手：

『鄭大姐，你太使我欽佩了！你的忍耐，你的努力奮鬪的精神，使我太感動！我的命運和你差不多，所不同的，你在地獄裏生活過；而我還沒有踏進地獄之門。』

『那麼，你是幸福的。』

『誰知道呢？誰知道將來過的是什麼生活；但我有信心，只要不甘墮落，肯努力上進，總有光明的一天來到的！』

『跑步的時候，你太累了，可以向連長請假免掉這一科目嗎？』

我問她。

『不可以，我不願這樣做，我覺得我們都是女兵，我不應該特別。我方才說過，來當兵是我唯一的求生之路，也是我心甘情願的，那怕累死在操場上，我也決不後悔；而且還感到無上光榮。』

『是的，連長說過，操場等於戰場。』

我安慰她。

自從有了這次談話之後，我更欽佩她了，那些不懂事的小妹妹，常常會譏笑她的小脚，笑她那拿槍的笨拙姿勢，笑她跑步時，總是落後的窘態；甚至還有人以爲她在家没有飯吃，才來受這種洋罪，真是太不瞭解她了！

「一——二——一，一二三四！」

每次聽到連長的聲音，我便常常回過頭來看鄭大姐，我害怕她真的暈倒；更害怕她暈倒了永久不能爬起來。

是一個週末的晚上，許多同學還没有回來，鄭大姐一個人坐在操場的角落裏流淚，我問她受了什麼刺激，她說：

『女兒要我退伍，她說很多同學諷刺她，說她有這麼一個土包子媽媽，使她丟臉，你看，這是什麼話？難道我連參加革命都没有資格？何況這雙小脚又不是我自己裏的。』

『不要難過，讓我來勸勸她。』

不久，我們分發到前線去做救護工作，没有看見鄭大姐，也不見她的女兒，一直到今天，我還在懷念她，腦子裏經常會出現她那種跑步時一扭一拐，香汗淋漓的影子。

放步哨

放步哨，是一件非常有趣的工作，也是件令人害怕的事情。

那是我和珊珊第一次奉命，在女生隊的大門口放步哨，她擔任守門，我在大門外附近巡邏。

『口令！』

遠遠地看見有個黑影在蠕動，我便大叫一聲。

『老百姓。』

對方這樣回答，我的心裏開始嘀咕，萬一是個壞蛋，他也答是老百姓，那麼我許不許他通過呢？

『當然只有讓他通過，』珊珊說：『不要害怕，有我們兩支槍呢！』

『兩支槍，又有什麼用？難道你還敢開槍嗎？』

老實說，我們兩個都是膽小的，一看見那黑黝黝的巷子，彷彿隨時都有個無頭鬼會突然闖出來；或者一個壞蛋跑來搶我們的槍；特別令我們忍受不了的，是下雪的冬天，雖然身上穿着厚厚的灰布軍服，厚厚的棉大衣，全身仍然不住地哆嗦。

『怎麼時間過得這麼慢，她們還不來接班？』

有時我們在自言自語，心裏又着急，又害怕。

——當兵的滋味，真不好受！

我在內心裏自己埋怨起來。

——還沒有上戰場呢，就這麼膽小，怎麼得了！

我真有點躭心。

夜是那麼靜，連樹上飄落一片葉子在空中隨風旋轉，也可以聽出聲音來，那種寂寞淒清的情調，容易使人發生各種感觸，也容易使人憶起甜蜜的家來。

『口令！』

『老百姓！』

一個嬌滴滴的聲音，使我覺得奇怪：

——這麼晚了，怎麼會有女人經過？

她漸漸地走近了，經過我們的門口時，在黯淡的燈光下，發現她蒼白的臉上，塗着血紅的唇膏，一雙失去了亮光的眼睛，没精打彩地向我斜視了一眼，也許她以爲我是男兵，故意向我嫣然一笑；顯然地，那笑是勉强的，有作用的，嫵媚中帶點淒然的表情。我向她點點頭，用右手做了個手勢，表示不留難她，叫她順利地通過；然後，她向我愉快地一笑，走了。

我的心湖開始不安起來，我覺得她是個可憐的女人，這麼晚了，還出來幹什麼？無疑地，她不是舞女，便是什麼交際花、交際草之流。她們爲了生活，不得不取悅於男人，過著違反常情的夜生活；我可憐她們，也同情她們，唉！要什麼時候，社會才能正式地走上軌道，男女個個都有正式的職業，都有一個美滿的家庭，都能過着溫暖而幸福的生活呢？

——北伐，北伐成功之後，這樣的社會一定會實現的。

我這樣自已做了回答；其實，這種想法，未免太天真。社會問題，絕不是那麼簡單的，北伐還沒有成功，一個大的變動又發生了，那便是有名的政變——「寧漢分裂」。從此，紅色的魔掌擾亂了整個中國社會的安寧，滾滾的紅流，開始由城市泛濫到鄉村，又由鄉村泛濫到城市，這傷心的回憶，還是到這裏打住吧。

總括說來，放步哨是很有趣味的，它可以訓練我們勇敢、機警、有耐心；忍受寒冷風霜；了解人世艱辛；和責任的重大。我喜歡在站崗的時候冥想；但腦子裏又害怕官長經過，不知道敬禮；或者有人來了，忘記了叫口令，那種戰戰兢兢，如履薄冰的心情，至今每一想起，還餘味無窮呢。

閱兵

幾年前，我陪菲律賓的文藝訪華團到南部參觀，在鳳山軍校，我們參加了一次閱兵典禮，那威嚴，整齊的場面，深深地感動了我，使我回憶到民十五年（一九二六）閱兵的情景來：

那是我生平第一次參加閱兵典禮。一個月以前，我們開始練習操分列式、分行式、横隊式、縱隊式……種種名目，攪得頭腦脹痛。有的說：『我希望到時候生病，就可以不參加。』有的說：『我希望家裏發生事情，把我找回去。』還有一位同學，更妙想天開地說：『我希望還沒有開始檢閱的時候就暈倒。』

『真是洩氣，爲什麼不希望自己那天的精神特別飽滿呢？要知道這是我們破天荒第一次參加檢閱啊！』

我帶着教訓似的口吻說。

『哼！你還高興，要是到時候，你做錯了一個動作，指揮官命令你向左轉，你向右轉，命令向前走三步，你只走兩步，豈不使隊形大亂？』

同學回答我，使我心裏有點害怕起來。

檢閱的日子，一天天近了，我們的心一天比一天緊張起來。這是一個新鮮有趣的玩藝兒，不但沒有見過，連名詞也是入了伍之後才聽說，大家都懷着好奇心等待那個偉大、莊嚴的日子來到。

當我們知道檢閱的主官是我們的　蔣校長，（即先總統　蔣公）我們女生隊要排在前面的時候，不知有多少人嚇得發抖，多少人伸舌頭，真的，這太嚴重了，爲什麼不讓男生排在前面呢？

『誰叫我們長得這麼矮？』

『長官是尊敬我們，Lady First 呀！』

大家你一句，我一句吵得要命。

檢閱的前一星期，每天都要練操，每一個人都感到疲倦，緊張。晚上老是覺得睡眠不足，起床號吹了，很多人都是閉着眼睛爬起來；白天，三餐飯吃在嘴裏，也是食而無味，有的躭心檢閱那天會暈倒；有的害怕耳朶出毛病，臨時慌張，聽錯了口令，其實這些都是多餘的顧慮，到了正式檢閱那天，我們個個都像注射了強心針似的精神奕奕，眼睛特別發亮，耳朶也特別管事了，它不但沒有聽錯；而且似乎比平時要靈敏，口令的聲音，一傳進耳內，手脚的動作，立刻跟着行動起來。

那真是一個偉大、莊嚴、靜穆的場面，檢閱台上，校長站在當中，兩旁有大隊長、中隊長、教官、來賓，我們像一堵牆似的站在那裏，絲毫不敢動。

——真整齊！

我在內心不覺讚嘆起來。

指揮官的口令一下，我們簡直像機器人似的往左轉、向右轉、分列式、分行式……秩序井井有條，步法整齊，絲毫不亂，沒有暈倒，也沒有人耳聾，更沒有人因爲害怕而走錯了步子。

這時候，我們像英雄，雄赳赳，氣昂昂，腦子裏充滿了新奇、興奮；熱血在我們的體內沸騰，我們像開上戰場的壯士，只向前進，沒有後退的。

司令官的口號響亮而熱情，我們彷彿是訓練有素的老兵那麼熟練、沉着，一點也不慌張。

檢閱完了之後，隊上給我們加了菜，打牙祭，連長誇獎我們的動作敏捷，紀律良好，有些地方比男同學還要表現得好，我們聽了，高興得大鼓起掌來。

『經過這次檢閱「的時候」，各位表現非常良好「的時候」，校長見了非常高興「的時候」……。』

我們的鄭大隊長，把他的口頭禪一大堆「時候」搬出來，把我們的肚子都笑痛了。

『女兵真了不起！』

在夢中，我們還記着老百姓對我們的讚美。

打野外

打野外，是一句口語，寫出來，便是野外演習。

這和檢閱是一個強烈的對比，那是緊張的、嚴肅的；這是輕鬆的、愉快的。整天過着課堂、操場的生活，的確，早就厭煩了；突然聽到要打野外，個個興高彩烈，手舞足蹈起來。

蔚藍的天，葱鬱的樹林，一望無涯的平原，隆起的山崗，潺潺的小溪；還有青青的草地，牧童騎在牛背上吹笛，鷺鷥在水草中徜徉，白雲緩緩地在山頭移動……這一切大自然美景，是多麼令人心醉啊！

『野外演習，不是叫你們好玩的，你們要假想前面是真正的敵人，你們的任務是衝過去消滅他們，佔領他們的陣地，揷上我們的國旗……還要搜索陣地附近，是不是還有敵人在埋伏，更要預防他們的後援部隊反攻過來……知道嗎？』

『知道！』

『都聽到了嗎？』

『聽到了！』

那些洪大的聲音，是多麼整齊而有力啊！

老實說，對於打野外，我是有點害怕的，明知對面是一個死寂的山坡，決不會有敵人來刺殺我；但我害怕的是另一個敵人——荊棘。我第一次臥下，就被它刺出血來；還有大螞蟻、四脚蛇，都使我見了就害怕。我喜歡坐在一棵大樹下面靜靜地幻想；或者騎上牛背，把自己幻想成牧童。我還喜歡躺在軟綿綿的草地上，欣賞晚霞的變化無窮；可是演習不是郊遊，一舉一動，都要服從命令。我第一次放槍，聽到「嘭」的一聲，我的心幾乎要從口裏跳出來了，我害怕，我那隻扳機關的手指在發抖，我的心在狂跳，耳朵也嗚嗚地叫起來；頭，特別顯得重，彷彿就要暈倒的樣子。

『怎麼？還有四顆子彈就不放了？』排長質問我。

『我不想放了，一顆子彈，傷害一條生命，太可怕了！』我顫聲地回答。

『胡說，對面是樹林，那裏會有人？』

『打死一隻鳥，我也不忍心。』

『那你怎麼來當兵呢？』

一直到現在，還經常有人問起我：『你當兵的時候，殺過人沒有？』

『沒有，我的槍只打下過一些樹葉。』

說着，大家都笑起來。

可是，我那時；尤其是抗戰時期，我的腰間經常掛着手槍，多麼希望有機會親手殺死一個敵人啊；然而我不放，也沒有這樣的機會。在嘉定前線，我抓到一個漢奸，他在掙扎着想要逃走的時候，我真的恨不得一槍結束他；只是我没有勇氣，我太膽小，在這一點上，我承認我是個弱者。

『革命，是不能有慈悲心腸的，你不殺敵人，敵人便要殺死你！何況我們是爲了爭取全國人民的自由、幸福，全國的領土完整，徹底消滅軍閥和一切封建勢力，完成國民革命，建設一個民治、民有、民享的共和新中國；因此你們的思想要武裝，行動要武裝……。』

當我每次聽到楊連長說類似這樣的話時，我總是暗地裏感覺慚愧而難過。

——真的，我要變得勇敢，我要堅強起來，我是個兵，我手上有槍，軍人以保衞國土爲天職，我應該勇敢的！

回憶是美麗的、甜蜜的，如今偶然和同學們談起北伐時代的生活，覺得那是最令人興奮，永遠不能忘懷的最有意義的生活。

附錄三

大學生活

不堪回首憶紅樓

紅樓是女師大的別稱，從石駙馬大街的東口走進去，在那許多古舊的平房裏面，突然現出一座高聳的樓房，那便是女師大。

究竟從什麼時候開始，有人把女師大取了個外號叫做紅樓，那就無從考據了。

來到一別十五年的故都，我急於要去拜訪的，不是朋友，而是我所時刻懷念着的母校——紅樓。我生怕它遭受敵人的摧殘，而大改本來面目，我更擔心它也許成爲廢墟，已經不存在了。當我去年八月懷着一顆眷戀的心，去拜訪它的時候，門口站着一個持槍守衞的，停住脚仔細一看，大門旁邊還掛着一塊×××重傷醫院的牌子。

——這是怎麼回事？敵人早已投降了，那來的傷兵？

——這裏不明明是女師大嗎？怎麼成了醫院？

我有點迷惘了，我不知道究竟是怎麼囘事？難道我找錯了門牌嗎？没有，那間小小的傳達室，那幾個臺階，那一條通往會客室的走廊，大門外的那個站崗亭，一切都是原樣，只是顏色變得古舊了。

衛兵見我在門口徘徊，他連忙走近我的面前問：

『太太，你要會哪一位？』

『我不找人，我想進去看看。』

我很和藹地回答他。

『不找人，要進去看看，這是什麼意思？』

他像在自言自語，但立刻轉了語氣問我：

『這是你的房子嗎？』

『不！這不是我的房子；從前我在這裏念過書，經過八年的抗戰，我不知道它被日本人破壞了没有？所以特地來看看。』

他聽了我的話，也許了解了一半，所以用右手揮了一下說：『進去吧。』

可是站在臺階上的兵又要盤問了，雖然經過門口衛兵的解釋，他仍然不大明白；自然，我這種懷念母校，關心母校，想要看一眼的心理，他怎麼會明白呢？

『同志，没有關係，我只要走進去看一下，馬上出來，你如果不放心，可以跟着我去。』

我爲了要使他們不疑心我是小偷，或者間諜之類的人物，不能不如此鄭重聲明。

『好吧，你進去看好了。』

突然，我的心感到一陣淒涼，兩條腿變得異常沉重，我走得很慢很慢，擺在眼前的景物，完全不是十五年前的模樣了！天井裏已經沒有花木，我和超人，雲仙她們睡的那間寢室，如今躺了一滿地的傷兵，我們的敎室，也做了他們的診療所；再向左轉，經過洗臉房時，滿地都是破磚瓦，骯髒不堪；走進操場一看，有幾個兵在那裏晒衣服，操場長滿了雜草，更是一片荒涼。我想到往日紅樓中的那些穿得花花綠綠的小姐們，在這裏流着香汗打球賽跑的情形，還歷歷在目。我那時仍然不喜歡運動，只在每天的清早，拿着書本坐在籃球架的脚上靜靜地看，因爲這裏的光線要比室內明亮，而且也特別顯得清靜，一直要看到做早操的來，我才回去洗臉。

在紅樓，我過着極窮困的生活，也過着極緊張的生活，我從早到晚，忙得沒有十分鐘的休息，自己上完了課，馬上拿了課本去敎人；晚上，連看書的時間都沒有，不是寫稿子，便是改學生的作文……

我癡癡地站在操場裏，心裏好像失掉了一件什麼珍貴的東西，我感到空虛，感到失望，也感到寂寞！爲什麼我們的母校成了這副模樣？許多門窗沒有了，許多地板上都堆着「他他密」，雪白的牆上，塗滿了汚跡，而且顏色也變成灰黑色了。在往日最熱鬧的會客室，和訓育課，如今是這麼冷清清地空無一人；還記得那時每天上下午一到該來信的時候，小姐們都擠進訓育課去看有没有情書寄來，也有些焦急地等待着家裏寄錢來的。在訓育課的玻璃櫃裏，每人有一格信箱，假若看到自己一連有好幾封信，她就會高興得跳起來，那時同學們便有資格向她要糖吃；那些好幾天也没有一封信的同學，總是那麼懶洋洋地走進來，又懶洋洋地走回去。

那間小小的電話室，完全像警察的站崗亭一般，只能容許一個人進出，如今還是原來的老樣；但再也聽不見那些溫柔的嬌滴滴的聲音了。

一看到會客室，我的心又不寧靜起來，過去那些慘痛的回憶，重新在腦海中出現，我立刻用理智壓制了感情，想到我和小鹿一個有趣的故事上面去：

我和小鹿在北伐那年，就在漢口認識了，來到北平以後，我和她一同編過河北民國日報的副刊。進了女師大，她雖然和我不同級，也不同寢室；可是我們天天見面，感情很好，不過有時爲了某個問題，兩人的意見不同，於是就打起筆墨官司來，我們兩人都編了一個壁報，有天晚上同時去貼，不免彼此相視一笑，倒是她幽默，先開口說了：

『小兵，(那時她和許多同學都這麼叫我)何苦來呢？我們都是好朋友，雙方都停止攻擊吧。』

『好的！』

話是這麼說，但兩人的壁報都没有收回，同時貼上了。

又是一陣笑聲，我們各人回到了自己的寢室。

第二天，許多同學站在這裏看我們的壁報，還以爲我和小鹿一定是敵人，所以鬧得那麼兇；其實，並不是那麼回事，現在回想起來，我們才真是懂得「友情」的人；可惜現在她已遠在英國，如果今天我們能一同來到紅樓，更不知要引起多少感慨。

爲着同情，也爲着這些受傷者的呻吟聲，使我聽了感到酸楚，我鼓起勇氣去找他們的負責人，想多知道一點消息，只會到一位書記，他告訴我這些都是在「香河」受傷的，因爲醫藥缺乏，所以他們都感覺非常痛苦。

没有再聽下去的勇氣，我感到無限傷心！十五年來，我時時在懷念着的母校，想不到是如此破爛不堪，滿目淒涼；更没有想到勝利後的中國，還有戰爭，還有傷兵，還有這許許多多數不清的餓殍，以及那些流離失所，有家歸不得的流民……

又是一年芳草綠，如今的故都，也到了楊柳發芽，桃花含苞的時候了，聽說紅樓現在不再是什麼傷兵醫院，而改爲師大第一院了，這裏住着一羣年青的男女學生，紅樓又恢復了十五年前的熱鬧，只可惜號稱紅樓主人之一的我，已没有那種福氣去紅樓重溫舊夢了！當我夾着講義，走進師大的教員休息室時，我恍惚不相信自己真的這麼老了，我和那幾位白髮蕭蕭的老教授成了「同事」。

唉！多麼可怕的時光，它竟悄悄地使我變成了老人！……

三六年四月九日於北平圖書館

與脂粉無緣

記得很清楚，那是民國十八年冬天的事情。

每逢星期日的早晨，女師大的洗臉房，便顯得特別擁擠，有許多小姐們，要陪男朋友出去旅行，所以需要好好地打扮一番；而那些沒有男朋友的，更需要自己洗一大堆衣服，因此盥洗室到了放假日，總是擠得水洩不通。我屬於第二種人，星期日非但不外出，而且趁着她們都走了，房間裏特別清靜，正好利用這機會寫文章，或者改學生的卷子。

已經十點多了，我猜想洗臉房一定不會再有人，好讓我一個人，痛痛快快地去洗衣服和被單；誰知當我走進去時，有一位比我高兩班的小姐正在化妝，此人是頂頂大名的「波羅蜜」；原來她滿臉長着麻子，有的地方凸出來，有的地方凹進去，有點像核桃殼，又有點像波羅蜜，也不知是那一位缺德鬼，終於給她取了一個綽號，叫做「波羅蜜」。

誰都說，她的脾氣古怪，沒有人不討厭她；究竟討厭到什麼程度，我沒有領教過，自然不敢亂下評語，我現在要寫的，是記敍她一段化妝的故事：

我看見她敷上一層白粉之後，馬上用濕毛巾擦掉，接着又敷上一層，又被擦掉，我心裏非常替她着急，我想：既然是高低不平的麻臉，如何可以使粉敷得均勻呢？

總算她比我聰明，先用乾淨的畫筆沾一點白粉把每個凹下去的洞填補起來，然後再敷一層上去；也許是因爲洞裏的粉太厚，洞外的粉太薄，所以顯得有深淺之分，這自然不大雅觀，於是她氣的了不得，索性又用毛巾統統擦掉了。

我站在水槽旁邊，假裝沒有看見她一樣，只管用力洗我的衣服，她也旁若無人似的，在對着鏡子自我欣賞。

——爲什麼不用刀子把臉削平呢？

我想鼓着勇氣說一句俏皮話，看她怎樣對付我，不管她罵什麼，我都可以忍受，只要能看到那副生氣的尊容，我便可以寫在我的小說裏面了。

爲了害怕刺傷她的心，我溜到嘴邊的話又嚥下去了。我很耐煩地觀察她，計算她究竟要花多少時候才能把麻子洞填平。

不知是她沒有耐心，還是她和人家約會的時間快到了，這一囘她把粉敷上去以後，不問深淺，再也不去管它了；現在還有一件傷腦筋的事，是畫眉和塗口紅。

女師大的宿舍裏，是裝有暖氣的；可是洗臉房沒有。也許她花的時間太長，手凍僵了的緣故，鉛筆一連掉了三次，好容易描完了左邊的柳眉，又覺得太粗，於是用濕巾一擦，附帶把額上的粉也擦掉了；暫時她沒有理會，且先把兩道秀眉描完了再說。不知是她的眉毛生來就短，還是曾經剃過一次的，描了很久，老是兩道眉毛不一樣；不是左眉濃，便是右眉長，好容易把眉畫好了，兩片厚厚的嘴唇，又花了她將近一刻鐘的時間。

當她離開洗臉房的時候，我趕快跑去房間看段小姐的鬧鐘，已經十一點半了。天！爲了化裝，單只畫眉、敷粉、塗口紅，就花去將近兩小時的功夫，我發誓一輩子不施脂粉，不燙髮，不穿高跟鞋；我要把寶貴的光陰，用在求學和事業上，那怕一分一秒，我也絕不浪費。

晚上，同房的四位同學都回來了，各人在敍述這一天的生活，有的興高彩烈，有的唉聲嘆氣，只有我仍然伏在桌子上給學生改文章。

『小兵，你今天怎麼過的？快照實招來。』

老段拍拍我的肩說。

『我去好萊塢看電影明星化妝去了，真要命！一連耗費了兩小時，還沒有穿衣服。』

『胡說八道，好萊塢在什麼地方呀？』老段罵我。

『在女師大的洗臉房。』我回答她。

『呵，我知道了，準是波羅蜜在化妝，給她看見了，死鬼，你要是把她做材料寫成小說，拿到稿費可要請客呀；要不然，非揍你不可！』

小洪慣愛開玩笑，引得大家都哈哈地笑了。

也許是長得越醜的人，越愛化裝，越喜歡穿顏色鮮艷的衣服。在她的想法，以爲可以彌補缺陷，其實弄巧成拙，這是最笨的方法。愛美，固然是人的天性；但也要美得自然，美得不俗氣，美得不妖艷，總之：給人家看了，有一種舒服、雅緻的美感，而不是可怕的，討厭的惡感。

『小兵，你太不修邊幅了，至少應該向波羅蜜學習千分之一的技術，看你老是披頭散髮，一件藍布大褂，腰身和下擺一般大，没有絲毫曲線美，走起路來郎當郎當像什麽話？』

愛打扮的吳在諷刺我。

『我行我素，這一點用不着你們操心。我認爲藍布大褂比你們的絲質綢緞更美觀、更舒服。不論你乘洋車或公共汽車，腦子裏根本不考慮乾淨不乾淨，一屁股就坐下，單就這一點，也夠我享受了！』

『對！小兵的話我擁護，我們不要太看重物質了，我們要過精神生活；樸素是我們中國人的美德，爲什麽一定要穿得花花綠綠像電影明星一樣呢？』老段借題發揮。

於是吳小姐氣虎虎地開了房門出去了，老段「呸」了一聲，小洪連忙出來做和事佬：

『唉！何必呢？各人觀點不同，最好是誰也不干涉誰，各人自掃門前雪好了。』

一直到今天，波羅蜜化妝的印象，還深深地留在我的腦子裏，也許因爲看見她浪費的時間太多，使我警惕，所以我到如今還没有夢想過修飾呢。

四五年七月廿九日於靜修院

平生無大志

我得承認，自已的確是一個毫無天才的笨人；既然笨，就應該好好用功，加倍努力，才能求得學問。

讀師範時，同學們都稱讚我是好學生，原因是我整天日夜看書，真的做到了手不釋卷，廢寢忘餐的地步；誰知進了大學，同學駡我是懶骨頭：理由是說我常常缺課，不用功；其實她們自已又何嘗每個人都是好學生呢？有人上課看小說；有人寫情書；有人打毛線，我最恨這種假聖人，她們身子坐在敎室裏，心中却在想她的愛人，光看她的筆尖沙沙地在紙上移動，還以爲她在寫筆記，仔細一看，原來是：「親愛的！」

當學生的時候，我最恨這種人，後來自已做了老師，也最不喜歡這種學生！我常常對他們說：『如果你討厭我這門功課，你可以不上，與其勉強「心不在焉」地坐在敎室裏做別的事，不如讓你痛痛快快地去看一本有價值的書，或者寫一篇好文章；但假若你是缺了課去看影、寫情書、睡覺、玩耍，那麼你就太對不起這門功課，也太對不起你自已了！』

一直到今天，我還看不慣坐在敎室裏織毛衣或者看小說的學生，我認爲上課的時候，應該好好聽講，不願意聽的課，就乾脆請假好了。

爲了這個原因，有少數敎授，完全照書本唸的，我寧可自已看，不願聽他的聲音；也爲了我在外面兼了兩班國文，每天要缺席三小時以上，她們看不見我，難怪要駡我懶骨頭。

『你常常不上課，爲什麼到考試時也不發愁，而且居然還能及格？』

有一位同學這樣問我。

『我嗎？平生無大志，只求六十分，誰像你們一樣每門功課都想得一百分？』

我囘答她。

這就是我求學的秘訣，我從來不做分數的奴隸，我是爲讀書而讀書，決不爲分數而讀書。我知道一個人的精力有限，記憶有限，我不是什麼神童、天才之流，不能過目不忘，也不能一目十行地去讀，我只知道用死法子，這是父親在我小的時候教給我的；現在不妨寫出來，也許對於青年朋友們，多少有一點幫助。

第一、專心。看書或者聽講，最害怕是你眼睛望着講義，而心裏却在想別的事情。我們看小說，常常有這種情形，當心裏想着一個什麼問題時，看了許多頁，並不知道作者說了些什麼，只好又重看一遍，看小說尚且如此，何況是課本呢？

究竟要專心到什麼程度，才能使字句統統印進腦海呢？這是個看來容易，其實是很難的問題；首先你要把腦子裏弄得乾乾淨淨，我如今且從早晨一堂說起：也許昨天晚上，你做了一個甜美的夢，現在心裏還在囘味它；也許你昨夜一個幾何，或者代數題沒有算出來，你心裏還在懊惱，這都是對於你聽講有妨碍的，你必須把它忘記得乾乾淨淨；假設你第一二堂上的是國文，第三堂是英文還不要緊，因爲它們有相連的關係，可以不用澄清腦子，它們同樣是讀音，解釋意義和課文的段落，主題等等；若是上一節是文科，下一節是理科，那麼就得換換腦筋了。

所謂專者，就是心不二用；除非腦子有毛病或者是特別愚蠢的人，我相信只要肯專心聽講，專心看書的人，考試起來，決無不及格之理。

第二、寫筆記。

我很奇怪，很多人聽講只用耳朵，懶得動筆，到了大學，上課時，全靠筆記。有些教授，不高興寫黑板，有時很多大道理，都是由他們的嘴裏得來。上課固然要寫筆記，看書更需要寫筆記。前面說過，人的記憶是有限的，不能把什麼東西，都藏在腦子裏，寫筆記，是減輕你腦筋的負擔，替你保存知識學問的財產；你不要太現實，以爲我目前用不着這知識，所以毋須記它，等到你要用的時候，才想起這種知識來，那時太晚了！倘若你能夠養成寫筆記的習慣，那麼，隨時隨地你會帶着筆和本子，不論上課、聽演講，隨時都可把好的句子，有用的材料記下來。臨到考試，許多人只要看筆記，不要看課本，因爲筆記是摘要，是精華，簡單扼要，看起來容易記，不浪費時間。

閱讀世界名著，更須要寫筆記；好的筆記，便是一篇有價值的書評。

第三、廣徵博引，融會貫通。

我因爲是個笨人，所以讀書的時候，處處用笨的方法。我不願囫圇吞棗，喜歡懷疑，高興研究；假使有一個生字的意義不明白，我絕對不馬虎放過，一定要弄清楚究竟做何解釋才停止，有人說：「做這種解釋也可以，做那種解釋也可以。」我不同意這種說法，首先我要問他這兩種解釋有根據沒有？在這個地方做什麼解釋？舉一個例子：記得我教學生讀柳宗元的「捕蛇者說」時，爲了「三尸蟲」弄不清楚，曾經不恥「上」問，一位教國文的同事對我說：『何必麻煩，告訴他們是一種寄生蟲、細菌便得了，學生是不高興嚕囌的。』不錯，我也是個最討厭嚕囌的人；但有時候，研究學問，又非仔細，非嚕囌不可；我問那位同事：『假如學生問你爲什麼不寫四尸蟲、二尸蟲，偏偏寫三尸蟲，是什麼緣故？你怎麼答覆他？』他這時却臉紅紅地笑而不答了。

讀書喜歡懷疑，喜歡問，有些老師，最討厭像我這種學生；可是我却最喜歡這種學生。一直到今天，我還是這種態度，假如有一個學生，他對課文有某地方不明白，不肯問我，也不問同學，我認爲他是個懶惰人，同時也可以看出他讀書的態度不認真；更可以斷定他的將來，不會有什麼成就的。

當我在師大讀書的時候，最喜歡看參考書，和同學們討論，我不願人云亦云，可絕不是標新立異；我不願好高鶩遠，我喜歡脚踏實地，走一步，算一步；每逢遇到考試的時候，我會發現許多我認爲可笑可恥的現象：有的眼睛左顧右盼；有的伸長頸子向前偷視；有的偏着腦袋，要坐在他背後的同學告訴她，那種又着急，又怕老師看見，向同學乞憐的眼光，真是可笑極了。我素來主張「知之爲知之，不知爲不知。」所以每次臨到考試，我一點也不慌張，不着急，反而覺得非常輕鬆；往往考一百分鐘的功課，我只需半小時或四十多分鐘便答完了。這並不是我聰明，也不是我的功課棒；而是我常說的那句話：「平生無大志，只求六十分。」在支配我的思想。我從來不想在班上爭個第一第二，我認爲每一個人應該有自知之明，檢討一下，他在某方面有興趣，就應該在這方面下功夫，不可貪多。要使每門功課都得一百分，這是絕對辦不到的事；與其爲了爭分數把腦子弄壞了，不如好好地求一兩門真實的學問，不浮誇，不狂妄，這是很要緊的。

離開大學，已經二十多年了；但我時時在懷念那一段最艱苦、最有樂趣的生活。我喜歡陪着學生在教室裏作文，那時彷彿又囘到了青年時代，站在講臺上說話的不是我，而是我的老師。有幾位同學，他們聽我講起在女師大時候的故事，也一致擁護我這種：「平生無大志，只求六十分。」的滿足慾望是對的；不過我要聲明，這是我自已不長進的思想，倘若我當初懷有大志，也許不會像如今一樣没有出息吧？

四五、九、廿二於潛齋

我沒有假期

『小兵，又是星期了，上那兒玩去呀？』

大清早，我剛睜開矇朧的睡眼，躺在對面床上的小洪這麼問。

『那裏都不去，我要改卷子。』

我懶洋洋地回答她。

『又是改卷子，改卷子！我看你呀，這一輩子要給卷子害死了——看你這模樣，臉色又黃又瘦，簡直像個鬼！』

『要是真的做了鬼，你放心，我決不會來恐嚇你的，我要自由自在地去週遊世界。』

就這樣，我們兩個人的一問一答，把同房的其他三位小姐吵醒來了，老李從枕頭底下摸出手錶一看，「呵」了一聲，一骨碌坐起來了，原來她有約會，八點就有男朋友來找她去吃早點；老段也說要上清華；吳要去看姑媽；洪要去看溜冰，今天又是我在獨守空房了。

也許是我的求知慾特別強，而又老感覺時間不夠用，所以從小學時代開始，我對於星期天和每一個放假的日子，總不敢完全消磨在遊玩上面；有時同學硬拉着我出去，最多玩半天，回來必定加緊工作，以便把那失去的半天找回來。在稻田師範五年，我幾乎把圖書館藏有的世界名著，統統看完了；可惜那時候，一點也不懂得讀書的方法，更不懂得怎樣欣賞名著，分析名著的主題、結構、人物、故事，以及作者寫這本書的時代背景和社會背景；更不懂得把書中精彩的句子抄下來，做為自己寫文章的觀摩。因此，讀完了那些名著之後，只知道故事動人不動人，文字流利不流利，其他一概不問。到了師大，究竟不同了，每個人的理解力，都是隨着年齡而增長的。我漸漸地從黑暗中摸索出來一條路，我也懂得欣賞名著了；加之孫席珍先生，那時擔任我們的新文藝指導老師，他常常把那些世界名作家的寫作經驗講給我們聽，使我們懂得怎樣去搜集材料，怎樣寫讀書心得；正在這時，我發生了一個大問題：那就是一面要做學生，一面又要兼任老師，自己的文章還沒有十分寫通，就要改別人的文章，這是多麼艱難的工作呵！

我承認「江山易改，本性難移」這兩句話，是有根據的。一直到今天，我的個性還像年輕時候一樣。我對於學生的作文，喜歡改得特別詳細，有時我刪掉他們好幾句，自己不怕麻煩地替他們重寫。說實話，那時候，我對於新式標點符號的用法，還在一知半解之中；尤其分號，簡直莫名其妙，因為不明白它的性質，索性不用它；自然，中學生對於標點更加不懂。我除了修改字句外，還要替他們修正標點，一篇作文，我照例要看三遍：第一次看得很快，發現錯字和那些不通，不妥的句子；第二次，逐字逐句地修改；第三次，重看一遍是否有改得不妥的地方。這麼一來，我消耗在改作文上面的時間就特別多了。兩班作文，一百多本卷子，初中一班，每星期作一篇，高中兩星期一篇；因此同學們只看見我整天改卷子，有時晚上改到一兩點還沒有睡覺。

說出來，也許有人不相信，北平的名勝古蹟那麼多，在求學的時候，我只去過北海和中山公園兩處地方。三十五年我同到北平時，不知道中山公園旁邊，還有一個古柏森森，風景幽靜的太廟，朋友笑我是土包子，在當時，什麼頤和園，三貝子花園、天壇、地壇，更不要說了，我連做夢都沒有到過；冬天在北海看溜冰，也是一件樂事，同學們勸我去欣賞，我總是引不起興趣來，每次都用「看卷子」來婉謝她們。

或許是習慣成自然的緣故，到如今，我已經忘記了星期天，或者放假日，應該休息這回事了。我覺得和同學們住在一間寢室裏，固然很熱鬧；但正當你在用功的時候，突然遇到有噪音來擾亂你，你不好意思責備她，只能在心裏氣個半死；因此，我趁她們外出的時候，一個人關上門，靜悄悄地在房裏寫文章，或者改卷子，實在再快樂沒有了！有錢的時候，我買一包花生米或者蠶豆來一面嚼，一面工作；没錢的時候，就讓肚子唱空城計給我聽，也覺得怪有意思。

『小兵，我給你帶好吃的來了，看你怪可憐的，一天没有出校門，看！這是什麼？』

小洪把紙包向我的桌上一放，趕快打開一看，原來是一個又熱又軟的烤紅薯！

『小氣鬼！出去玩了一天，好意思送我一個紅薯！我不希罕你這番情義，拿去吧！』

我故意裝出很生氣的語氣說，其實金黃色的紅薯，早已溜進我的腸胃去了。

滄海叢刊書目

國學類	
中國學術思想史論叢(一)~(八)	錢 穆 著
現代中國學術論衡	錢 穆 著
兩漢經學今古文平議	錢 穆 著
宋代理學三書隨劄	錢 穆 著
先秦諸子繫年	錢 穆 著
朱子學提綱	錢 穆 著
莊子纂箋	錢 穆 著
論語新解	錢 穆 著
哲學類	
文化哲學講錄(一)~(五)	鄔昆如 著
哲學十大問題	鄔昆如 著
哲學的智慧與歷史的聰明	何秀煌 著
文化、哲學與方法	何秀煌 著
哲學與思想	王曉波 著
內心悅樂之源泉	吳經熊 著
知識、理性與生命	孫寶琛 著
語言哲學	劉福增 著
哲學演講錄	吳 怡 著
後設倫理學之基本問題	黃慧英 著
日本近代哲學思想史	江日新 譯
比較哲學與文化(一)(二)	吳 森 著
從西方哲學到禪佛教——哲學與宗教一集	傅偉勳 著
批判的繼承與創造的發展——哲學與宗教二集	傅偉勳 著
「文化中國」與中國文化——哲學與宗教三集	傅偉勳 著
從創造的詮釋學到大乘佛學——哲學與宗教四集	傅偉勳 著
中國哲學與懷德海	東海大學哲學研究所主編
人生十論	錢 穆 著
湖上閒思錄	錢 穆 著
晚學盲言(上)(下)	錢 穆 著
愛的哲學	蘇昌美 著
是與非	張身華 譯
邁向未來的哲學思考	項退結 著

現代藝術哲學	孫旗譯
現代美學及其他	趙天儀著
中國現代化的哲學省思	成中英著
不以規矩不能成方圓	劉君燦著
恕道與大同	張起鈞著
現代存在思想家	項退結著
中國思想通俗講話	錢穆著
中國哲學史話	吳怡、張起鈞著
中國百位哲學家	黎建球著
中國人的路	項退結著
中國哲學之路	項退結著
中國人性論	臺大哲學系主編
中國管理哲學	曾仕強著
孔子學說探微	林義正著
心學的現代詮釋	姜允明著
中庸誠的哲學	吳怡著
中庸形上思想	高柏園著
儒學的常與變	蔡仁厚著
智慧的老子	張起鈞著
老子的哲學	王邦雄著
逍遙的莊子	吳怡著
莊子新注（內篇）	陳冠學著
莊子的生命哲學	葉海煙著
墨家的哲學方法	鐘友聯著
韓非子析論	謝雲飛著
韓非子的哲學	王邦雄著
法家哲學	姚蒸民著
中國法家哲學	王讚源著
二程學管見	張永儁著
王陽明——中國十六世紀的唯心主義哲學家	張君勱原著、江日新中譯
王船山人性史哲學之研究	林安梧著
西洋百位哲學家	鄔昆如著
西洋哲學十二講	鄔昆如著
希臘哲學趣談	鄔昆如著
近代哲學趣談	鄔昆如著
現代哲學述評(一)	傅佩榮編譯

當代西方哲學與方法論	臺大哲學系主編
人性尊嚴的存在背景	項退結編著
理解的命運	殷鼎著
馬克斯·謝勒三論	阿弗德·休慈原著、江日新譯
懷海德哲學	楊士毅著
洛克悟性哲學	蔡信安著
伽利略·波柏·科學說明	林正弘著
宗教類	
天人之際	李杏邨著
佛學研究	周中一著
佛學思想新論	楊惠南著
現代佛學原理	鄭金德著
絕對與圓融——佛教思想論集	霍韜晦著
佛學研究指南	關世謙譯
當代學人談佛教	楊惠南編著
從傳統到現代——佛教倫理與現代社會	傅偉勳主編
簡明佛學概論	于凌波著
圓滿生命的實現（布施波羅密）	陳柏達著
薝蔔林·外集	陳慧劍著
維摩詰經今譯	陳慧劍譯註
龍樹與中觀哲學	楊惠南著
公案禪語	吳怡著
禪學講話	芝峯法師譯
禪骨詩心集	巴壺天著
中國禪宗史	關世謙著
魏晉南北朝時期的道教	湯一介著
社會科學類	
憲法論叢	鄭彥棻著
憲法論衡	荆知仁著
國家論	薩孟武譯
中國歷代政治得失	錢穆著
先秦政治思想史	梁啟超原著、賈馥茗標點
當代中國與民主	周陽山著
釣魚政治學	鄭赤琰著
政治與文化	吳俊才著
中國現代軍事史	劉馥著、梅寅生譯
世界局勢與中國文化	錢穆著

中華文化十二講	錢　穆　著
民族與文化	錢　穆　著
楚文化研究	文崇一　著
中國古文化	文崇一　著
社會、文化和知識分子	葉啟政　著
儒學傳統與文化創新	黃俊傑　著
歷史轉捩點上的反思	韋政通　著
中國人的價值觀	文崇一　著
紅樓夢與中國舊家庭	薩孟武　著
社會學與中國研究	蔡文輝　著
比較社會學	蔡文輝　著
我國社會的變遷與發展	朱岑樓主編
三十年來我國人文社會科學之回顧與展望	賴澤涵　編
社會學的滋味	蕭新煌　著
臺灣的社區權力結構	文崇一　著
臺灣居民的休閒生活	文崇一　著
臺灣的工業化與社會變遷	文崇一　著
臺灣社會的變遷與秩序(政治篇)(社會文化篇)	文崇一　著
臺灣的社會發展	席汝楫　著
透視大陸	政治大學新聞研究所主編
海峽兩岸社會之比較	蔡文輝　著
印度文化十八篇	糜文開　著
美國的公民教育	陳光輝　譯
美國社會與美國華僑	蔡文輝　著
文化與教育	錢　穆　著
開放社會的教育	葉學志　著
經營力的時代	青野豐作著、白龍芽　譯
大眾傳播的挑戰	石永貴　著
傳播研究補白	彭家發　著
「時代」的經驗	汪琪、彭家發　著
書法心理學	高尚仁　著

史地類

古史地理論叢	錢　穆　著
歷史與文化論叢	錢　穆　著
中國史學發微	錢　穆　著
中國歷史研究法	錢　穆　著
中國歷史精神	錢　穆　著

國史新論	錢　　穆　著
秦漢史	錢　　穆　著
秦漢史論稿	邢義田　著
與西方史家論中國史學	杜維運　著
中西古代史學比較	杜維運　著
中國人的故事	夏雨人　著
明朝酒文化	王春瑜　著
共產國際與中國革命	郭恒鈺　著
抗日戰史論集	劉鳳翰　著
盧溝橋事變	李雲漢　著
老臺灣	陳冠學　著
臺灣史與臺灣人	王曉波　著
變調的馬賽曲	蔡百銓　譯
黃帝	錢　　穆　著
孔子傳	錢　　穆　著
唐玄奘三藏傳史彙編	釋光中　編
一顆永不殞落的巨星	釋光中　著
當代佛門人物	陳慧劍編著
弘一大師傳	陳慧劍　著
杜魚庵學佛荒史	陳慧劍　著
蘇曼殊大師新傳	劉心皇　著
近代中國人物漫譚・續集	王覺源　著
魯迅這個人	劉心皇　著
三十年代作家論・續集	姜　　穆　著
沈從文傳	凌　　宇　著
當代臺灣作家論	何　　欣　著
師友風義	鄭彥棻　著
見賢集	鄭彥棻　著
懷聖集	鄭彥棻　著
我是依然苦鬥人	毛振翔　著
八十憶雙親、師友雜憶（合刊）	錢　　穆　著
新亞遺鐸	錢　　穆　著
困勉強狷八十年	陶百川　著
我的創造・倡建與服務	陳立夫　著
我生之旅	方　　治　著
語文類	
中國文字學	潘重規　著

中國聲韻學	潘重規、陳紹棠	著
訓詁通論	吳孟復	著
翻譯新語	黃文範	著
詩經研讀指導	裴普賢	著
陶淵明評論	李辰冬	著
鍾嶸詩歌美學	羅立乾	著
杜甫作品繫年	李辰冬	著
杜詩品評	楊慧傑	著
詩中的李白	楊慧傑	著
司空圖新論	王潤華	著
詩情與幽境——唐代文人的園林生活	侯迺慧	著
唐宋詩詞選——詩選之部	巴壺天	編
唐宋詩詞選——詞選之部	巴壺天	編
四說論叢	羅盤	著
紅樓夢與中華文化	周汝昌	著
中國文學論叢	錢穆	著
品詩吟詩	邱燮友	著
談詩錄	方祖燊	著
情趣詩話	楊光治	著
歌鼓湘靈——楚詩詞藝術欣賞	李元洛	著
中國文學鑑賞舉隅	黃慶萱、許家鶯	著
中國文學縱橫論	黃維樑	著
蘇忍尼辛選集	劉安雲	譯
1984	GEORGE ORWELL原著、劉紹銘	譯
文學原理	趙滋蕃	著
文學欣賞的靈魂	劉述先	著
小說創作論	羅盤	著
借鏡與類比	何冠驥	著
鏡花水月	陳國球	著
文學因緣	鄭樹森	著
中西文學關係研究	王潤華	著
從比較神話到文學	古添洪、陳慧樺	主編
神話卽文學	陳炳良等	譯
現代散文新風貌	楊昌年	著
現代散文欣賞	鄭明娳	著
世界短篇文學名著欣賞	蕭傳文	著
細讀現代小說	張素貞	著

現代詩學	蕭　　蕭　著
詩美學	李　元　洛　著
詩學析論	張　春　榮　著
橫看成嶺側成峯	文　曉　村　著
大陸文藝論衡	周　玉　山　著
大陸當代文學掃瞄	葉　穉　英　著
走出傷痕——大陸新時期小說探論	張　子　樟　著
兒童文學	葉　詠　琍　著
兒童成長與文學	葉　詠　琍　著
增訂江皋集	吳　俊　升　著
野草詞總集	韋　瀚　章　著
李韶歌詞集	李　　韶　著
石頭的研究	戴　　天　著
留不住的航渡	葉　維　廉　著
三十年詩	葉　維　廉　著
讀書與生活	琦　　君　著
城市筆記	也　　斯　著
歐羅巴的蘆笛	葉　維　廉　著
一個中國的海	葉　維　廉　著
尋索：藝術與人生	葉　維　廉　著
山外有山	李　英　豪　著
葫蘆·再見	鄭　明　娳　著
一縷新綠	柴　　扉　著
吳煦斌小說集	吳　煦　斌　著
日本歷史之旅	李　希　聖　著
鼓瑟集	幼　　柏　著
耕心散文集	耕　　心　著
女兵自傳	謝　冰　瑩　著
抗戰日記	謝　冰　瑩　著
給青年朋友的信(上)(下)	謝　冰　瑩　著
冰瑩書柬	謝　冰　瑩　著
我在日本	謝　冰　瑩　著
人生小語(一)～(四)	何　秀　煌　著
記憶裏有一個小窗	何　秀　煌　著
文學之旅	蕭　傳　文　著
文學邊緣	周　玉　山　著
種子落地	葉　海　煙　著

向未來交卷	葉海煙 著
不拿耳朵當眼睛	王讚源 著
古厝懷思	張文貫 著
關心茶——中國哲學的心	吳怡 著
放眼天下	陳新雄 著
生活健康	卜鍾元 著
美術類	
樂圃長春	黃友棣 著
樂苑春回	黃友棣 著
樂風泱泱	黃友棣 著
談音論樂	林聲翕 著
戲劇編寫法	方寸 著
戲劇藝術之發展及其原理	趙如琳譯著
與當代藝術家的對話	葉維廉 著
藝術的興味	吳道文 著
根源之美	莊申 著
中國扇史	莊申 著
立體造型基本設計	張長傑 著
工藝材料	李鈞棫 著
裝飾工藝	張長傑 著
人體工學與安全	劉其偉 著
現代工藝概論	張長傑 著
色彩基礎	何耀宗 著
都市計畫概論	王紀鯤 著
建築基本畫	陳榮美、楊麗黛 著
建築鋼屋架結構設計	王萬雄 著
室內環境設計	李琬琬 著
雕塑技法	何恆雄 著
生命的倒影	侯淑姿 著
文物之美——與專業攝影技術	林傑人 著